PSICOLOGIA FENOMENOLÓGICA E FENOMENOLOGIA TRANSCENDENTAL

Dados Internacionais de Catalogação na Publicação (CIP)
(Câmara Brasileira do Livro, SP, Brasil)

Husserl, Edmund, 1859-1938
Psicologia fenomenológica e fenomenologia transcendental : textos selecionados (1927-1935) / Edmund Husserl ; Giovanni Jan Giubilato (coord.) ; tradução Giovanni Jan Giubilato... [et al.]. – Petrópolis, RJ : Vozes, 2022. – (Coleção Pensamento Humano)

Outros tradutores: Anna Luiza Coli, Daniel Guilhermino, Felipe Maia da Silva.

1ª reimpressão, 2024.

ISBN 978-65-5713-665-2

1. Fenomenologia 2. Psicologia fenomenológica
3. Transcendentalismo I. Giubilato, Giovanni Jan.
II. Título. III. Série.

22-115928 CDD-142.7

Índices para catálogo sistemático:
1. Fenomenologia : Filosofia 142.7
Eliete Marques da Silva – Bibliotecária – CRB-8/9380

Edmund Husserl

Psicologia fenomenológica e fenomenologia transcendental

Textos selecionados (1927-1935)

Tradução de
Giovanni Jan Giubilato (Coord.)
Anna Luiza Coli
Daniel Guilhermino
Felipe Maia da Silva

Petrópolis

Os textos alemães que deram origem a esta compilação podem ser encontrados nos volumes IX e XXIX da *Husserliana*.

Rua Frei Luís, 100
25689-900 Petrópolis, RJ
www.vozes.com.br
Brasil

Revisão do original: Alessandra Karl
Diagramação: Raquel Nascimento
Revisão gráfica: Lorena Delduca Herédias
Capa: Editora Vozes

ISBN 978-65-5713-665-2

Este livro foi composto e impresso pela Editora Vozes Ltda.

SUMÁRIO

APRESENTAÇÃO

O presente volume reúne pela primeira vez em tradução para o português alguns dos textos mais importantes de Husserl referentes à proposta de uma psicologia fenomenologicamente fundada e sua relação com a fenomenologia transcendental. As obras traduzidas no corpo deste volume são do período entre 1927 e 1935 e, ao disponibilizar um material há muito tempo demandado tanto pelo público acadêmico da filosofia e da psicologia quanto pelos profissionais especializados nas áreas das disciplinas da psique, oferecem as bases textuais fundamentais para o entendimento do quadro geral da abordagem fenomenológico-psicológica, da fundação husserliana de uma psicologia fenomenológica e da construção de suas possibilidades teóricas e práticas.

A fenomenologia husserliana, nascida no confronto direto com o empirismo e com a teoria lógica que Husserl designa como psicologismo, constituiu-se como filosofia por meio de um longo debate com a psicologia. O contexto de interlocução entre a fenomenologia e a psicologia perpassa todo o desenvolvimento do pensamento husserliano. É na década de 1920, porém, e em especial nos anos 1925-1928, que Husserl tematiza explícita e detalhadamente o problema das relações e dos limites a serem estabelecidos entre ambas. Mais concretamente, Husserl se interessava pela determinação de uma psicologia que se ancorasse no solo rigoroso da fenomenologia. A psicologia deveria, assim, desdobrar-se a partir da fenomenologia, sendo testada a sua capacidade de estimular o desenvolvimento da ciência psicológica e de conduzi-la a novos direcionamentos, superando as pressuposições ingênuas do empirismo e do naturalismo, e abrindo-lhe o horizonte para as dimensões fundamentais dos fenômenos, da consciência, da subjetividade e da temporalidade. Esse ambicioso projeto não foi exposto por Husserl com tamanho grau de clareza, precisão e concisão em nenhum outro momento de sua obra tal como o foi nos textos selecionados para compor a presente coletânea. A tradução e disponibilização em português desse material representa um importante marco editorial na medida em que, por um lado, preenche essa lacuna e, por outro, fomenta o diálogo tanto da filosofia quanto da psicologia com as demais áreas de atuação que as perpassam, como a neurociência e o espectro mais vasto das profissões da área de saúde como a psiquiatria, a psicanálise e a prática clínica em geral.

1. O artigo da *Enciclopédia Britânica* (1927)

O episódio da redação do artigo para o verbete *Fenomenologia* da 14ª edição da *Encyclopaedia Britannica* (1929) marca o clímax do conflito Husserl-Heidegger com respeito ao método, objetivo, e mesmo *sentido* disto que ambos chamavam *investigação fenomenológica*. Com efeito, não poderia haver momento mais oportuno para que esse conflito viesse à tona de modo explícito. No início dos anos de 1920, Husserl confidenciava a seus colegas que fenomenologia era "Heidegger e eu - e ninguém mais"[1], enquanto Heidegger escrevia a Löwith, em 1923, que "estou agora convencido de que Husserl nunca foi um filósofo, nem mesmo por um segundo em sua vida"[2]. Nos anos seguintes, Heidegger dedicará seu tratado *Ser e Tempo* (1927) a Husserl, embora confidenciasse a Jaspers, em 1926, que "se o tratado [de *Ser e Tempo*] foi escrito 'contra' alguém, então foi escrito contra Husserl"[3]. Em agosto de 1927, Husserl já se dá conta desse fato e escreve a Mahnke que a obra de Heidegger "parece afastar-se completamente do caminho da minha fenomenologia analítica"[4]. Ainda assim,

1. CROWELL, S. *Normativity and Phenomenology in Husserl and Heidegger*. Cambridge University Press, 2013, p. 58.

2. HUSSERL, E. *Psychological and Transcendental Phenomenology and the Confrontation with Heidegger (1927–1931)*. Tradução de Thomas Sheehan e Richard E. Palmer. Springer Netherlands, 1997, p. 17.

3. HEIDEGGER, M.; JASPERS, K. *Briefwechsel 1920-1963*. Vittorio Klostermann, 1990, p. 71.

4. SCHUHMANN, K. *Edmund Husserl* - Briefwechsel. Band III. Springer, 1994, p. 456.

um mês após essa constatação, Husserl convida Heidegger para revisar criticamente e contribuir na redação do artigo da *Enciclopédia Britânica*. Desse modo, o texto da *Enciclopédia* se configura como o material conceitual privilegiado para a compreensão da diferença entre a fenomenologia husserliana e a heideggeriana, mostrando, em germe, por que os caminhos trilhados por ambos os filósofos se tornaram intransponíveis: do *syn-philosophein* inicial até a ruptura definitiva.

Possuímos nada menos que quatro versões do artigo, editadas e publicadas por Walter Biemel no volume IX da *Husserliana*, todas traduzidas no presente volume. A primeira versão, intitulada "Primeiro Esboço", contém um texto integralmente produzido por Husserl em setembro de 1927. O texto é dividido em duas partes: "*Fenomenologia psicológica como psicologia 'pura'*" e "*A fenomenologia transcendental perante a fenomenologia psicológica*". O objetivo de Husserl, de início, é circunscrever o domínio da fenomenologia àquilo que é doado na *experiência transcendental*. Era sua preocupação, à época, a fixação definitiva da fenomenologia como ciência transcendental. Para tanto, sua estratégia é distinguir a fenomenologia transcendental da psicologia fenomenológica, blindando a primeira (que se configurará como *philosophia parennis*) do psicologismo. Por isso seu foco, no artigo, em mostrar como o nível da *autêntica* experiência fenomenológica (aquele da experiência transcendental) surge a partir do nível fenomenológico mais básico de experiência (aquele da reflexão psicológica). A transição entre as duas partes do artigo se dá, portanto, pela exposição dos contrassensos a que a fenomenologia psicológica é levada – a saber, o contrassenso do psicologismo transcendental.

Esse texto é enviado a Heidegger para revisão. Heidegger assim o faz durante suas férias em Todtnauberg, reescrevendo algumas frases de Husserl (visando à sua melhor inteligibilidade) e tecendo alguns comentários de cunho mais teórico (comentários que se encontram nas notas de rodapé do texto). Após ler os comentários de Heidegger, Husserl o convida para colaborar na redação de uma segunda versão, intitulada, então, "Tentativa de uma segunda elaboração".

Essa segunda versão é fruto de onze dias de trabalho conjunto, em outubro de 1927, na casa de Husserl em Friburgo. É composto por uma introdução e duas seções, sendo que a primeira seção contém três subseções. A introdução, a primeira seção ("*A ideia de uma psicologia pura*") e suas três subseções ("*O objeto da psicologia pura*", "*O método da psicologia pura*" e "*A função fundamental da psicologia pura*") são escritas por Heidegger. A segunda seção ("*Psicologia fenomenológica e fenomenologia transcendental*") é escrita por Husserl.

Um estudo dessas duas versões já nos oferece os principais elementos da diferença entre os dois filósofos. Pode ser útil utilizar o critério de Grünewald[5] para caracterizar dois tipos distintos de investigação transcendental: *prinzipien-theoretisch*, que busca por um argumento para justificar verdades particulares; e *evidenz-theoretisch*, que pretende, por meio da reflexão, clarificar as estruturas de sentido que tornam uma verdade possível. A basear-se em tal critério, tanto Husserl quanto Heidegger, ao menos no artigo da *Enciclopédia*, limitam-se à segunda variante da investigação transcendental. Com efeito, ambos pretendem, com a fenomenologia, retroceder daquilo que Husserl chamou "atitude natural" para as operações ocultas da constituição transcendental. Sucede, porém, que, para Husserl, esse retroceder deve nos levar ao *Ego* transcendental como fonte última de constituição, enquanto, para Heidegger, somos levados à *compreensão de ser*. O desvelamento de uma experiência transcendental, em Husserl, é uma solução consequente para um problema encontrado no interior da própria problemática constitutiva. Afinal, se se pergunta pela possibilidade da constituição, tal pergunta não pode se referir a um ente que é constituído. Por isso a necessidade de uma consciência pura frente à psicológica e de um caráter radicalmente não-mundano dessa consciência. Já em Heidegger, a fenomenologia é primariamente um método para a ontologia fundamental. Assim, ao contrário das intenções de Husserl, a experiência transcendental não deve

---

5. GRÜNEWALD, B. *Der phänomenologische Ursprung des Logischen* - Eine kritische Analyse der phänomenologischen Grundlegung der Logik in Edmund Husserls "Logischen Untersuchungen". Kastellaun: A. Henn Verlag, 1977, p. 142-143.

re-conduzir (*Rück-führung*) à consciência absoluta e à sua estrutura eidética necessária que resiste à aniquilação do mundo, mas *dirigir-se* (*Hin-führung*) para o ser[6]. Por isso, vemos Heidegger oferecer uma contextualização *ontológica* da fenomenologia na primeira parte da segunda versão do artigo.

Entre a segunda e a terceira versões do artigo, temos a carta que Husserl recebeu de Heidegger, em outubro de 1927, acompanhada de dois apêndices com apontamentos críticos ao texto da *Enciclopédia*. Husserl estuda os argumentos de Heidegger e escreve um pequeno texto resumindo aquilo que deles compreendeu. A carta, os dois apêndices e o pequeno texto de Husserl estão traduzidos neste volume, e precedem à terceira versão do artigo.

A terceira versão do artigo representa um momento de transição para a quarta e última versão, e, de novidade, contém uma introdução ("*Introdução à terceira versão do artigo da Enciclopédia Britânica*") e uma conclusão ("*Da parte conclusiva da terceira versão do artigo da Enciclopédia Britânica*"). Nessa versão, Husserl tenta aproveitar as contribuições de Heidegger para o artigo, embora já atenue a ênfase ontológica da questão do ser.

Finalmente, temos a "Quarta e última versão" do artigo. Nela, Husserl descarta completamente a introdução de Heidegger, que pretendia contextualizar a fenomenologia no interior da questão do ser, e recupera sua introdução da primeira versão. No mais, preserva apenas mínimas passagens da terceira versão, reescrevendo e reelaborando os textos das versões anteriores e praticamente suprimindo toda a contribuição de Heidegger. Essa última versão é composta por três seções - cada uma contendo várias subseções -, com os respectivos títulos: "*A psicologia pura, seu campo de experiência, seu método, sua função*", "*Psicologia fenomenológica e Fenomenologia transcendental*" e "*Fenomenologia transcendental e filosofia como ciência universal em fundamentação absoluta*".

---

6. HEIDEGGER, M. *Os problemas fundamentais da fenomenologia*. Tradução de Marco Antônio Casanova. Petrópolis: Vozes, 2012, p. 36.

Além dessas quatro versões, há também a tradução para o inglês do texto da versão D, elaborada por Christopher V. Salmon, que é a versão efetivamente publicada na *Enciclopédia Britânica*. Bastante criticada, a tradução contém muitas adaptações com perdas ou modificação do sentido de várias passagens do texto original de Husserl. Por isso, optou-se por não a incluir neste volume.

O estudo do fracasso da redação conjunta do artigo para a *Enciclopédia* a partir da leitura das suas quatro versões nos oferece uma visão direta do inultrapassável marco teórico das duas fenomenologias. Sob a ótica de Husserl, a "mundanização da fenomenologia" realizada por Heidegger só podia representar um retorno ao psicologismo transcendental. No limite, o empreendimento heideggeriano, para Husserl, não é "nada menos que a continuação da minha fenomenologia descritiva e intencional esboçada em 'Ideias'", uma vez que ele "não segue de modo algum o meu método"[7], isto é, o método fenomenológico-*transcendental*. Heidegger, portanto, estaria em um estágio *inferior* da fenomenologia - aquele da psicologia fenomenológica, que permanece no terreno da positividade. Para Husserl, a constituição transcendental dos entes mundanos não pode ser realizada por um ente *também* mundano, sob pena de regresso - o chamado "círculo transcendental". Heidegger, todavia, não vê nisso qualquer problema: a constituição dos entes "disponíveis aí" é realizada por um ente também mundano, a saber, o *Dasein*, e a preocupação de Husserl com o regresso nada mais é do que um sintoma do "primado do teorético" característico de sua fenomenologia[8], que desprezaria o chamado das "coisas mesmas" em prol da consistência teórica.

Esperamos que a tradução desses textos contribua para iluminar esse debate para o público brasileiro. A disposição dos textos seguiu a ordem cronológica da redação do artigo, e a paginação da edição da *Husserliana* está marcada em negrito e entre barras (por exemplo, /**245**/). É a essa paginação que se deverá remeter

---

7. SCHUHMANN, K. *Edmund Husserl* - Briefwechsel. Band III. Springer, 1994, p. 181.

8. HEIDEGGER, M. *Gesamtausgabe*: II. Abteilung: Vorlesungen: Zur Bestimmung Der Philosophie: 56/57. Vittorio Klostermann, 1999, p. 87.

quando Heidegger menciona alguma passagem específica no texto husserliano em seus apêndices críticos. A tradução do artigo da Enciclopédia é fruto do trabalho colaborativo entre Daniel Guilhermino e Felipe Maia da Silva. Daniel Guilhermino traduziu as seguintes partes: Primeiro Esboço, Anotações de Husserl sobre os apêndices de Heidegger, Quarta e última versão. Felipe Maia da Silva, as seguintes: Tentativa de uma segunda elaboração, Carta de Heidegger e apêndices.

2. As Conferências de Amsterdã (1928)

As conferências de Amsterdã foram ministradas entre 22 e 29 de abril de 1928 na sociedade de filosofia de Amsterdã (*Amsterdamse Vereniging voor Wijsbegeerte*). O texto das duas palestras, uma sobre a psicologia fenomenológica e a outra sobre a relação da psicologia pura com a fenomenologia transcendental, foi redigido por Husserl em Göttingen entre os dias 7 e 17 de abril. O artigo para a *Enciclopédia Britânica* e o texto das *Palestras de Amsterdã* foram concluídos num intervalo de cinco meses um em relação ao outro (dezembro de 1927 e abril de 1928, respectivamente) e estão intimamente relacionados no que diz respeito à organização, ao conteúdo e ao estilo dos textos. Ambos foram concebidos como introduções gerais à fenomenologia, e ambos realizam essa tarefa ao discutir o método, a função e as possibilidades da psicologia fenomenológica pura enquanto disciplina propedêutica para a introdução à filosofia fenomenológica transcendental. De fato, Husserl considerava as palestras como uma versão ampliada e revisada do *Artigo para a Enciclopédia Britânica* que, após os complicados trabalhos de colaboração junto a Heidegger, tinha chegado à sua versão definitiva (à quarta e última versão) praticamente "depurada" de toda perspectiva heideggeriana sobre a "questão ontológica fundamental". A versão definitiva do artigo, composta pelas seções "*A psicologia pura, seu campo de experiência, seu método, sua função*", "*Psicologia fenomenológica e Fenomenologia transcendental*" e "*Fenomenologia transcendental e filosofia como ciência universal em fundamentação absoluta*", foi de início pensada como um material a ser publicado no "*Jahrbuch für Philosophie und phänomenologische Forschung*", a revista dirigida por Husserl e na qual, no volume VIII de 1927, tinha sido publicado *Ser e Tempo*, de Heidegger. Husserl, no entanto, nunca chegou a publicar essa "versão ampliada" do *artigo para a Enciclopédia Britânica*. Em vez disso, ela se tornou o texto das *Palestras de Amsterdã*, ministradas em abril de 1928 e que devem, portanto, ser consideradas como uma elaboração e reformulação do artigo originalmente escrito para a *Enciclopédia Britânica*. Nesse sentido, é legítimo considerar essas palestras como o esforço final, por parte de Husserl, de aprimorar as ideias e formulações que pretendera publicar sob a forma do artigo para a Enciclopédia, seguindo o intuito de elaborar um texto introdutório à filosofia fenomenológica transcendental que trilhasse o caminho da psicologia fenomenológica.

O texto resultante das palestras de Amsterdã tem, por conseguinte, importância absolutamente inconteste para o esclarecimento do modo como a psicologia fenomenológica pode servir de propedêutica à fenomenologia transcendental, e do modo como Husserl pensava a diferenciação substancial entre a psicologia fenomenológica e a fenomenologia enquanto filosofia. O mote fundamental dessa aproximação da fenomenologia à psicologia de orientação fenomenológica está, todavia, na veemência com a qual Husserl demonstra a necessidade da assim chamada "virada transcendental" da psicologia. Afinal, segundo ele, à medida que a psicologia se esquiva à realização da virada transcendental, ela permanece, por isso mesmo, presa na "orientação natural". Em função disso, Husserl insiste na exigência de que a estrutura do mundo da experiência seja devidamente explorada e analisada desde uma perspectiva constitutivo-transcendental, visto que a estruturação do mundo da experiência e das vivências subjetivas correlatas perfaz uma necessidade *a priori* e, enquanto tal, transcendentalmente constituída. Dessa forma, o "mundo da experiência" [*Lebenswelt*], também chamado por Husserl de "mundo da percepção", revela-se como o terreno primordial do qual toda reflexão, seja ela filosófica ou psicológica, deve necessariamente partir. Tal afirmação não é de modo algum uma obviedade, como tampouco é evidente que o mundo da experiência deva ser tomado como tema da psicologia fenomenológica.

Completam o texto dois importantes *Apêndices* (n. XXXI e XXXII). O primeiro, escrito em maio de 1926, é parte do conjunto de materiais manuscritos de pesquisa de Husserl dedicados às temáticas "antropologia e psicologia" e "paralelismo psicofísico", e que remontam ao período de sua produção que se estende de 1925 a 1932. Trata-se aí principalmente da tentativa de chegar à execução da redução fenomenológica a partir tanto da ideia de uma ciência universal do espírito quanto da psicologia interna de modo a definir, assim, os limites e as relações entre a psicologia fenomenológica e a fenomenologia transcendental. O segundo apêndice, escrito provavelmente em 1925, foi utilizado por Husserl como material de apoio para o estabelecimento do texto das conferências de Amsterdã. Ele trata mais especificamente da psicologia individual e intersubjetiva, assim como da possibilidade de uma redução tanto psicológica quanto fenomenológica. A ideia fundamental aqui é, uma vez mais, a de que uma teoria do conhecimento de tipo psicológico e até mesmo psicologista, uma vez realizada consequentemente e desenvolvida coerentemente, conduziria necessariamente a uma passagem ao âmbito da filosofia transcendental. Anna Luiza Coli e Giovanni Jan Giubilato assinam a tradução deste texto; a tradução dos *Apêndices* foi feita por Daniel Guilhermino.

3. As Conferências de Praga (1935)

No começo de julho de 1935 Husserl recebeu, por parte do "*Cercle Philosophique de Prague pour les recherches sur l'entendement humain*", do qual era membro honorário, um convite para ministrar, em novembro daquele mesmo ano, em Praga, várias conferências sobre a filosofia fenomenológica. O texto das duas conferências - que Husserl escreveu entre final de outubro e começo de novembro, e que ministrou nos dias 14 e 15 de novembro de 1935 na universidade tcheco-alemã de Praga - é apresentado aqui pela primeira vez em sua tradução ao português. Também Jan Patočka, Ludwig Landgrebe, Alfred Schutz e Felix Kaufmann, dentre outros, participaram desses encontros. A presença de Husserl em Praga foi "o auge da atividade e da existência do círculo"[9] e também a última aparição pública do filósofo.

As *Conferências de Praga*, dedicadas ao problema da psicologia no contexto da crise das ciências europeias, inauguram o início do período criativo que conduziu à publicação do famoso tratado *A crise das ciências europeias e a fenomenologia transcendental*, a última grande obra de Husserl. Nesse texto, sobretudo nas seções I e III B, Husserl inseriu trechos e reelaborações das conferências de Praga. Partindo da pergunta inicial pelo objetivismo antigo e moderno da visão científica de mundo, Husserl desenvolve seu argumento até os problemas mais frequentemente tratados da psicologia e da filosofia transcendental, como o da apreciação de si [*Selbstbesinnung*] e da responsabilização de si por parte do sujeito. O mundo da vida e a história são tratados nesse texto como elementos cruciais para uma exposição da relação entre psicologia e filosofia transcendental. Em última instância, tal discussão tem a intenção de preparar o terreno para uma *possível apreensão fenomenológica do psíquico*, na essência de todas as suas manifestações, e na completude de sua constituição concreta em sujeito psicofísico, individual e encarnado na corporeidade mundana das relações histórico-sociais. As *Conferências de Praga* foram aqui traduzidas por Anna Luiza Coli e Giovanni Jan Giubilato.

* * *

Finalmente, é importante ter em mente que os textos de Husserl eram escritos empregando a técnica da estenografia, ou seja, uma escrita abreviada que permite a anotação na mesma velocidade da pronúncia das palavras. Os textos no original alemão são, portanto, transcrições feitas a partir da escrita estenográfica. Daí o estilo quase telegráfico de algumas frases, que foi até certo ponto mantido na transcrição para o alemão corrente, mas que pode,

---

9. PATOČKA, J. "Erinnerungen an Husserl". In: BIEMEL, W. (ed.). *Die Welt des Menschen* - Die Welt der Philosophie. Festschrift für Jan Pato ka (Phaenomenologica 72). Haia: Nijhoff, 1976, p. xvi.

em português, pela característica da língua portuguesa, gerar ambiguidades no texto e, assim, prejudicar sua compreensão. Nesses casos, os tradutores optaram por inserir ou repetir os termos que seriam necessários para solucionar eventuais ambiguidades. Esses acréscimos por parte dos tradutores são marcados, ao longo do texto, com os sinais <...>.

Outro detalhe pensado para facilitar o trabalho dos pesquisadores que desejam cotejar a tradução com o texto original alemão é a referência à paginação do texto original, assinalada em negrito e entre barras (por exemplo, /**103**/). A paginação assim marcada ao longo dos textos se refere à edição da *Husserliana* na qual eles foram publicados, a saber: Husserliana IX para o *Artigo da Enciclopédia Britânica* e materiais relativos, *Conferências de Amsterdã* e apêndices; Husserliana XXIX para as *Conferências de Praga*.

Optamos, ainda, por oferecer aos leitores um glossário ao final de cada texto, explicitando as opções feitas em cada contexto. Embora alguns termos se repitam nos diferentes glossários, há contextos que exigiram traduções diferentes para um mesmo termo e, para manter essa especificidade e ao mesmo tempo o comprometimento com o rigor da tradução, oferecemos um glossário para cada texto no qual eventualmente discutimos as dificuldades de tradução de alguns termos mais problemáticos ou mais importantes. A esperança é que algo daquela inescapável *renúncia* que pertence e constitui a tarefa da tradução - como o disse magistralmente Walter Benjamin no ensaio sobre *A tarefa do tradutor*[10] - possa ser recuperado pelo leitor interessado em se aventurar pelas bordas que inevitavelmente se formam no encontro de duas épocas e de dois idiomas tão distintos entre si.

---

10. BENJAMIN, W. "A tarefa do tradutor". In: BENJAMIN, W. Escritos sobre mito e linguagem (1915-1921). Trad. Susana Kampff Lages e Ernani Chaves. São Paulo: Editora 34, 2011, p. 101-119.

1
O ARTIGO DA ENCICLOPÉDIA BRITÂNICA (1927)

PRIMEIRO ESBOÇO*

/237/ Entende-se, por *fenomenologia*, um movimento filosófico que cresceu na virada do nosso século visando a uma refundação radical de uma filosofia científica e, através dela, de todas as ciências. Fenomenologia também designa, porém, uma nova ciência fundamental que serve a esses propósitos, pelo que se separam a fenomenologia psicológica e a transcendental.

I. Fenomenologia psicológica como psicologia "pura"

1. Toda experiência, e qualquer outro modo no qual estejamos ocupados conscientemente com objetos, admite evidentemente uma "virada fenomenológica", uma passagem para um processo de "experiência fenomenológica". No perceber puro e simples, estamos direcionados às coisas percebidas; na lembrança, às lembradas; no pensar, da mesma forma, [estamos voltados] ao pensamento; no valorar, aos valores; no querer, aos fins e aos meios etc. Portanto, toda ocupação tem, como tal, seu "tema". A qualquer momento, contudo, podemos executar uma mudança de atitude que afaste nosso olhar temático das respectivas coisas, pensamentos, valores, fins etc., e o direcione para os múltiplos e alternantes "modos subjetivos" nos quais eles "aparecem", no modo como eles são conscientes. Por exemplo, perceber um cubo de latão fixo e inalterado é percorrer sua forma de cubo, as superfícies singulares, as bordas, cantos, também sua cor, seu brilho e outras determinações de coisa espacial, **/238/** e, assim, conhecer o cubo. Ao invés de continuar desta forma, podemos, porém, atentar fenomenologicamente em como, *e.g.*, em quais "perspectivas" diversamente alternantes, o cubo se apresenta, embora seja *experienciado como cubo inalterado*; como ele aparece de modo diferente como "coisa próxima" ou "coisa distante";

* Tradução de Daniel Guilhermino.

quais modos de aparição ele oferece na mudança de orientação; e como, também, cada determinação singular no curso da percepção se apresenta como única nos múltiplos modos de aparição que particularmente lhe pertencem. Não há nenhuma coisa percebida progressivamente, e nenhum momento nela percebido como sua determinação, que, durante a percepção na multiplicidade de aparições distintas, não apareça – isso nos ensina esse recuo à experiência reflexiva –, embora a coisa seja doada e captada continuamente como uma e a mesma. Na percepção que prossegue irrefletidamente, porém, apenas esta unidade, apenas a própria coisa, está sob o olhar que capta, enquanto os decursos de vivências operantes permanecem extratemáticos, não-captados, latentes. *Perceber não é um ter vazio* de coisas percebidas, mas um vivenciar fluente de aparições subjetivas que se unificam sinteticamente na consciência do mesmo, sendo de tal e qual modo. "Modo de aparição" deve ser, aqui, tomado em um sentido amplo. Assim, os modos de aparição do cubo na relembrança, ou na fantasia de um cubo completamente idêntico, são "os mesmos" que na percepção, embora todos modificados de um certo modo, justamente como lembrados ou fantasiados. Mais uma vez, distinções como aquelas entre a lembrança clara e obscura e aquelas de gradualidade de clareza, bem como as distinções de determinação ou indeterminação relativas, são distinções de "modos de aparição". Da mesma forma as distinções de perspectiva temporal, de atenção etc.

De forma bastante análoga, pensamentos, valores, decisões etc., nas vivências correspondentes do pensar, valorar, querer etc. são unidades de "modos de aparição" que funcionam de modo oculto. Por exemplo, o mesmo juízo, com o mesmo sujeito e predicado, está consciente no pensamento em modos alternantes, ora como evidente, ora como não evidente – neste último caso, ora como explicitamente julgado em uma ação gradual, ora não explicitamente, como uma ocorrência vaga, na qual intervém, na passagem de um modo para o outro, **/239/** a consciência identificadora do mesmo juízo como consciência do juízo visado ora neste, ora em outro modo. O que vale para o todo de um juízo, ou mesmo para uma demonstração e para toda uma teoria, vale já para cada elemento temático, para cada conceito, cada forma de juízo e assim por diante. A unidade temática também se constitui aqui e, em geral, na síntese de multiplicidades de "fenômenos" ocultos, que, no entanto, podem ser revelados a qualquer momento por meio da reflexão, análise e descrição fenomenológicas.

Disso resulta a *ideia de uma tarefa universal*: ao invés de viver diretamente na "atitude natural" e, por assim dizer, viver "no" mundo, tal como crianças mundanas; i. e., ao invés de viver na vida latente da consciência operante e ter o mundo, e somente o mundo, como nosso campo de ser – como existente agora para nós (na percepção), como passado (na lembrança), como futuro vindouro (na expectativa) –, ao invés de julgar, valorar, fazer deste mundo da experiência o campo dos nossos projetos teóricos e práticos, tentamos uma reflexão fenomenológica universal sobre toda essa vida pré-teórica, teórica e de qualquer outro tipo. Tentamos revelar essa vida de modo sistemático e, assim, compreender o *como* de seu funcionamento unitário; ou seja, compreender em que múltiplas formas típicas essa vida é uma "consciência-de", como ela constitui unidades sinteticamente conscientes; como, em quais formas transcorrem essas sínteses, tais como as formas da passividade e da atividade espontânea, e, com isso, em particular como se constituem suas unidades como objetivamente existindo ou não existindo, e similares. Em suma: como pode um mundo unitário de experiência e de conhecimento estar aí para nós como válido e vigente em tipos ônticos totalmente familiares. Se o experienciado só é possível no experienciar; o pensamento no pensar; a verdade inteligível no ver intelectivo – então a investigação concreta e abrangente de todo o mundo existente para nós e que nos é válido como cientificamente inteligível exige[11] também a investigação fenomenológica universal das multiplicidades de consciência, em cuja transformação sintética o mundo se configura subjetivamente como válido para nós e como eventualmente inteligível. A tarefa se estende à vida em sua totalidade, **/240/** incluindo a vida estética e de qualquer outro tipo valorativo, e à vida prática,

11. <Nota de Heidegger:> Por quê? A princípio, ela exige apenas uma clarificação ontológica pura de seu campo que, por assim dizer, está ao fundo.

através da qual o mundo da vida concreto, com seu conteúdo alternante, configura-se para nós sempre como um mundo de valores e como um mundo prático.

2. Conduziria um tal tipo de tarefa a uma nova ciência? Corresponderia a ideia de uma experiência universal, direcionada exclusivamente aos "fenômenos subjetivos", a um campo de experiência autônomo e, com isso, a uma base para uma ciência autônoma? Poder-se-ia a princípio dizer que uma nova ciência não é necessariamente exigida, pois pertencem obviamente à psicologia todos os fenômenos meramente subjetivos, todos os modos de aparição daquilo que aparece.

Isso está fora de dúvida. Permanece em aberto, no entanto, que aqui se exija uma disciplina psicológica puramente autônoma, assim como se exige uma mecânica no caso de um direcionamento teorético voltado exclusivamente ao movimento e às forças em movimento (como mera estrutura da natureza). Consideremos tudo isso mais de perto. Qual é o tema geral da psicologia? Os entes anímicos e a vida da alma que aparecem concretamente no mundo como humanos e, em geral, como animais. A psicologia é, portanto, um ramo da antropologia ou zoologia concretas. As realidades animais possuem duas camadas, primeiramente uma camada fundamental: as realidades físicas. Pois, como todas as realidades, elas são espaçotemporais, permitindo, consequentemente, uma atitude experiencial abstrativa referente àquilo que é, nelas, pura "*res extensa*". Essa redução ao puramente físico nos insere no nexo fechado da natureza física, ao qual os corpos vivos [*Leib*er] animais pertencem como meros corpos [*Körper*]. A pesquisa científica desses corpos é em seguida inserida na unidade das ciências da natureza, especialmente na biologia física enquanto ciência geral dos organismos na experiência física pura. Mas os animais não existem como mera natureza; eles existem como "sujeitos" de uma "vida psíquica", sujeitos de uma vida que experiencia, que possui sentimento, que pensa, que possui aspirações etc. Se praticarmos em uma pureza consequente e em uma atitude abstrativa com outro direcionamento esse tipo completamente novo de experiência psíquica (que, como experiência psicológica, é obviamente a fonte específica da psicologia), surge então o psíquico em seu puro caráter essencial próprio e, se nos conduzirmos firmemente por **/241/** esse direcionamento do olhar, somos levados continuamente de puro psíquico a puro psíquico. Se entrelaçamos ambos os tipos de experiência na mudança de atitude, surge a experiência psicofísica combinada, na qual são tematizadas as relações reais do psíquico à corporeidade viva física. A partir daí, o sentido e a necessidade de uma psicologia pura são fáceis de ver. Todos os conceitos especificamente psicológicos provêm obviamente da experiência puramente psíquica, assim como todos os conceitos especificamente naturais (das ciências naturais) provêm da experiência puramente natural. Logo, toda a psicologia científica é baseada na formação conceitual científica e metodológica no campo de experiência puramente psíquico. Se em tais conceitos já mobilizamos intelecções apodícticas que podem ser obtidas na atitude voltada para o puro psíquico, então eles devem, enquanto "puramente psicológicos", preceder todo conhecimento psicofísico. Já na percepção natural de um ser humano enquanto realidade concreta, a sua subjetividade psíquica (o psíquico em sua multiplicidade) - que pode ser experienciável como um excesso por sobre sua *physis* somática - surge como uma totalidade e uma unidade de experiência fechadas em si mesmas. Se uma "alma" (nesse sentido de experiência) possui uma estrutura essencial geral, uma tipologia de sua organização de acordo com seus estados, atos e formas psíquicos de uma síntese psíquica pura, então deve ser a tarefa fundamental da psicologia, sobretudo enquanto *psicologia "pura"*, investigar sistematicamente essa tipologia. Por mais amplo que seja o âmbito da pesquisa psicofísica, e por mais que ela possa contribuir para o conhecimento da alma, só há uma coisa que ela pode realizar sobre a base de uma psicologia pura, a saber, trazer à tona as relações reais entre o psíquico e o físico. Todas as indicações indiretas aqui possíveis do psíquico pressupõem a experiência científica do psíquico puro e o conhecimento de sua estrutura essencial. Assim, entre os "conceitos fundamentais" psicológicos, que são elementos originários da teoria psicológica, os conceitos puramente psicológicos são em si mesmos os primeiros; eles precedem os conceitos psicofísicos e, com isso, todos os conceitos psicológicos em geral.

Conhecimento de experiência em geral se baseia, em última instância, na *experiência original*, na percepção e nas modificações de presentificação **/242/** originárias que são dela derivadas. Sem exemplos intuitivos originários não há qualquer generalização ou formação conceitual originárias. O mesmo ocorre aqui. Todos os conceitos fundamentais puramente psicológicos - os elementos teoréticos últimos de toda psicologia que precedem todos os outros conceitos psicológicos - devem ser extraídos da intuição originária do psíquico enquanto tal. Esta última possui três níveis que estão fundados uns nos outros: a autoexperiência, a experiência intersubjetiva e a experiência da comunidade enquanto tal. O primeiro nível - ele mesmo disposto segundo sua originalidade - se realiza na forma da autopercepção e suas modificações (lembrança de si, autofantasia), fornecendo ao psicólogo intuições psicológicas originárias tão somente do seu próprio psíquico (presente, passado etc.). Obviamente, está no sentido de toda experiência intersubjetiva da "interioridade" alheia que se trata de uma modificação por analogia da minha própria [interioridade], de modo que ela, enquanto alma singular, pode, portanto, ser subsumida, sem exceção, sob aqueles mesmos conceitos fundamentais extraídos da minha autoexperiência originária. Novos conceitos fundamentais, no entanto, são fornecidos pela experiência da comunidade pessoal e da vida comunitária, fundadas na autoexperiência e na experiência do alheio; conceitos que, de qualquer forma, pressupõem aqueles da autoexperiência.

Se perguntamos agora o que traz primeira e originariamente a *autoexperiência* efetiva e possível à intuição, então é a fórmula clássica de *Descartes*, o *ego cogito*, que nos dá a única resposta possível (sempre que deixamos fora de jogo todos os interesses que o determinam do ponto de vista filosófico-transcendental). Em outras palavras, não nos deparamos com nada além do *Eu*, da *consciência* e do *consciente enquanto tal*. O psíquico na sua pureza nada mais é, por assim dizer, que o especificamente egoico: vida de consciência e ser enquanto Eu em tal vida. Se nos mantivermos firmemente na atitude direcionada ao puro psíquico também na consideração da comunidade humana, então, além dos sujeitos singulares (almas) puros, surgem os modos de consciência da intersubjetividade que a ela se vinculam puramente; entre eles os “atos sociais” (recorrer ao outro, combinar algo com outro, dominar sua vontade etc.), assim como, relacionado a isso, as vinculações interpessoais duradouras de **/243/** pessoas puras a comunidades pessoais em diferentes níveis.

3. *A correta execução de uma reflexão puramente fenomenológica* enquanto intuição originária do psíquico em sua pura peculiaridade tem suas grandes dificuldades, de cujo conhecimento e superação depende a possibilidade de uma psicologia pura e, portanto, de uma psicologia em geral. O método da “redução fenomenológica” é o método fundamental para trazer à tona o campo fenomenológico-psicológico; somente através dele é possível uma “psicologia pura”. Se, por exemplo, uma percepção externa qualquer, digamos uma percepção desta árvore, for concebida e descrita como um dado puramente psíquico, então a própria árvore, que está ali no jardim, obviamente não pertence à percepção, mas à natureza extrapsíquica. No entanto, a percepção é psiquicamente o que é enquanto percepção “desta árvore”: sem este “disto ou daquilo” não é possível descrever uma percepção segundo sua composição psíquica essencialmente própria. A inseparabilidade desses momentos se mostra pelo fato de que eles permanecem na percepção, ainda que ela se mostre como uma ilusão. Se o objeto da natureza na verdade existe ou não, a percepção é percepção *dele* e, enquanto tal, é doada para mim na reflexão fenomenológica. A captação do puramente psíquico de um *cogito* do tipo da percepção requer, assim, por um lado, que o psicólogo coloque fora de jogo todas as tomadas de posição sobre o ser verdadeiro do percebido (do *cogitatum*) e que ele exerça uma *Epoché* a esse respeito, não emitindo, assim, nenhum juízo de percepção natural - a cujo sentido, afinal, pertence a constante afirmação sobre o ser ou não-ser objetivo. Por outro lado, porém, o *totalmente mais essencial* não deve ser ignorado, a saber, que a percepção, mesmo depois desta *Epoché* que purifica, ainda é a percepção desta casa e o é com a validade de “efetivamente existente”. Em outras palavras, o objeto da percepção pertence à composição pura da minha percepção, mas puramente enquanto perceptivamente visado, e decerto como conteúdo

de sentido (sentido da percepção) da crença perceptiva. Porém, essa "casa percebida" na *Epoché* ("colocada entre parênteses", como se diz) pertence à composição fenomenológica não como **/244/** um momento rígido, mas como uma unidade constituinte viva em multiplicidades flutuantes de modos de aparição, cada uma das quais possuindo, em si, o caráter de "aparição de" (por exemplo, perspectiva-de, aparição-longínqua-de etc.), produzindo, sinteticamente, no transcurso de aparições copertencentes, a consciência do um e do mesmo. Obviamente o mesmo é válido para todo e qualquer *cogito*, para todo e qualquer "eu experiencio", "eu penso", "eu sinto, desejo" e assim por diante. A redução ao fenomenológico enquanto puro psíquico exige, em geral, a inibição metodológica de toda tomada de posição natural e objetiva; e não só de toda tomada de posição, mas de toda tomada de posição sobre os respectivos valores, bens etc., que é pura e simplesmente confirmada como válida nas *cogitationes* naturais dos sujeitos. A tarefa geral é perseguir a abundância inicialmente imensa dos modos nos quais as respectivas "objetalidades intencionais" (o percebido enquanto tal, o lembrado enquanto tal, o pensado, valorado enquanto tal etc.) gradualmente se "constituem" como unidades sintéticas de multiplicidades da consciência, revelando as muitas formas de síntese através das quais a consciência, em geral, chega com outra consciência à unidade de uma consciência. Aqui, porém, nada mais se encontra do que "consciência de" - sempre centrada no mesmo polo de unidade *ego*. Cada dado psíquico só pode se mostrar a si próprio como unidade que remonta às multiplicidades constituintes. A psicologia pura (e, portanto, a psicologia em geral) deve começar com as doações da experiência efetiva, portanto com as vivências puras do meu eu como percepções de, lembranças de e similares; não, porém, com substruções e abstrações, tais como dados do sentido e similares.

4. A psicologia fenomenológica ou psicologia pura, como disciplina psicológica em si mesma primeira e completamente autônoma - também fortemente separada da ciência natural -, não deve ser fundada como ciência de fatos, mas como ciência puramente racional ("apriorística", "eidética"), e isso por razões

profundas. Como tal, ela é o fundamento necessário de toda ciência legal rigorosamente empírica da alma, assim como as disciplinas puramente racionais da natureza - tais como a geometria pura, a foronomia, a cronologia, a mecânica - são os fundamentos para toda ciência natural empírica "exata". **/245/** Assim como a fundamentação desta última exigia uma revelação sistemática das formas essenciais de uma natureza em geral, sem as quais a natureza (mais especificamente: a forma espaçotemporal, o movimento, a mudança, a substancialidade física e a causalidade) seria inconcebível, assim também uma psicologia cientificamente "exata" exige uma revelação da tipologia *a priori* sem a qual o Eu (ou o Nós), a consciência, a objetalidade da consciência e, portanto, uma vida da alma em geral seriam inconcebíveis - com todas as distinções e formas de sínteses essencialmente possíveis que são inseparáveis da ideia de uma totalidade anímica individual e comunitária.

De acordo com isso, o método da redução fenomenológica se vincula ao método da pesquisa psicológica de essência enquanto método *eidético*: ou seja, a exclusão não só de todos os juízos que ultrapassam a vida da consciência pura (e, portanto, de todas as ciências positivas naturais), mas também a exclusão de toda facticidade puramente psicológica. Esta última serve apenas a título de exemplo como base para a livre-variação das possibilidades, enquanto o objetivo das constatações é o *invariante* que emerge na variação, o *estilo formal necessário* ao qual a possibilidade de ser pensado está vinculada. Assim, por exemplo, a fenomenologia da percepção das coisas espaciais não é uma teoria das percepções externas que ocorrem (ou das que virão a ocorrer) factual ou empiricamente, mas uma exibição do sistema estrutural necessário sem o qual uma síntese de múltiplas percepções, enquanto percepções de uma e a mesma coisa, seria inconcebível. Entre as sínteses psicofenomenológicas mais importantes a serem investigadas estão as sínteses da *comprovação*, por exemplo o modo como, na percepção externa, é próprio à consciência, na forma da concordância e do preenchimento de antecipações prévias, a crença evidente no ser como consciência da própria coisa se revelando. Correlativamente: a investigação das modalizações, da dúvida, da mera conjectura e, eventualmente, da nulidade evidente enquanto formas contrárias das sínteses de concordância – e assim em todos os gêneros de atos (psicologia pura da razão)[12].

5. A primeira redução fenomenológica descrita acima é a redução egológica, e, portanto, a fenomenologia /**246**/ é, primeiramente, fenomenologia das possibilidades de essência daquilo que me é, sozinho, originalmente intuitivo: meu *ego* (*fenomenologia egológica*). Mas uma fenomenologia da empatia e da maneira pela qual esta pode transcorrer enquanto síntese dos fenômenos concordantes da minha alma – e então indicar, por consistente comprovação, a "subjetividade alheia" – conduz à ampliação da redução fenomenológica como *redução à intersubjetividade pura*. Surge, como fenomenologia puramente psicológica de modo completo, a doutrina de essência de uma comunidade constituída de modo puramente psicológico, em cujos atos intersubjetivos entrelaçados (atos da vida comunitária) se constitui o mundo "objetivo" (o mundo para todos) como natureza "objetiva", como mundo da cultura e mundo das comunidades "objetivamente" existentes.

6. A ideia de uma psicologia pura – de uma psicologia não psicofísica, mas antes extraída puramente da experiência psicológica – reconduz historicamente à memorável e fundamental obra de *Locke*, e o desenvolvimento e as implicações dos inícios lockianos se realizam no movimento empírico que daí despontam. Ele culmina no genial *Treatise* de *D. Hume*. Este pode ser considerado o primeiro esboço de uma psicologia pura (embora apenas uma psicologia egológica) levada a cabo em consistência quase pura; e não menos como a primeira tentativa de uma filosofia transcendental fenomenológica. Pois em *Locke* já se mesclam duas tendências que devem ser separadas, justamente a psicologia positiva e a filosófico-transcendental. Apesar de muitos e profundos pressentimentos, esse movimento tão rico em consequências fracassa, e de ambos os lados. Falta-lhe um exame radical sobre a meta de uma psicologia pura e sobre sua possibilidade; falta-lhe o método fundamental da redução fenomenológica. A cegueira para a consciência como consciência-de (a cegueira para a "intencionalidade") também sig-

---

12. <Nota de Heidegger às últimas 10 linhas:> Pergunta transcendental!

nifica a cegueira para as tarefas e métodos específicos que dela se originam. Finalmente, o empirismo também carece da intelecção da necessidade de uma doutrina de essência racional da esfera puramente psíquica. Tudo isso tornou impossível, também na época posterior, uma fundamentação radical da psicologia pura e, portanto, de uma psicologia científica rigorosa em geral. Um impulso decisivo foi dado somente por *F. Brentano* ("Psicologia" I, 1874) **/247/** através da grande descoberta que se encontrava em sua reavaliação do conceito escolástico de intencionalidade como traço distintivo essencial dos "fenômenos psíquicos". Mas mesmo ele, ainda inibido por preconceitos naturalistas, não vê os problemas da síntese e da constituição intencional, não encontrando o caminho para a fundamentação de uma psicologia pura, e muito menos eidética, em nosso sentido fenomenológico. Foi somente através de sua descoberta, no entanto, que o movimento fenomenológico iniciado na virada do nosso século se tornou possível: o paralelismo dessa psicologia pura e apriorística com a ciência da natureza pura e apriorística (por exemplo, a geometria) deixa claro que não se trata de "especulações *a priori*" ocas, mas de um trabalho rigorosamente científico, realizado no âmbito da intuição psicológica concreta, de formação sistemática de conceitos puramente psicológicos e das leis de essência evidentes, que lhe pertencem em sua validade necessária, em uma progressão gradual infinita, mas sistemática. Por outro lado, o caráter científico das já bem conhecidas ciências *a priori* não deve ser aqui pressuposto: a índole fundamentalmente distinta do psíquico corresponde à índole fundamentalmente distinta do sistema de seu *a priori* e de todo o método.

II. A Fenomenologia transcendental perante a Fenomenologia psicológica

1. A nova fenomenologia não surgiu originariamente como psicologia pura, portanto não com o interesse de fundamentação[13] de uma psicologia empírica rigorosamente científica; antes, ela surgiu como "*fenomenologia transcendental*", com o interesse de uma reforma da filosofia em direção a uma ciência rigorosa.

13. <Nota de Heidegger sobre "Fundamentação"> Psicologia racional!

A fenomenologia transcendental e a psicológica, tão distintas em seu sentido fundamental, devem ser mantidas separadas uma da outra da forma mais nítida possível - não obstante se passe de uma à outra por uma simples mudança de atitude. Ou seja, de ambos os lados são "os mesmos" fenômenos e intelecções de essência que aparecem, /**248**/ mas, por assim dizer, com um sinal distinto que modifica, de maneira principial, seu sentido. O interesse primário de *Locke* não era, igualmente, o da fundamentação de uma psicologia pura - este deveria ser, antes, apenas o meio para uma solução universal dos *problemas do "entendimento"*. Seu tema primário era, portanto, o enigma das realizações do entendimento executadas na subjetividade como conhecimento e ciência, com suas reivindicações de validade objetiva. Em uma palavra, o *Essay* de *Locke* pretende ser o esboço de uma teoria do conhecimento, de uma filosofia transcendental. Ele e sua escola são atingidos pela acusação de "psicologismo". Se, no sentido do problema transcendental, está em questão o sentido e o direito de uma objetividade que se torna consciente na imanência da pura subjetividade e que é supostamente legitimada no processo de fundamentação, então essa questão atinge igualmente tudo aquilo que é objetivo. Já nas meditações de *Descartes* (e justamente por isso ele foi o despertador epocal da problemática transcendental), preparou-se a intelecção de que o que quer que abordemos como sendo real e sendo de tal modo - logo, enfim, todo o universo -, existe para o *ego* cognoscente apenas enquanto acreditado na crença subjetiva, e existe de tal modo representado, pensado etc., com este ou aquele sentido. Assim, a vida subjetiva da consciência em pura imanência é o lugar de toda doação de sentido, posição de ser e comprovação de ser. Exige-se, portanto, uma autocompreensão sistemática e pura do cognoscente, uma revelação da vida pensante puramente a partir da "experiência interna", a fim de deixar claro o que a subjetividade pode e opera aqui na imanência oculta. Embora *Locke* fosse guiado por essa grande visão, ele não alcançou a pureza principial e caiu no erro do psicologismo. Se a experiência e o conhecimento objetivo-real em geral estavam transcendentalmente em questão, então pressupor quaisquer experiências e conhecimentos objetivos era um contrassenso - como se o sentido e o direito de sua validade objetiva não pertencessem ao próprio problema. Uma psicologia não poderia ser o fundamento de uma filosofia transcendental. Mesmo a psicologia pura no sentido fenomenológico, tematicamente delimitada pela redução psicológico-fenomenológica, ainda é ciência positiva; ela tem o mundo como seu solo pré-doado. As almas puras e /**249**/ as comunidades anímicas são pressupostas como almas de corpos na natureza, apenas que deixadas fora de consideração. Essa psicologia pura[14] é, ela própria, transcendentalmente problemática, assim como toda ciência positiva. Ela exige, porém, para fins de uma filosofia transcendental, uma redução fenomenológica (transcendental) ampliada e completamente universal que satisfaça a universalidade do problema e que exerça a *epoché* com respeito ao mundo da experiência em sua totalidade e a todas as ciências e conhecimentos positivos nele baseados, transformando-os, como um todo, em fenômenos - fenômenos transcendentais. Já *Descartes* havia tocado nesta redução, na medida em que coloca fora de jogo o ser do mundo da experiência como um todo (segundo seu princípio metódico da *epoché* com respeito a tudo aquilo que possa ser duvidado); já ele reconhece, então, que o *ego cogito* permanece em jogo como o universo da subjetividade pura, e que esta - que não deve ser tomada como eu, como este ser humano[15] - é o ser que é pressuposto, em sua validade imanente, em todo conhecimento positivo e que lhe é, portanto, primeiro. Se vincularmos, com isso, o grande conhecimento de *Locke* sobre a necessidade de descrever concretamente a vida cognitiva segundo todos os seus níveis e tipos fundamentais, a descoberta *brentaniana* da intencionalidade em seu novo uso e, finalmente, o conhecimento da necessidade do método *a priori*, surge então o tema e método da presente fenomenologia transcendental. Ao invés da mera redução à subjetividade puramente anímica (ao puramente psíquico dos seres humanos no mundo), [trata-se aqui de] uma redução à subjetividade transcendental através da *epoché* metódica direcionada ao mundo real pura e simplesmente e também a todas as objetividades ideais (o "mundo" dos números e afins). Permanece válido exclusiva-

---

14. <Nota de Heidegger:> enquanto empírica.

15. <Nota de Heidegger sobre "este ser humano":> ao contrário, [deve ser tomada] como "humanidade" <entendida como essência do ser humano>.

mente o universo da subjetividade "transcendentalmente pura", nela se encerram todos os "fenômenos" de objetividades efetivos e possíveis, todos os modos de aparição, modos de consciência etc. que a ela se relacionam. Somente através desse método radical a fenomenologia transcendental evita o contrassenso do círculo em teoria do conhecimento: especificamente, pressupor **/250/** (como se fosse inquestionável) aquilo que está encerrado no sentido geral da própria pergunta transcendental. A propósito, somente agora a tentação do psicologismo é plenamente compreendida. De fato, a fenomenologia puramente psicológica coincide, de um certo modo, como agora se pode ver facilmente, com a fenomenologia transcendental, proposição por proposição, exceto que, em cada afirmação, por fenomenologicamente puro se entende ora o anímico, isto é, um estrato de ser no interior do mundo naturalmente válido, ora o subjetivo-transcendental, no qual se origina o sentido e a validade de ser desse mundo. A redução transcendental deixa visível justamente um tipo completamente novo de experiência, a experiência transcendental, que deve ser continuada de modo consequente. Através dela, revela-se a subjetividade *absoluta* que opera de maneira oculta por toda parte, com toda sua vida transcendental, em cuja síntese intencional todos os objetos ideais e reais se constituem com sua validade de ser positiva. Ela fornece o campo temático de uma ciência fenomenológica absoluta à qual se denomina transcendental, na medida em que encerra, em si, todos os problemas transcendentais ou da teoria da razão. Por outro lado, a teoria transcendental da razão só se distingue dela pelos problemas iniciais, uma vez que sua execução pressupõe o estudo universal de toda subjetividade transcendental. Trata-se de uma e a mesma ciência *a priori*.

2. Todas as ciências positivas são ciências em ingenuidade transcendental. Elas pesquisam, sem chegar a compreender, em uma atitude unilateral, na qual toda a vida que constitui transcendentalmente as unidades reais da experiência e o conhecimento lhes permanece oculta - embora todas essas unidades, segundo seu próprio sentido cognoscente, apenas são o que são como unidades de multiplicidades transcendentalmente constituintes (o que pode ser puramente visto somente depois das nossas redu-

ções). Somente a fenomenologia transcendental (e em nada mais consiste seu idealismo transcendental) torna possível as ciências das concreções plenas, ciências omniabrangentes, e nisso reside que sejam ciências que se justificam e se compreendam totalmente a si próprias. Seu tema diz respeito a toda subjetividade possível em geral, em cuja vida de consciência - **/251/** em cujas experiências e conhecimentos constitutivos - um mundo objetivo e possível chega à consciência.

O mundo experienciado na experiência factual é o tema do sistema das ciências factuais positivas concebido em sua completude. Sobre a base da livre-variação ideal da experiência factual com respeito ao mundo da experiência surge a ideia de uma experiência possível em geral enquanto experiência de um mundo possível e, por conseguinte, a ideia de um sistema possível de ciências empíricas como pertencendo *a priori* à unidade de um mundo possível. Assim, por um lado, uma ontologia *a priori* que investiga sistematicamente as estruturas necessárias e essenciais de um mundo possível, ou seja, tudo aquilo sem o qual um mundo enquanto tal não pode ser pensado do ponto de vista ôntico. Por outro lado, entretanto, o mundo possível e suas estruturas ônticas são investigados, em investigação de correlação fenomenológica, pelo lado da doação de sentido possível e da fundamentação de ser (enquanto mundo da experiência possível), sem a qual o mundo também é impensável. Dessa forma, uma fenomenologia transcendental, uma vez elaborada, compreende uma ontologia universal em sentido amplo, uma ontologia completa, omniabrangente e concreta, na qual todos os conceitos ontológicos correlatos são extraídos de uma originariedade transcendental que não deixa na obscuridade, sob nenhum aspecto, qualquer questão de sentido ou de direito. As ciências *a priori* historicamente formadas não realizam nem mesmo a ideia completa de uma ontologia positiva. Elas dizem respeito apenas (e mesmo nesse aspecto, de modo incompleto) à forma lógica de todo e qualquer mundo possível (*mathesis universalis* formal) e à forma essencial de uma natureza física possível. Elas permanecem presas à ingenuidade transcendental e, portanto, contaminadas por aquelas deficiências de fundamentação que necessariamente delas se seguem. Nessa forma ingênua, elas funcionam como instrumentos metódicos das correspondentes ciências de fatos "exatos"; mais precisamente, elas servem para racionalizar as regiões de fatos, para proporcionar ao factual uma *methexis* necessária, através de uma retrorreferência à estrutura essencial de um fato mundano possível em geral, e, com isso, servem para fornecer as bases legais das regras meramente indutivas. Os "conceitos fundamentais" de todas as ciências positivas, aquelas a partir das quais todos os conceitos do real mundano são construídos, são, ao mesmo tempo, os conceitos fundamentais das correspondentes ciências racionais. **/252/** Se lhes falta clareza de origem e, com isso, conhecimento de seu verdadeiro e necessário sentido, então essa falta de clareza é transmitida a toda a composição teórica das ciências positivas. Nos últimos tempos, a crise dos fundamentos na qual todas as ciências positivas, empíricas e *a priori*, têm entrado, a luta por "paradoxos", por evidências legítimas ou aparentes dos conceitos fundamentais e das proposições fundamentais da aritmética, da cronologia etc. tradicionais revelaram a imperfeição de todas as ciências positivas. De acordo com seu tipo metódico como um todo, elas não podem mais valer como ciências legítimas, como ciências que se compreendem a si próprias e, em última instância, justificam-se e são capazes de traçar seus caminhos firmes para si mesmas em uma intelecção omniabrangente. A ciência moderna só pode ser libertada dessa situação insustentável através de uma reforma fenomenológica. De acordo com o que foi dito acima, a fenomenologia transcendental é chamada a realizar a ideia nela contida de uma ontologia universal que foi trazida à omniabrangência concreta por meio da elevação ao transcendental, isto é, a ideia de uma ciência do sistema de formas essenciais de todo e qualquer mundo de experiência possível enquanto tal e das formas correlativas de sua constituição intencional. De acordo com isso, a fenomenologia é o lugar originário dos conceitos fundamentais de todas as ciências *a priori* (como ramos de uma ontologia) que devem ser formados na legitimidade originária e, desde o início, fenomenologicamente livres de toda falta de claridade; e, portanto, de todas as correspondentes ciências de fatos de nosso mundo factual. Em desenvolvimento sistemático, essa ontologia fenomenológica prepara todas as ciências *a priori* que ainda não foram fundamentadas e, com isso, prepara a formação de todas as ciências de fatos como ciências "exatas" (racionalizadas). Um passo principal nessa direção é a fundamentação de uma psicologia pura *a priori* com uma função semelhante para a psicologia empírica como a geometria *a priori* etc. exerce para a física empírica. Uma grande tarefa contida nisso reside na interpretação fenomenológica da história e do "sentido" universal contido em sua unicidade.

3. A fenomenologia da vida afetiva e da vontade, com sua intencionalidade que lhe é própria, e fundada na **/253/** fenomenologia da experiência natural e do conhecimento, abrange o todo da cultura segundo suas formas de essência necessárias e possíveis, bem como os correlativos *a priori* que pertencem às formas essenciais da socialidade. Obviamente, toda disciplina normativa, e toda disciplina filosófica em sentido especializado, pertence ao círculo da fenomenologia; assim como, historicamente, a fenomenologia filosófica surgiu da clarificação da ideia de uma lógica pura e de uma axiologia e prática formais. A fenomenologia é antimetafísica, na medida em que rejeita qualquer metafísica que se mova em substruções formais vazias[16]. Mas, assim como todos os problemas filosóficos rigorosos, também os problemas metafísicos retornam para o solo fenomenológico e encontram, aqui, sua forma transcendental e método legítimos, extraídos da intuição. Quanto ao resto, a fenomenologia não é uma filosofia sistemática de estilo tradicional, mas antes uma ciência que se move por investigações concretas e sistemáticas. Já no nível o mais inferior, a análise de essência puramente descritiva das estruturas de uma subjetividade transcendentalmente pura (de um *ego* enquanto mônada) é um enorme campo de trabalho para uma pesquisa concreta, cujos resultados são fundamentais para toda filosofia (e psicologia). No trabalho sistemático da fenomenologia - que progride das doações intuitivas até a mais alta abstração -, as antigas e ambíguas oposições de pontos de vista filosóficos tradicionais se dissolvem por si próprias, independentemente dos artifícios de

16. <Nota de Heidegger:> Ou: e justamente na medida em que se entende por metafísica a apresentação de uma imagem de mundo que se realiza na atitude natural e que é sempre adaptada a ela apenas em determinadas situações da vida - justamente aquelas das possibilidades do conhecimento factual.

uma dialética argumentativa e dos compromissos com um esforço débil, ou mesmo de oposições tais como entre o racionalismo (platonismo) e o empirismo; o subjetivismo e o objetivismo; o idealismo e o realismo; o ontologismo e o transcendentalismo; o psicologismo e o antipsicologismo; o positivismo e a metafísica; concepções de mundo teológicas e causais. Em toda parte, motivos justificados; em toda parte, porém, meias-medidas ou absolutizações inadmissíveis de unilateralidades que se justificam apenas de modo relativo e abstrato. O subjetivismo só pode ser superado pelo subjetivismo o mais universal e consequente (o transcendental). Nesta forma, /**254**/ ele é ao mesmo tempo objetivismo, na medida em que defende o direito de qualquer objetividade que se manifeste através de uma experiência concordante; mas, seguramente, também traz consigo seu sentido legítimo e completo, contra o qual peca o objetivismo supostamente realista em sua incompreensão da constituição transcendental. Mais uma vez, é preciso dizer que o empirismo só pode ser <superado> através do empirismo o mais universal e consequente, que estabelece, em oposição à "experiência" limitada dos empiristas, o conceito de experiência necessariamente ampliado, o da intuição doadora originária, que em todas as suas formas (intuição de *eidos*, evidência apodíctica, intuição fenomenológica de essências etc.) prova, por meio da clarificação fenomenológica, a legitimação de seu tipo e forma. A fenomenologia como eidética é, por outro lado, racionalista, mas supera o racionalismo limitado e dogmático através do racionalismo o mais universal, aquele cuja investigação de essência se volta, de um modo unitário, para a subjetividade transcendental, para a consciência do eu e para as objetalidades conscientes. Da mesma forma com respeito às outras oposições entrelaçadas umas às outras. Na doutrina da gênese, a fenomenologia trata da doutrina de essência da associação, purificando e justificando as descobertas prévias de *Hume*, e ainda demonstra que a essência da subjetividade transcendental e sua legalidade de essência são plenamente teleológicas. Seu idealismo transcendental contém o realismo natural totalmente em si, mas sem demonstrá-lo por argumentação aporética, e sim por consequência do próprio trabalho fenomenológico. A fenomenologia combate, com *Kant*, o ontologismo oco das análises conceituais, mas é ela própria ontologia, criada, no entanto, a partir da "experiência" transcendental. A fenomenologia rejeita todo renascimento filosófico; enquanto filosofia do autoexame mais originário e universal, ela está direcionada a conceitos, problemas e intelecções adquiridos por ela própria, e ainda se vale das inspirações dos grandes do passado, cujas intuições prévias ela confirma, mas que transfere para o solo da pesquisa concreta em que pode pôr as mãos e concluir. Ela exige dos fenomenólogos que renunciem ao ideal de uma filosofia própria a eles e que vivam, mesmo assim, como trabalhadores mais modestos em comunidade com outros em prol de uma *philosophia parennis.*

Bibliografia[17]

1. *Obras gerais e fundamentais:* Órganon do movimento fenomenológico: *Jahrbuch für Philosophie und phänomenologische Forschung,* editado por HUSSERL, E. et al. Halle, 1913ss., até agora 8 volumes (doravante abreviado como *Jb.*). HUSSERL, E. Log. Untersuchungen, 2 volumes, 1900/01, nas novas edições 3 volumes (a obra inaugural) [*Investigações Lógicas,* volume 1, trad. Diogo Ferrer. Rio de Janeiro: Forense Universitária, 2014; *Investigações Lógicas,* volume 2, parte I, trad. Pedro M.S. Alves e Carlos Aurélio Morujão. Rio de Janeiro: Forense Universitária, 2012; *Investigações Lógicas,* volume 2, parte II, trad. Carlos Aurélio Morujão. Lisboa: Centro de Filosofia da Universidade de Lisboa, 2007]. - *Philosophie als strenge Wissenschaft,* Logos, Vol. I, 1913 [A *Filosofia como ciência de rigor,* Revista de Estudos Universitários - REU, v.1 n.1, 1968] - *Ideen zu einer reinen Phänomenologie und phänomenologischen Philosophie,* I. 1913 (cf. tb. *Jb.* I) (método e problemática) [*Ideias para uma fenomenologia pura e uma filosofia fenomenológica,* tradução de Márcio Suzuki. São Paulo: Ideias & Letras, 2006]. • SCHELER, M. *Abhandlungen und Aufsätze,* Leipzig, 1915, na nova edição sob o título "*Vom Umsturz der Werte*", 1918 [*Da Reviravolta dos Valores: ensaios e artigos.* Tradução de Marco Antonio dos Santos Casanova. Petrópolis: Vozes, 2012] - *Die Wissensformen und die Gesellschaft.* Leipzig, 1926. • REINACH, A. *Gesammelte Schriften,* Halle, 1922. • HEIDEGGER. *Sein und Zeit,* Halle, 1927 (cf. tb. *Jb.* VIII) [*Ser e*

17. A maior parte das obras aqui elencadas por Husserl não tem tradução para o português. As disponíveis ao leitor lusófono estão indicadas entre chaves [N.T.].

tempo, tradução de Márcia Sá Cavalcante. Petrópolis: Vozes, 2015; *Ser e tempo*, tradução de Fausto Castilho. Unicamp: Editora da Unicamp, 2012]. • MAHNKE, O. *Eine neue Monadologie*, Kantstudien, Suplemento 39, 1917. O "Philos. Anzeiger", Bonn, 1925ss., em grande parte orientado fenomenologicamente. Em língua inglesa, CHR. SALMON. *Hume's Philosophie*.

2. *Lógica e ontologia formal:* PFÄNDER, A. Halle: Logik,1921 (cf. tb. *Jb.* IV). • HEIDEGGER, M. *Die Kategorien- und Bedeutungslehre des Duns Scotus*, Tübigen, 1916. • INGARDEN, R. *Essenziale Fragen*, Jb. VII, 1925.

3. *Psicologia:* PFÄNDER, A. *Psychologie der Gesinnungen*, Jb. I. 1913. • SCHAPP, W. *Beiträge zur Phänomenologie der Wahrnehmung*. Halle, 1910.

4. *Ética*: SCHELER, M. *Der Formalismus in der Ethik und die materiale Wertethik*. Halle, 1913ss. (cf. tb. Jb. I, II).

5. *Estética:* GEIGER, M. *Beiträge zur Phänomenologie des ästhetischen Genusses*. Halle, 1913. • ODEBRECHT, R. *Grundlegung einer ästhetischen Werttheorie*. Berlim, 1927.

6. *Filosofia da matemática e filosofia da natureza:* BECKER, O. *Beiträge zur phänom. Begründung der Geometrie*, Jb. VI, 1923. – *Mathematische Existenz*. Halle, 1927 (cf. tb. Jb. VIII). • CONRAD-MARTIUS, H. *Realontologie* I. Jb. VI, 1922/23.

7. *Filosofia da religião*: SCHELER, M. *Vom Ewigen im Menschen*. Leipzig, 1921 [*Do eterno no Homem*. Petrópolis: Vozes, 2015]. • STAVENHAGEN, K. *Absolute Stellungnahmen*. Erlangen, 1925. • HÉRING, J. *Phénomenologie et philosophie religieuse*. Strasbourg, 1925.

8. *Filosofia do direito e sociologia:* REINACH, A. *Die apriorischen Grundlagen des bürgerlichen Rechtes*, Jb. I., 1913. • KAUFMANN, F. *Logik und Rechtswissenschaft*. Tübingen, 1922. • SCHREIER, F. *Grundbegriffe und Grundformen des Rechts*. Wien, 1924. • HUSSERL, G. *Rechtskraft und Rechtsgeltung*, I. Berlim, 1925. • SCHELER, M. *Wesen und Formen der Sympathie*, Bonn, 1923. LITT, T. *Individuum und Gemeinschaft*. Leipzig, 1924. • STEIN, E. *Eine Untersuchung über den Staat*, Jb. VII, 1925.

TENTATIVA DE UMA SEGUNDA ELABORAÇÃO*

Introdução. A ideia da fenomenologia e o retorno à consciência[18]

/256/ O todo do ente é o campo do qual as ciências positivas da natureza, da história, do espaço obtêm suas respectivas áreas de objetos. Diretamente voltadas ao ente, elas assumem em sua totalidade a investigação de tudo aquilo que é. Desse modo não parece restar para a filosofia, que desde a Antiguidade vige como ciência fundamental, campo algum de investigação possível. Mas não é justamente a filosofia grega que, desde suas origens decisivas, torna o "ente" o objeto do perguntar? Certamente ela o faz, mas não para determinar esse ou aquele ente e sim para compreender o ente *enquanto ente*, ou seja, o ente com vistas a seu *ser*. A colocação da pergunta e, desse modo, as respostas permaneceram por longo tempo envolvidas em obscuridade. Um fato curioso se mostra, todavia, já nas origens. A filosofia busca a elucidação do ser a partir das trilhas de uma meditação sobre o *pensamento* do ente (*Parmênides*). O desvendamento *platônico* das ideias orienta-se pelo *diálogo* (*Logos*) *da alma* consigo mesma. As categorias *aristotélicas* originam-se da consideração ao conhecimento enunciativo da *razão*. *Descartes* funda expressamente a filosofia primeira sobre a *res cogitans*. A problemática transcendental de *Kant* move-se no campo da *consciência*. Por acaso é acidental essa mudança de orientação do olhar que parte do ente e toma a direção da consciência ou ela é, afinal de contas, exigida pela peculiaridade daquilo que, sob o título ser, é constantemente buscado como o campo de problemas da filo-

---

* Tradução de Felipe Maia da Silva.

18. <Essa introdução e a parte I, até a p. 263 [do original], foram redigidas por Heidegger>.

sofia? Chama-se fenomenologia a elucidação fundamental da necessidade do retorno à consciência, a determinação radical e expressa do caminho e das leis de marcha desse retorno, a delimitação de princípio e a exploração investigativa sistemática do campo da subjetividade pura que se abre nesse retorno. O esclarecimento último do problema filosófico do ser e a recondução metódica ao trabalho filosófico a ser executado cientificamente superam a generalidade e o vazio indefinidos do filosofar **/257/** tradicional. A colocação da pergunta e a investigação e solução metódicas seguem a articulação de princípio do "ente" direto da positividade, de acordo com todas as suas espécies e graus. Mas essa mesma tarefa já não foi assumida pela psicologia desde *Locke*? Uma fundamentação radical da filosofia exigiria algo diverso de uma simples psicologia da subjetividade pura da consciência que se restringe, de maneira metódica e consequente, à experiência interna? A meditação fundamental sobre o objeto e sobre o método de uma psicologia pura permite, porém, que se veja claramente que esta, por princípio, não está em condições de fornecer os fundamentos para a filosofia como ciência. Pois ela própria é ciência positiva e, em conformidade com o tipo de investigação das ciências positivas em geral, deixa intacta a pergunta pelo sentido de ser de suas regiões de ser, que a elas todas diz respeito de modo igual. O retorno à consciência, que toda filosofia busca com segurança e claridade variadas, estende-se, pois, por sobre a região do puramente psíquico, voltando para o campo da subjetividade pura. Esta se denomina subjetividade *transcendental*, pois é nela que se constitui o ser de tudo aquilo que é experienciável para o sujeito de maneira variada, isto é, o *transcendente* no sentido mais amplo. A psicologia pura como ciência positiva da consciência remete à ciência transcendental da subjetividade pura. Esta é a realização da ideia da fenomenologia como filosofia científica. Inversamente, apenas a ciência transcendental da consciência proporciona a plena compreensão da essência da psicologia pura, de sua função fundamental e das condições de sua possibilidade.

I. A ideia de uma psicologia pura

Todas as vivências nas quais nos comportamos diretamente com objetos (experienciar, pensar, querer, valorar) admitem uma conversão do olhar através da qual eles próprios se tornam objetos. Os diversos modos de vivência manifestam-se como aquilo no qual se mostra, no qual "aparece" tudo aquilo com o qual nos comportamos. As vivências são, por isso, denominadas fenômenos. A mudança de orientação do olhar na direção delas, a experiência e a determinação das vivências puramente como tais são atitudes fenomenológicas. Neste /**258**/ modo de falar a expressão *fenomenológico* é usada ainda em um sentido provisório. Com a mudança de orientação do olhar para os fenômenos abre-se uma tarefa universal: explorar sistematicamente a multiplicidade das vivências, suas formas típicas, seus níveis e nexos de níveis e compreendê-la como uma totalidade fechada em si. Voltados às vivências, transformamos em objeto os modos de comportamento da "alma", o puramente psíquico. Este é chamado puramente psíquico porque, na consideração das vivências como tais, se prescinde de todas as funções anímicas no sentido da organização da corporeidade; isto é, se prescinde do psicofísico. A atitude fenomenológica mencionada proporciona o acesso ao puramente psíquico e possibilita sua investigação no sentido de uma psicologia pura. O esclarecimento da compreensão da ideia de uma psicologia pura exige a resposta de três questões:

1. O que pertence ao objeto da psicologia pura?

2. Qual é o tipo de acesso e o tipo de tratamento que esse objeto exige segundo seu estatuto próprio?

3. Qual é a função fundamental da psicologia pura?

1. O objeto da psicologia pura

O que caracteriza em geral e como tal o ente que se torna objeto através da conversão fenomenológica do olhar? Em todas as vivências puras da alma (no perceber algo, na lembrança de algo, no imaginar algo, no alegrar-se por algo, no julgar algo, no querer algo, no esperar algo etc.) reside, de início, um estar-dirigido a... [*Gerichtetsein auf...*]. As vivências são *intencionais*. Este referir-se a... [*Sichbeziehen-auf*] não é ligado ao psíquico apenas de modo suplementar e ocasional como uma relação acidental, como se as vivências pudessem ser o que são sem a referência intencional. Antes, a estrutura essencial do puramente psíquico é atestada com a intencionalidade das vivências. O todo de um nexo de vivências, de uma vida anímica existe a cada vez no sentido de um Mesmo [*Selbst*] (eu) e, enquanto tal, ele vive de modo fático em comunidade com Outros [*Anderen*]. O puramente psíquico torna-se acessível, assim, tanto na experiência de si mesmo /**259**/ como na experiência intersubjetiva da vida anímica alheia.

Entre as vivências que se anunciam na experiência de si mesmo, cada uma possui para si, de início, sua própria forma de essência e os modos possíveis de variação que lhe pertencem. A percepção de um cubo, por exemplo, tem essa própria coisa *una* no olhar que apreende originariamente. Não obstante, a percepção como vivência não é, por seu turno, um simples e vazio ter-aí da coisa. Antes, esta se apresenta na percepção através de múltiplos "modos de aparição". O nexo destes modos, que justamente apenas a percepção constitui, possui sua própria tipologia e uma própria regulação típica de seu curso. Os modos de aparição na relembrança [*Wiedererinnerung*] da mesma coisa são iguais e, todavia, variados de acordo com a lembrança. Além disso, exibem-se diferenças e graus da claridade, da relativa determinação e indeterminação do apreender, bem como aquelas das perspectivas de tempo, da atenção e assim por diante. Assim, por exemplo, aquilo que é julgado em um juízo é consciente ora como evidente, ora como não evidente. O julgar não evidente pode entrar em cena, por sua vez, enquanto mera ideia que ocorre ou ele pode se explanar passo a passo. De modo correspondente, as vivências do querer e do valorar são sempre unidades de "modos de aparição" fundantes ocultos. Nessas vivências, todavia, o vivido não aparece simplesmente como idêntico e diverso, individual e geral, como ente e não ente, ente no modo da possibilidade ou da probabilidade, como útil, belo, bom; antes, ele se *confirma* como verdadeiro ou não verdadeiro, autêntico ou não autêntico etc. As formas essenciais das vivências singulares estão encravadas em uma tipologia das possíveis sínteses e cursos no interior de um nexo anímico fechado. Este possui, enquanto todo, a forma essencial da vida anímica de um Mesmo singular em geral. Esse Mesmo existe em razão de suas permanentes convicções, decisões, hábitos, traços de caráter. E este todo da habitualidade do Mesmo mostra, por sua vez, formas essenciais de gênese, de sua atividade a cada vez possível que, por seu turno, permanece depositada nos nexos associativos, cuja forma específica de acontecer se unifica com aquela através de referências típicas variáveis. Factualmente, o Mesmo vive sempre, a cada vez, em comunidade com Outros. Os atos sociais (dirigir-me ao Outro, combinar algo com ele **/260/**, dominar sua vontade etc.) não possuem apenas para si sua forma própria enquanto vivências de grupos, estirpes, corporações e ligas, mas possuem também uma tipologia de seu acontecer, de sua efetivação (poder e impotência), de seu desenvolvimento e de sua decadência (história). Esse todo da vida do indivíduo em comunidades possíveis, construído de ponta a ponta de modo intencional, compõe o campo total do puramente psíquico. Por que caminhos se consuma o acesso seguro a essa região e qual é a forma de seu desvelamento adequado?

2. O método da psicologia pura

Os componentes essenciais do método se determinam pelo estatuto fundamental e pelo modo de ser do objeto. Se o psíquico puro é essencialmente intencional e é acessível inicialmente na autoexperiência do indivíduo, então a conversão do olhar fenomenológico na direção das vivências deve ser executada de tal forma que estas se mostrem em sua intencionalidade e que se tornem captáveis naquilo que diz respeito à sua tipologia. O acesso ao ente que é intencional de acordo com seu estatuto fundamental consuma-se através da via da *redução* fenomenológica-psicológica. Demorando-se na atitude redutiva, consuma-se a análise *eidética* do puramente psíquico, isto é, a exposição das estruturas essenciais dos tipos de vivência singulares, de suas formas de nexo e de suas formas de acontecer. Na medida em que o psíquico é acessível na autoexperiência e na experiência intersubjetiva, a redução se articula, de maneira correspondente, em redução egológica e intersubjetiva.

a) A redução fenomenológico-psicológica

A mudança de orientação do olhar que parte da percepção irrefletida - a percepção de uma coisa da natureza, por exemplo - e se volta a esse perceber mesmo possui a peculiaridade de que nela a tendência de captação, anteriormente dirigida à coisa, *retira*-se da percepção irrefletida para se dirigir à percepção enquanto tal. Essa recondução [*Rückführung*] (redução) da tendência de captação a partir da percepção e a mudança [*Umstellung*] /**261**/ do captar na direção do perceber muda tão pouco na percepção que a redução torna acessível justamente a percepção como aquilo que ela é, a saber, como percepção *da* coisa. De fato, a coisa natural mesma nunca é, por essência, objeto possível de uma reflexão psicológica; ela se mostra, todavia, para o olhar redutor que se volta ao perceber, pois este é essencialmente percepção *da* coisa. A coisa pertence à percepção como seu percebido. A referência [*Beziehung*] intencional do perceber não é, certamente, uma relação [*Relation*] que paira livremente suspensa e que se dirige ao vazio, mas, como *intentio*, ela possui um *intentum* que lhe pertence essencialmente. Quer a coisa mesma percebida na percepção esteja disponível aí [*vorhanden*], quer não o esteja, o visar intencional da percepção - de acordo com seu próprio sentido de apreensão - dirige-se, contudo, ao ente como disponível aí em carne e osso. Toda percepção ilusória torna isso manifesto. Somente porque o perceber como intencional possui essencialmente seu *intentum* é que ele pode se modificar em uma ilusão *sobre* algo. Através da execução [*Vollzug*] da redução torna-se pela primeira vez visível a plena consistência [*Bestand*] intencional de uma vivência. Ora, posto que todas as vivências puras e seus nexos são construídos de modo intencional, a redução garante o acesso universal ao psíquico puro, isto é, aos *fenômenos*. Por isso a redução se denomina fenomenológica. Aquilo, contudo, que é primariamente acessível na execução da redução fenomenológica é o puramente psíquico enquanto um nexo de vivências *factualmente* único e pontual do *respectivo* Mesmo. Acaso é possível, para além da caracterização deste curso de vivências respectivamente único e pontual, um conhecimento científico autêntico, ou seja, um conhecimento objetivamente válido do psíquico?

b) A análise eidética

Se a intencionalidade compõe o estatuto fundamental de todas as vivências puras e difere no que diz respeito aos gêneros particulares de vivências, então surge a tarefa possível e necessária de salientar aquilo que pertence, por exemplo, a uma percepção em geral, a um querer em geral, em cada caso de acordo com sua plena consistência estrutural intencional. Desse modo /**262**/, a atitude redutiva voltada ao psíquico puro - que se dá primariamente como nexo de vivências individualmente fático - deve prescindir de toda facticidade psíquica. Esta serve apenas exemplarmente como base para a livre-variação das possibilidades. Assim, por exemplo, a análise fenomenológica da percepção de coisas espaciais não é, de modo algum, um relato sobre as percepções que ocorrem factualmente ou que são esperadas empiricamente, mas a exposição do necessário sistema estrutural sem o qual seria impensável uma síntese de múltiplas percepções como percepção de uma e mesma coisa. A exibição [*Aufweisung*] do psíquico executada na postura redutiva tem como meta, por conseguinte, o *invariante* que se destaca nas variações - o necessário estilo formal (*eidos*) das vivências. De acordo com isso, a atitude redutiva voltada ao psíquico funciona ao modo de uma análise eidética dos fenômenos. A pesquisa científica do psíquico puro, a psicologia pura, é capaz de se efetivar apenas enquanto *eidética-redutiva*, enquanto fenomenológica. A psicologia fenomenológica é *descritiva*. Isso quer dizer: no método de variação, as estruturas de essência do psíquico serão extraídas dele direta e intuitivamente. Todos os conceitos e postulados fenomenológicos exigem a comprovação [*Ausweisung*] direta nos fenômenos mesmos. À medida que a redução no sentido caracterizado intervém somente para o acesso à vida psíquica que é a cada vez própria, ela se denomina [redução] *egológica*. Posto, porém, que todo Mesmo se encontra em um nexo de empatia [*Einfühlungszusammenhang*] com outros e que este nexo se constitui nas vivências intersubjetivas, a redução egológica carece de uma necessária ampliação por meio da [redução] *intersubjetiva*. A fenomenologia da empatia - a ser tratada no âmbito da redução intersubjetiva -, à medida que esclarece a maneira como os fenômenos de empatia do meu nexo puramente psíquico podem transcorrer no modo da comprovação concordante, não conduz apenas à descrição deste tipo de síntese como síntese de minha alma. O que aqui se comprova com especial forma de evidência é a *coexistência* [*Mitdasein*] de um outro Mesmo concreto, que se revela consequentemente por indícios e com teor de determinação sempre novo - coexistindo [*mit da*] com uma corporeidade que é experienciada em minha própria consciência de modo original e concordante. Mas, por outro lado, esse Mesmo alheio não está aí *originaliter*, /**263**/ como é o caso daquilo que é a cada vez próprio em sua relação original com *sua* corporeidade. A redução intersubjetiva é a realização da redução fenomenológica em meu efetivo e possível pôr em validade da vida anímica "alheia" na forma de evidência da empatia concordante. Sobre a base da redução egológica, a redução intersubjetiva torna acessível a vida anímica alheia, que se confirma originariamente nela, em seus nexos puramente psíquicos.

3. A função fundamental da psicologia pura

A redução abre o caminho ao psíquico puro como tal. A análise eidética revela em seus nexos essenciais aquilo que é assim acessível de modo redutivo. A primeira é o componente *necessário*; a segunda, junto da primeira, é o componente *suficiente* do método fenomenológico da psicologia pura. Na investigação eidética redutiva do psíquico puro surgem, com isso, as determinações que pertencem ao psíquico puro enquanto tal, isto é, os *conceitos fundamentais* da psicologia, na medida em que esta, enquanto ciência empírica do todo psicofísico do ser humano concreto, possui sua região central na pura vida da alma enquanto tal. A psicologia pura fornece o necessário fundamento *a priori* para a psicologia empírica no que se refere ao puramente anímico. Assim como a fundação de uma ciência empírica "exata" da natureza necessita de um desvelamento sistemático das formas essenciais de uma natureza em geral - sem as quais a natureza, dita de forma específica, seria impensável, bem como a forma do espaço e do tempo, o movimento, a alteração, a substancialidade e a causalidade física -, igualmente uma psicologia cientificamente "exata" necessita do desvelamento da tipologia apriorística - sem a qual o

Eu (e o Nós) seria em geral impensável, bem como a consciência, a objetividade da consciência e, por conseguinte, uma vida anímica - com todas as diferenças e formas essencialmente possíveis de síntese que são inseparáveis da ideia de uma totalidade anímica singular e comunitária. Ainda que o nexo psicofísico enquanto tal possua seu *a priori* próprio, que ainda não está determinado pelos puros conceitos psicológicos fundamentais, o *a priori* psicofísico necessita, porém, de uma orientação fundamental pelo *a priori* do psíquico puro.

II. Psicologia fenomenológica e fenomenologia transcendental

/264/ A ideia de uma psicologia pura não surge das próprias necessidades da psicologia mesma que consistem em preencher as condições essenciais de sua construção sistemática. Sua história nos conduz à memorável obra fundamental de *J. Locke* e à significativa repercussão, da parte de *D. Hume*, dos impulsos que partem dessa obra. O genial *Treatise* de Hume já possui a forma - pensada com consequência rigorosa - de uma exploração investigativa estrutural da esfera das vivências puras; ele <é>, assim, de certa forma, a primeira investida na direção de uma "fenomenologia". Já nesse início, porém, a limitação ao puramente subjetivo era determinada por interesses extrapsicológicos. A psicologia estava a serviço da problemática, reanimada em nova forma por *Descartes*, do "entendimento", da "razão": da problemática do ente em sentido verdadeiro enquanto ente a ser conhecido somente por meio de tais capacidades subjetivas. Em nosso modo de falar atual, tratava-se de uma "filosofia transcendental". Com *Descartes*, torna-se duvidosa a possibilidade universal de um conhecimento que legitimamente transcenda o sujeito cognoscente e, nessa posição, encontra-se em gérmen o seguinte aspecto: passa a ser incompreensível o sentido de ser próprio de um ente enquanto realidade objetiva e que é visado e revelado como existente somente nas vivências subjetivas. O mundo "transcendente" dado ingenuamente segundo seu ser torna-se "transcendentalmente" problemático e ele não pode servir, como no caso das ciências positivas, como base do conhecimento; por esse mundo deve vir em socorro, de acordo com *Descartes*, o *ego cogito*, que, na colocação transcendental da pergunta, é aquilo que é pressuposto e mesmo inquestionado - mas que, todavia, requer uma pura apreensão. Já nas *Meditações* de *Descartes* se alcançou a ideia segundo a qual todo o real e, por fim, este mundo todo só é existente para nós a partir de nossa experiência e de nosso conhecimento e segundo a qual mesmo as operações da razão que têm por meta a verdade objetiva, com seus caracteres de "evidência", ocorrem puramente no interior da subjetividade. O método de *Descartes* da tentativa universal da dúvida é, com toda sua primitividade, o primeiro método radical da redução à subjetividade pura. Foi *Locke*, porém, que vislumbrou aqui um amplo reino de tarefas /**265**/ concretas e que trabalhou nele. Se o conhecimento racional em geral tem lugar apenas na subjetividade cognoscente, então um esclarecimento transcendental da validade transcendental do conhecimento só pode se desdobrar enquanto estudo sistemático de todos os níveis das vivências, atividades e faculdades cognoscitivas - tal como se oferecem puramente na "experiência interna" -; estudo guiado pelos conceitos fundamentais, surgidos de maneira ingênua, do mundo da experiência e por sua elaboração lógica. Há necessidade, portanto, de descrições dirigidas ao interior e da pesquisa da gênese puramente psicológica. *Locke* não soube manter, porém, esses grandes pensamentos no elevado nível dos princípios que caracterizavam a colocação cartesiana da pergunta. Aquele "*ego*" cartesiano, metodicamente reduzido - [o *ego*] enquanto existente mesmo que o mundo da experiência não existisse - torna a ser, com Locke, o *ego* habitual, a alma humana no mundo. Com *Locke* as questões transcendentais do conhecimento se convertem, à medida que tenta solucioná-las, nas questões psicológicas sobre como o ser humano que vive no mundo conquista e justifica o conhecimento do mundo que existe fora da alma. Dessa forma ele recai no psicologismo transcendental que, a partir de então, será legado aos próximos séculos (embora *Hume* tenha sabido manter-se livre dele). O contrassenso consiste no fato de que *Locke* explora a investigação transcendental do conhecimento como investigação psicológica do conhecimento - esta no sentido positivo natural -; consiste, então, no fato de que ele constantemente pressupõe a validade de ser do mundo da experiência, enquanto esse mundo é, de fato, aquilo que é transcendentalmente problemático segundo seu sentido de ser e sua validade de ser, com todos os conhecimentos positivos que se referem a ele. Ele confunde as questões naturais de direito no interior da positividade (as questões de todas as ciências positivas), para as quais o mundo da experiência é a pressuposição geral e inquestionado, com a questão transcendental de direito, na qual o mundo mesmo e tudo aquilo que tem o sentido de um ente "em si" contraposto ao conhecer é colocado em questão e na qual, tomada de maneira totalmente radical, a pergunta não é "se isso vale", mas antes qual é o sentido de uma tal validade e, finalmente, qual é a amplitude que ela pode possuir. Justamente por isso todas as questões sobre o conhecimento no interior da positividade (aquela de todas as ciências positivas) são afetadas, de antemão, pela questão transcendental do sentido. Mas a invencibilidade histórica do psicologismo de *Locke* remete a um profundo sentido **/266/** de verdade que pode ser aproveitado transcendentalmente e que deve pertencer a todo fragmento cuidadosamente executado de uma psicologia pura do conhecimento e da razão em geral, apesar do contrassenso na pretensão transcendental [de *Locke*]. O inverso é igualmente válido, como se mostra pela primeira vez na fenomenologia transcendental (cuja ideia peculiar buscamos aqui): todo fragmento executado corretamente - e, desse modo, executado em um tratamento concreto - de uma teoria do conhecimento autenticamente transcendental contém um sentido de verdade psicologicamente aproveitável; se, por um lado, toda psicologia do conhecimento autêntica, mas pura, se deixa "converter" transcendentalmente (por pouco que ela mesma seja teoria transcendental), igualmente, ao contrário, toda autêntica teoria transcendental do conhecimento (por pouco que ela mesmo seja psicologia) se deixa converter em uma pura psicologia do conhecimento e isso vale para ambos os lados, frase por frase.

Tais ideias eram inacessíveis nesses inícios. Não se estava preparado para apreender o sentido profundo do radicalismo cartesiano na exposição do puro *ego cogito* e de torná-lo efetivo a partir de uma consequência implacável. Não se podia diferenciar as atitudes da investigação positiva e da investigação transcendental e, em consequência, não se chegou a uma delimitação do sentido próprio da ciência positiva, nem tampouco, no caso dos ardentes esforços pela criação de uma psicologia científica que pudesse rivalizar em fecundidade e rigor com a exemplar ciência da natureza, chegou-se a pensar minuciosamente e de maneira radical nas exigências de uma tal psicologia. Nessa situação, na qual também as épocas seguintes permaneceram enredadas, nem a filosofia transcendental, nem a psicologia foram capazes de atingir o "andamento seguro de uma ciência" - de uma ciência rigorosa, extraída originariamente das fontes da experiência que lhe é peculiar - e sua imbricação ambígua não pôde ser esclarecida. O psicologismo dos empiristas tinha vantagem aqui na medida em que, não preocupado com as objeções dos antipsicologistas, seguia a evidência segundo a qual toda ciência que faz suas perguntas a respeito do conhecimento em todas as suas formas somente poderia chegar a respostas, em todo caso, através do estudo sistemático dessas formas a partir da intuição "interna" direta. Os conhecimentos assim conquistados a respeito da essência do conhecimento não poderiam se perder uma vez posto em questão **/267/** o sentido de ser do mundo objetivo, isto é, através da mudança de atitude cartesiana e da redução ao *ego* puro. As acusações de psicologismo não tiveram nenhum efeito real, uma vez que os antipsicologistas, temendo sucumbir a ele, evitaram todo estudo sistematicamente concreto do conhecimento e, em uma reação cada vez mais intensa contra o empirismo do século XIX que se elevava poderosamente, acabaram finalmente por cair em uma aporética e em uma dialética vazias, que só eram capazes de extrair seu mirrado sentido enquanto tomavam, veladamente, empréstimos da intuição. Embora encontremos uma grande soma de trabalho preparatório - e de modo algum desprovido de valor - para uma psicologia pura já no *Essay* de *Locke,* bem como na correspondente literatura sobre teoria do conhecimento e sobre psicologia de sua época - a própria psicologia pura não alcançou uma fundamentação efetiva. Não se trata apenas de dizer que seu sentido necessário enquanto, por assim dizer, "psicologia primeira", enquanto ciência eidética do *logos* do psíquico, tenha permanecido oculto, ou seja, que faltasse a autêntica ideia condutora para o trabalho sistemático; também os grandes esforços das pesquisas psicológicas individuais, não importando se fossem ou não transcendentalmente interessadas, não puderam dar um fruto adequado ali onde o naturalismo geralmente dominante permanecia cego justamente para a intencionalidade, para a peculiaridade essencial da esfera psíquica e, dessa forma, para a infinita amplidão da problemática e da metodologia puramente psicológicas que pertencem à intencionalidade. A psicologia pura, naquele sentido de princípio que foi delimitado na parte I, amadureceu fora da psicologia geral como o último fruto de um desenvolvimento metodicamente inovador da filosofia transcendental, no qual ela se tornou uma ciência rigorosamente sistemática construída concretamente de baixo para cima. Mas naturalmente a psicologia pura não cresceu como meta da filosofia transcendental e como disciplina pertencente a ela mesma e sim como resultado das relações - finalmente clarificadas - entre positividade e transcendentalidade. Através da solução fundamental do problema do psicologismo tornada possível por essa clarificação, concluiu-se a reforma metódica da filosofia na direção da ciência rigorosa e esta foi liberada dos empecilhos persistentes que lhe impunha a confusão herdada. O pressuposto para a possibilidade desse desenvolvimento foi formado pela grande descoberta que consiste na reavaliação, da parte de *Brentano,* do conceito escolástico **/268/** da intencionalidade, tornado uma característica essencial dos "fenômenos psíquicos" enquanto fenômenos da "percepção interna". Em geral, a psicologia e a filosofia de *Brentano* foram historicamente eficazes para o surgimento da fenomenologia; de modo algum elas foram influentes, porém, do ponto de vista do conteúdo. *Brentano* - ele mesmo ainda preso à equivocada interpretação naturalística geral da vida da consciência, na qual incluiu aqueles "fenômenos psíquicos" - não foi capaz de apreender o sentido verdadeiro de um desvendamento descritivo e genético da intencionalidade; faltava-lhe a manipulação consciente de um método de "redução fenomenológica" e, através desse método, a correta e constante consideração dos *cogitata qua cogitata.* Permanecia-lhe estranha a ideia de uma psicologia fenomenologicamente pura no sentido acima mencionado. Igualmente alheio permanecia-lhe o sentido autêntico de uma filosofia transcendental e mesmo a necessidade de uma disciplina fundamental eidética transcendental relativa à subjetividade transcendental. Essencialmente determinado pelo empirismo inglês, *Brentano* assumiu, numa orientação filosófica, a demanda de uma fundamentação de todas as disciplinas especificamente psicológicas (dessa forma também da filosofia transcendental) sobre uma psicologia puramente baseada na experiência interna, a qual, todavia, e de acordo com sua descoberta, deveria ser psicologia das intencionalidades. Essa psicologia era e permanecia sendo - como no caso de todos os empiristas - ciência positiva e empírica do ser anímico humano. A objeção principial de psicologismo permanecia incompreendida, uma vez incompreendido o mais profundo sentido das primeiras meditações cartesianas, nas quais já estavam descobertos, numa primeira formulação primitiva, o radical método de acesso à esfera transcendental, bem como o próprio problema transcendental. *Brentano* não se apropriou da noção que já germinava em *Descartes* a respeito da oposição entre ciência positiva e ciência transcendental e da necessidade de uma fundamentação transcendental absoluta da primeira, sem a qual ela não pode ser ciência no sentido mais elevado. Também foi uma limitação na pesquisa de *Brentano* o fato de que ele, muito embora tenha, de fato, fomentado disciplinas apriorísticas (como já o fazia o antigo empirismo moderado de um *Locke*), embora sem esclarecer seu sentido profundo enquanto pesquisa de essência, não reconheceu, todavia - estabelecido sobre a base da positividade que ele jamais /**269**/ superou -, a necessidade universal da pesquisa apriorística para *todas* as esferas ontológicas para que sejam possíveis ciências rigorosas. Justamente por isso não reconheceu, igualmente, a necessidade de princípio de uma sistemática ciência de essências da subjetividade pura. A fenomenologia que se liga a Brentano e dele parte não era movida por interesses psicológicos, nem, em geral, por interesses positivamente científicos, mas puramente por interesses transcendentais. Em nossa crítica de *Brentano* indicamos os motivos que determinaram seu desenvolvimento; a respeito disso deve-se sempre ter em vista que ali permanecia determinante um motivo tradicional da filosofia *lockiana* e *humiana*: aquele motivo segundo o qual toda teoria da razão cognoscente e de qualquer outra razão, como quer que esta teoria esteja orientada, deve ser extraída da intuição interna dos próprios fenômenos correspondentes. Os pontos principais são, assim, o desvelamento do autêntico conteúdo de sentido e do autêntico método da intencionalidade; o desvelamento dos motivos mais profundos e dos horizontes das intuições cartesianas, que culminam no método da "redução transcendental", uma redução primeiramente egológica e, então, intersubjetiva. Dessa maneira se consuma a exposição do campo transcendental como o campo de uma tal experiência transcendental. Menciono, além disso, a separação entre positividade e transcendentalidade, bem como o consequente desdobramento do conteúdo de princípio da positividade sob a ideia de uma *universitas* das ciências positivas rigorosas, associadas à ciência total do mundo dado e relacionadas à *universitas* das disciplinas apriorísticas que as sustentam, associadas à unidade de uma ontologia positiva universal. Mais ainda: há a captação da totalidade concreta das questões transcendentais colocadas pela positividade de todas essas ciências; o conhecimento segundo o qual a filosofia transcendental é, em seu sentido primário, ciência das essências, referida ao campo da experiência transcendental possível; o fato, ademais, de que deve ser fundado sobre esse solo uma ciência universal descritiva e, a seguir, uma ciência genética puramente a partir da experiência possível (no sentido eidético), da qual brotam todas as questões transcendentais relativas às ciências particulares e, posteriormente, relativas também a todas as configurações da cultura social. No começo desse desenvolvimento desempenharam um papel - naquilo que diz respeito à **/270/** exposição pura das "ontologias" apriorísticas - sugestões presentes na filosofia *leibniziana*, sendo *Lotze* e *Bolzano* mediados por ela. Os primeiros cursos feitos foram as análises intencionais ligadas à exposição da "ontologia formal" (lógica formal enquanto *mathesis universalis* ao lado da gramática puramente lógica).

Muito rapidamente se reconheceu, naturalmente, o âmbito próprio de uma psicologia apriorística e a necessidade de sua elaboração positiva. Mas, num primeiro momento, ela foi eclipsada pelo interesse por uma pesquisa das estruturas intencionais do campo transcendental e, desse modo, todo o trabalho permaneceu, em geral, puramente filosófico, executado em uma redução transcendental estrita. Apenas muito posteriormente conquistou-

-se a noção segundo a qual, no retorno, aberto a todo momento, da atitude transcendental até a atitude natural, a totalidade do conhecimento transcendental no interior do campo da intuição transcendental se transforma em um conhecimento puramente psicológico (eidético) no interior do campo da positividade anímica – do anímico individual e interpessoal. Justamente daí resulta a seguinte ideia pedagógica que visa a introdução à fenomenologia, dadas suas dificuldades ocasionadas pela inabitual atitude transcendental: uma vez que toda filosofia precisa partir essencialmente da atitude da positividade e que deve tornar compreensível a necessidade e o sentido da atitude e da pesquisa transcendental unicamente por meio de uma motivação distanciada da vida natural, então a elaboração sistemática da psicologia pura enquanto ciência positiva pode servir, num primeiro momento, como nível pedagógico inicial. O inovador método da intencionalidade como tal e o grande sistema de tarefas que pertence à subjetividade como tal oferecem extraordinárias dificuldades que, num primeiro momento, podem ser superadas sem que se toque <no> problema transcendental. Mas esse todo de doutrinas científicas baseado na positividade recebe, então, sentido transcendental por meio do método específico da redução transcendentalmente fenomenológica, que eleva toda a positividade ao nível do solo filosófico. Seguindo justamente esse método, tratamos, na primeira parte, da fenomenologia enquanto psicologia pura, dando, assim, ao conceito de fenomenologia um sentido pedagogicamente inicial, um sentido ainda não autêntico.

/**271**/ A universalidade pertence ao sentido essencial do problema transcendental. Tão logo o interesse teorético se volta à vida da consciência, na qual todo e cada real está, a cada vez, "disponível aí" para nós, uma nuvem de incompreensão avança sobre todo o mundo, sobre este mundo do qual falamos sem rodeios e que é o campo constante – previamente dado enquanto realidade autoevidente – de todas as nossas atividades teoréticas e práticas. Todo sentido que ele tem para nós – seja seu sentido geral indeterminado ou seu sentido que se determina, a cada vez, de acordo com as singularidades – é, logo vemos, um sentido que se manifesta na interioridade de nossa própria vida percipiente, representante, pensante, valorante etc. e que se forma na gênese subjetiva; toda validade de ser é realizada em nós mesmos, toda evidência da experiência e da teoria que fundamenta essa validade vive em nós mesmos e é algo que habitualmente nos motiva a seguir adiante. Isso diz respeito ao mundo em cada uma de suas determinações, também na determinação autoevidente que é, naquilo que lhe concerne e a seu modo, "em si e para si", quer eu ou quem quer que seja porventura a reconheça ou não[19]. Se variamos o mundo fático em um mundo qualquer que inventamos, então inevitavelmente variamos, com isso, essa relatividade à subjetividade da consciência. Portanto, o sentido de um mundo em geral existente em si é incompreensível em virtude da relatividade à consciência que lhe é essencial. Uma incompreensibilidade similar - pertencente, assim, à questão transcendental - é oferecida por todo "mundo" ideal, por exemplo o mundo dos números que é, a seu modo, existente "em si". A elaboração da ideia de uma psicologia fenomenológica pura mostrou a possibilidade de desvelar, em uma redução fenomenológica consequente, aquilo que é essencialmente próprio dos sujeitos anímicos na generalidade eidética, segundo todas suas configurações possíveis. Isso é válido também para aquelas configurações da razão que fundamentam e confirmam o direito e, com isso, para todas as configurações dos mundos que aparecem na consciência e que se exibem como existentes "em si". Embora não seja uma psicologia empírica do humano fático, essa psicologia fenomenológico-eidética parece, de fato, convidada a esclarecer concretamente e até as últimas minúcias o sentido de ser de um mundo **/272/** em geral. Se, entretanto, meditamos sobre a natureza [*Art*] da redução fenomenológico-psicológica e das almas e comunidade de almas puras que dela resultam, então se encontra manifesto em seu procedimento apenas o seguinte: no intuito de expor a subjetividade anímica como campo puramente interno de experiência e juízo, o psicólogo deve "pôr fora de jogo", para toda alma, o mundo que vale para ela como existente; julgando fenomenologicamente, ele deve abster-se de toda crença que incide sobre esse mundo. Por exemplo, na descrição que faço, en-

19. <Anotação de Heidegger às últimas duas páginas:> Mostrar isso é tarefa da filosofia transcendental e deve-se aqui justamente caracterizá-lo como tal.

quanto psicólogo, de minha própria percepção enquanto evento [*Vorkommnis*] puramente anímico, não devo pura e simplesmente tecer julgamentos sobre a coisa percebida como o faz, digamos, o investigador da natureza, mas apenas sobre meu "percebido como tal" enquanto aquilo que é um momento inseparável da própria vivência da percepção: aquilo que aparece, com seu respectivo sentido na mudança dos modos de aparição, consciente como o mesmo, crido como existente e assim por diante. E, dessa maneira, em geral. No caso de uma redução geral e, de acordo com a exigência, de uma redução rigorosamente consequente à minha alma pura e à alma pura dos Outros, é manifestamente executada uma *epoché* a respeito do mundo que se tornou questionável na colocação transcendental da pergunta, a saber: como mundo dessas almas que vale pura e simplesmente. O tema deve ser justamente apenas o ser puro e a vida pura das próprias almas, nas quais o mundo aparece e nas quais ele recebe sentido e validade para seus sujeitos-Eu [*Ichsubjekte*] por meio dos correspondentes modos de aparição e modos de crença subjetivos. Mas trata-se, de fato, de "almas" e nexos entre almas; almas de corpos sempre pressupostos e que apenas temporariamente ficam fora da consideração teorética[20]. Dito de modo concreto: trata-se de animais e seres humanos existentes de um mundo espacial existente segundo uma pressuposição que, assim como devem ser investigados na somatologia física com consequente unilateralidade metódica no que diz respeito à sua corporeidade, devem ser igualmente investigados na psicologia pura com não menos unilateralidade e consequência no que diz respeito à sua psique pura. Na psicologia pura ainda estamos, como psicólogos em geral, no campo da positividade – somos e permanecemos exploradores do mundo ou de um mundo por excelência; toda nossa pesquisa é, portanto, ainda transcendentalmente **/273/** ingênua: apesar de sua pureza, todos os fenômenos puramente psíquicos possuem o sentido de ser de fatos mundanamente reais, ainda que sejam eideticamente considerados como fatos possíveis de um mundo posto enquanto possibili-

20. <Anotação de Heidegger:> Que tipo de "pôr fora de consideração" é esse? A redução? Se sim – então não tenho justamente na alma pura precisamente o *a priori* da alma em geral.

dade geral, mas que também é incompreensível, dessa maneira, do ponto de vista transcendental. Para o psicólogo que, como tal, permanece na positividade, a consequente redução psicológico-fenomenológica, junto de sua *epoché* que diz respeito ao mundo existente, é um mero meio para reduzir o elemento anímico do ser humano e dos animais à sua pura essência própria, e isso sobre a base do mundo que, para esse psicólogo, permanece sempre válido e continuamente existente. Precisamente por isso essa redução fenomenológica é caracterizada, do ponto de vista transcendental, como imprópria, como redução transcendentalmente não-autêntica. Se ao problema transcendental compete o sentido de ser de um mundo em geral, enquanto mundo a ser conquistado apenas a partir do sentido e da validade das operações da consciência, então o filósofo transcendental deve praticar uma *epoché* efetivamente incondicionada a respeito dele e, assim, ele deve efetivamente colocar e manter em validade apenas a subjetividade da consciência, da qual o mundo extrai sentido de ser e validade de ser. Assim, uma vez que para mim o mundo é disponível aí apenas graças à minha vida de experiência, à minha vida de pensamento etc., trata-se, em primeiro lugar, de retornar justamente para o meu Mesmo em sua absoluta essencialidade própria e, assim, de reduzir à minha vida pura e apenas para ela, tal como ela pode ser experienciada em uma autoexperiência absoluta. Mas será isso efetivamente outra coisa que redução à minha alma pura? Aqui se encontra o ponto decisivo que distingue a autêntica redução transcendental-fenomenológica da redução psicológica (necessária ao pesquisador positivo, mas transcendentalmente não-autêntica). De acordo com o sentido da questão transcendental, eu, como fenomenólogo transcendental, coloco o todo do mundo inteira e absolutamente sob essa questão; assim, na mesma universalidade, eu inibo toda questão positiva, todo juízo positivo e inibo a experiência universal natural como solo previamente válido de possíveis juízos. Minha colocação da pergunta exige, por um lado, que se evite o círculo transcendental: pressupor como fora de questão algo que está abarcado pela generalidade da própria pergunta. Ela exige, por outro lado, redução para aquele solo de validade que essa questão como tal pressupõe: a subjetividade pura como fonte de sentido e validade. Dessa forma, eu não possuo, enquanto **/274/** fenomenólogo transcendental, meu *ego* como alma - uma palavra que, já em seu sentido, pressupõe um mundo existente ou possível -, mas possuo aquele *ego* transcendentalmente puro no qual também esta alma, com seu sentido transcendente, proporciona, para si, a partir de operações ocultas da consciência, o sentido e a validade que ela tem para mim[21]. Quando eu, enquanto psicólogo, faço de mim mesmo tema puramente psicológico, certamente desvendo, junto de todo o puro psíquico, também aquilo no qual alcanço uma "representação" de mim mesmo como alma dessa minha corporeidade no mundo, e como comprovo sua validade, como a determino melhor e assim por diante. Eu posso e deveria conquistar dessa forma até mesmo meu agir psicológico, a totalidade de meu trabalho científico; tudo aquilo, em resumo, que me pertence de modo puramente subjetivo. Mas justamente na habitualidade da atitude psicológica, que denominamos sua positividade, está arraigado o fato de que, a cada passo, a apercepção do mundo[22] se executa ou se mantém em execução sempre renovadamente, permanecendo, porém, latente, com o que tudo aquilo que se torna especificamente temático é inserido como mundano. Naturalmente tudo isso, todas as operações e validades aperceptivas em geral, pertencem ao domínio psicológico: sempre, porém, de tal forma que a apercepção do mundo permanece na validade geral e aquilo que se revela como novo se torna, mais uma vez, algo mundano no modo aperceptivo. O desvelamento da psique é um processo infinito, mas é também autoapercepção anímica na forma da mundanidade. É uma peculiaridade de princípio da redução transcendental o fato de que ela, de antemão e de uma só vez, inibe - em uma vontade universal teorética - essa ingenuidade transcendental que ainda predomina na psicologia pura; o fato de que ela abarca, com essa vontade[23], o todo da vida atual e habitual: essa vontade ordena que não se ponha em prática nenhuma apercepção trans-

---

21. <Anotação de Heidegger:> Não pertence à essência do puro ego um mundo em geral? Cf. nossa conversa de Todtnauberg <1926> sobre o "ser-no-mundo" (Sein und Zeit, I, §12, §69) e [sua] essencial diferença com relação ao ser-disponível-aí [*Vorhandensein*] "no interior" de um tal mundo.

22. <Anotação de Heidegger:> Disponível aí! Mas o Dasein humano "é" de tal forma que ele, embora ente, nunca é apenas disponível aí.

23. <Anotação de Heidegger:> E essa vontade mesma?

cendente e nenhuma validade transcendente, como quer que esta tenha sido obtida; ordena "colocá-la entre parênteses" e apenas tomá-la enquanto aquilo que ela é em si mesma, enquanto aperceber puramente subjetivo, visar, enquanto pôr como válido e assim por diante. Se faço isso, dessa forma, para **/275/** mim mesmo, então não sou mais um Eu humano[24], muito embora eu nada perca do teor essencialmente próprio de minha alma pura (ou seja: do puramente psicológico). Entre parênteses está apenas aquele pôr-em-validade [*Ingeltungsetzung*] que eu havia executado na atitude "eu, esse ser humano" e "minha alma no mundo", não, contudo, esse pôr e ter-em-validade enquanto vivência. O *ego* assim reduzido é certamente meu Eu na plena concreção de minha vida, mas diretamente visto na experiência interna transcendentalmente reduzida – e é agora efetivamente o *ego* concreto, que é pressuposição absoluta para toda transcendência que é válida para "mim". Evidentemente ele é, de fato, em sua peculiaridade reduzida, um campo de experiência encerrado <em> si, com todos os seus correlatos intencionais, e oferece para mim, dessa maneira, o primeiro e mais fundamental solo de experiência para uma pesquisa transcendental. A experiência transcendental não é outra coisa que o mundo objetivo transcendentalmente reduzido, ou, o que é equivalente, a experiência puramente psicológica transcendentalmente reduzida. Ao invés de "fenômenos" psicológicos temos, agora, fenômenos transcendentais. Toda experiência singular puramente anímica produz uma experiência transcendental igual do ponto de vista do conteúdo, porém liberada de seu sentido "anímico" (ou seja, mundanamente real), quando posteriormente nós praticamos sobre ela a redução transcendental que a purifica do sentido mundano. Justamente desse modo o *ego* anímico transforma-se no *ego* transcendental que, em cada uma de suas reflexões (reflexões transcendentais) em que desvenda a si mesmo, sempre

24. <Anotação de Heidegger:> Ou talvez precisamente tal, em sua mais própria, "maravilhosa" possibilidade de existência. Cf. abaixo p. 31 "p. 276, 36", onde o senhor fala de um "tipo de alteração da forma de vida". – "Segunda anotação de Heidegger:" Por que não? Não é esse agir uma possibilidade do humano, mas, justamente porque ele não é jamais disponível aí, [um agir que] é comportamento, isto é, um modo de ser que precisamente de início obtém a si mesmo, mas que nunca pertence à positividade do que é disponível aí?

novamente se encontra em peculiaridades transcendentais, da mesma forma que o *ego* psicológico - de acordo com a atitude redutiva modificada - sempre novamente se encontra em peculiaridades psicológicas. O que, assim, resulta evidente é este maravilhoso paralelismo do psicológico e do transcendental, o qual se estende a todas as constatações descritivas e genéticas que podem ser obtidas em sua respectiva atitude consequentemente mantida. O mesmo vale quando eu, enquanto psicólogo, pratico a redução intersubjetiva /**276**/ e, por meio dela, encontro o nexo puramente anímico de uma comunidade pessoal possível ao prescindir de todos os nexos psicofísicos e, então, como segundo passo, executo a *purificação transcendental*, a qual, dessa forma, não se mantém na positividade natural como a purificação do psicólogo e que, além disso, resulta na união das almas puras ao prescindir de seus corpos vivos presentemente codisponíveis [*mitvorhandenen Leibern*]. Essa purificação consiste na *epoché* radical do mundo disponível aí segundo a intersubjetividade e na redução àquela intersubjetividade em cuja intencionalidade interna se prepara esse ser-disponível-aí [*Vorhandensein*] intersubjetivo. Isso resulta em nós todos como sujeitos transcendentais de uma vida transcendental intersubjetivamente unida, na qual o mundo intersubjetivo da positividade natural se tornou mero fenômeno. Se, porém, a redução transcendental (enquanto redução egológica e intersubjetiva) é cumprida (segundo o caminho histórico) desde o começo e de um só golpe, então não surge, em geral, nenhuma psicologia pura como membro intermediário, mas imediatamente a fenomenologia transcendental como ciência da intersubjetividade transcendental extraída puramente da intuição transcendental e ela surge, na verdade - em virtude do necessário método eidético -, como ciência de uma intersubjetividade transcendental possível *a priori* e relativa a mundos possíveis enquanto correlatos intencionais. Assim se compreende agora, pelas razões mais profundas, a força do psicologismo. De fato, toda intelecção puramente psicológica (como, por exemplo, todas as análises psicológicas - ainda que imperfeitamente esboçadas - do conhecimento judicativo, da vida ética e de temas similares levadas a cabo pelos lógicos, pelos éticos etc.) é, de acordo com seu pleno conteúdo, transcendentalmente aproveitável, devendo apenas receber um sentido puro através da autêntica redução transcendental. Ao mesmo tempo se compreende agora o significado propedêutico da psicologia pura para a elevação [*Aufsteigen*] à filosofia transcendental. Por razões essenciais facilmente reconhecíveis, a humanidade vivia e cada ser humano singular vive, numa primeira aproximação, de modo totalmente exclusivo na positividade, e, assim, a redução transcendental é um tipo de alteração da forma de vida como um todo, alteração que ultrapassa[25] plenamente toda experiência de vida precedente e que é, em virtude de sua absoluta estranheza, dificilmente compreensível em sua possibilidade e **/277/** realidade efetiva. Isso vale correspondentemente para uma ciência transcendental. Embora a psicologia fenomenológica seja relativamente nova e, no que tange ao método da análise transcendental, também inovadora, ela possui, ainda assim, a acessibilidade geral de todas as ciências positivas. Se nela está sistematicamente aberto o domínio das almas puras, então, com isso, se possui implicitamente e também já com respeito ao conteúdo [*inhaltlich*] o teor das esferas transcendentais paralelas. É necessária apenas a doutrina da redução transcendental, vocacionada à sua reinterpretação[26] no sentido do transcendental. É claro que, uma vez que o interesse transcendental é aquilo que é humanamente mais elevado e último, poderia ser "em si" melhor, tanto histórica como, ademais, facticamente, cultivar as teorias da subjetividade - ambíguas devido às mais profundas razões transcendentais - no interior do sistema da filosofia transcendental. Então, através de uma correspondente variação da atitude, o psicólogo pode "ler", para seus propósitos, a fenomenologia transcendental "como" psicologia pura. A redução transcendental não é uma alteração cega de atitude, mas ela mesma é, enquanto princípio metódico de todo mé-

---

25. <Anotação de Heidegger:> Ascendência [*Ascendenz*] (subida) [*Hinaufstieg*], que certamente permanece "imanente", isto é, uma possibilidade humana, na qual o ser humano chega justamente a si mesmo.

26. <Anotação de Heidegger:> Mas não seria já essa "reinterpretação", pois, apenas a aplicação "complementar" da problemática transcendental que o senhor encontra incompleta na psicologia pura, de tal modo que, com a entrada do psíquico enquanto algo que já é mesmo um transcendente, todo positivo torna-se, a partir de então, transcendentalmente problemático - tudo: o psíquico mesmo e o ente (mundo) que se constitui nele?

todo transcendental, reflexiva e transcendentalmente esclarecida. Pode-se dizer que dessa forma o enigma da "revolução copernicana" está plenamente solucionado.

ANEXO XXIX (À PÁGINA 278) <INTRODUÇÃO À TERCEIRA VERSÃO DO ARTIGO DA ENCICLOPÉDIA BRITÂNICA>*

/517/ O mundo, a unidade total do ente na efetividade real, é o campo do qual as múltiplas ciências positivas retiram seus domínios de pesquisa. Voltadas diretamente ao mundo, as ciências, em sua totalidade reunida, parecem ter em vista um conhecimento integral do mundo, ou seja, parecem assumir a resposta a todas as perguntas que podem ser postas ao ente. Não parece restar para a filosofia campo algum de investigação. Mas a ciência grega, desde suas primeiras origens decisivas, não dirige esforços incessantes ao ente *enquanto tal*? Isso não conta para ela como tema de uma ciência fundamental do ser, uma "filosofia primeira"? Para ela, determinar diretamente o ente - o singular e mesmo o todo universal, tal como é constituído sob qualquer aspecto - não significa compreender o ente enquanto tal. Ele é enigmático enquanto ente, ou seja, naquilo que diz respeito a seu ser. A colocação da pergunta e, desse modo, as respostas, permanecem por longo tempo envolvidas em obscuridades. Já nos primeiros passos da filosofia se anuncia, todavia, a fonte da qual brota a questionabilidade do ente enquanto tal. *Parmênides* busca um aclaramento do ser seguindo as trilhas de uma meditação sobre o *pensar* do ente. O desvendamento *platônico* das ideias orienta-se pelo *diálogo* [*Selbstgespräch*] (*Logos*) *da alma* consigo mesma. As categorias *aristotélicas* surgem através da consideração ao conhecimento enunciativo da *razão*. A modernidade filosófica começa com a fundação expressa, da parte de *Descartes*, da filosofia primeira sobre a base do *ego cogito*. A problemática transcendental de *Kant*

* Provavelmente outono de 1927 [Tradução de Daniel Guilhermino].

move-se no campo da *consciência*. A mudança de orientação do olhar que parte do ente e toma a direção da consciência torna sensível uma referência fundamental de todo ente à subjetividade da consciência, referência que de alguma maneira afeta o sentido de ser. Essa referência deve se tornar completamente transparente no geral e também segundo todas as configurações particulares e graus do ente, para que a tarefa do conhecimento, colocada pela totalidade **/518/** das ciências positivas, não fique presa em uma unilateralidade ingênua. Nos começos da modernidade irrompe, em um aspecto ainda impuro, o conhecimento segundo o qual se exige uma ciência da subjetividade da consciência para a filosofia primeira e, de fato, enquanto uma subjetividade em cujas próprias operações de consciência [*Bewusstseinsleistungen*] todo ente se apresenta em suas respectivas configurações e modos de validade subjetivos. A nova fenomenologia é esta ciência levada a um arranjo formal de sua ideia, puro por princípio, e conduzida aos trilhos de uma execução sistemática. Em seu arranjo formal que tudo abrange, ela é a realização da ideia de uma filosofia científica. Ela se origina do esclarecimento fundamental do sentido autêntico, no qual se deve visar o retorno à subjetividade da consciência a partir da ponderação radical sobre os caminhos e leis do percurso desse retorno e, enfim, a partir de um método, motivado por essa ponderação, do destacamento puro do campo de intuição da "consciência pura" pressuposto como inquestionável na colocação filosófica da pergunta. Sua exploração investigativa sistemática é, então, a tarefa teórica da fenomenologia enquanto ciência.

Mas não seria a psicologia designada para este trabalho que se atribui à fenomenologia? Não seria a psicologia a ciência da subjetividade da consciência e, com isso, de todas as configurações subjetivas junto às quais o ente se apresenta na consciência? Poder-se-ia exigir para a filosofia outra coisa que uma psicologia "pura" que apenas se restringe, de um modo mais rigorosamente consequente, à experiência interna?

E, no entanto, uma ponderação mais penetrante sobre o domínio e o método necessário de uma tal psicologia pura conduz logo à intelecção de sua incapacidade elementar de fornecer os fundamentos da filosofia primeira. Subsiste, ainda assim, uma relação extraordinariamente íntima entre as doutrinas psicológicas obtidas puramente a partir da intuição interna e as doutrinas especificamente filosóficas da fenomenologia. "Consciência" e "ciência da consciência" carregam consigo um duplo significado que se sustenta por razões essenciais e cuja falta de esclarecimento torna impossível uma fundamentação segura da filosofia. No interesse de uma filosofia organizada, mas também no interesse da fundamentação última de uma psicologia enquanto ciência positiva exata, faz-se necessária a elaboração de uma disciplina psicológica, firmemente encerrada em si e voltada à essência da subjetividade da consciência. Mesmo que, como todas as ciências positivas, ela ainda não seja filosófica, pode, sob o título de psicologia pura ou fenomenológica, servir como um nível preliminar para uma ascensão à fenomenologia filosófica. A parte I se ocupa de sua ideia, método e problemática. A discussão e a purificação do problema especificamente filosófico, do problema "transcendental", levam, na parte II, ao método de sua solução por meio da exposição da "consciência transcendentalmente pura", pressuposta no sentido desse problema, enquanto **/519/** campo da autêntica ciência fenomenológica da consciência. As ideias, que se iluminam através do contraste, da ciência da consciência puramente psicológica e da ciência da consciência filosófica, tornam evidente o paralelismo de suas doutrinas temáticas [*sachlichen Lehren*], o qual torna desnecessária uma elaboração sistemática delas em separado. A necessidade de uma fundamentação fenomenológica de todas as ciências positivas demonstra que, no futuro sistema das ciências plenamente fundadas, a fenomenologia deve ocupar o primeiro lugar e, desse modo, uma psicologia, sem carecer de uma elaboração independente, somente se apresentará nesse sistema enquanto aplicação da fenomenologia.

O esclarecimento dos motivos mais profundos da crise de fundamentos das modernas ciências positivas e dos requisitos essenciais de sua fundamentação plenamente suficiente demonstra que todas elas remontam à fenomenologia apriorística como a única ciência metodicamente autônoma e que, de modo absoluto, justifica-se em si mesma. <Nela> se encerra o sistema integral de todo *a priori* possível e, portanto, de todo método concebível ou, o que resulta no mesmo, o sistema integral de todas as ciências apriorísticas possíveis em fundamentação absoluta. Na passagem do *eidos* ao fato [*Faktum*] se vê finalmente com clareza que a ideia da totalidade sistemática das ciências positivas de fatos [*Tatsachenwissenschaften*], plenamente fundadas fenomenologicamente, é equivalente à ideia de uma fenomenologia empírica universal enquanto ciência da subjetividade transcendental fática [*faktischen*].

ANEXO XXX (À PÁGINA 296) <DA PARTE CONCLUSIVA DA TERCEIRA VERSÃO DO ARTIGO DA ENCICLOPÉDIA BRITÂNICA>*

A fenomenologia transcendental é a ciência de todos os fenômenos transcendentais concebíveis nas configurações totais [*Gesamtgestalten*] sintéticas unicamente nas quais esses fenômenos são concretamente possíveis: naquelas configurações totais dos sujeitos transcendentais vinculados a comunidades de sujeitos. Justamente por isso essa fenomenologia é, *eo ipso*, a ciência universal absoluta de todo ente na medida em que extrai seu sentido de ser da constituição intencional. Isso vale também para os próprios sujeitos: seu ser é, essencialmente, ser-para-si-mesmo. A fenomenologia transcendental não é, por isso, uma ciência especial entre outras, mas, pensada em execução sistemática, ela é a realização da ideia de uma ciência absolutamente universal e decerto como ciência eidética. Como tal, ela deve abarcar em si todas as possíveis ciências apriorísticas em unidade sistemática e, de fato, em virtude da consideração omniabrangente dos nexos apriorísticos em fundamentação absoluta. Recorrendo à expressão tradicional e amplificando-a, podemos inclusive dizer: a fenomenologia transcendental é a ontologia verdadeira **/520/** e efetivamente universal, à qual já aspirava o século XVIII sem que tenha podido realizá-la. Trata-se de uma ontologia que não fica enredada nem na unilateralidade ingênua da positividade natural e nem, por outro lado, nas generalidades formais ou mesmo nas insubstanciais discussões analíticas de conceitos ao modo da ontologia de *Baumgarten* e *Wolff*. Ela se nutre das fontes origi-

* Tradução de Daniel Guilhermino.

nárias de uma intuição universal que segue os rastros de todos os nexos essenciais e desvenda o integral sistema de formas que pertence a todo universo compossível de ser possível em geral e que, portanto, também pertence a todo mundo possível de realidades disponíveis aí. Já *Leibniz* teve a ideia fundamental segundo a qual, para um conhecimento e uma ciência teóricos autênticos, o conhecimento das possibilidades deve preceder o conhecimento das realidades efetivas. De acordo com essa ideia, ele exige, para toda esfera de ser real e ideal, ciências apriorísticas correspondentes como ciências das possibilidades puras (por exemplo, também uma gramática pura, uma doutrina pura do direito etc.). Com isso ele captava o verdadeiro sentido da operação peculiar da ciência exata da natureza e de seu caráter exemplar para a configuração metódica de todas as ciências da realidade em geral. A aspiração, implantada na modernidade desde *Bacon*, a um conhecimento universal do mundo na forma de um sistema integral das ciências da realidade só era de fato suscetível de ser cumprida - caso o conhecimento devesse ser um conhecimento verdadeiramente científico, extraído do método racionalmente intelectivo - se o *a priori* que pertence à concreção do mundo todo fosse sistematicamente buscado e desdobrado em uma união sistemática de todas as ciências apriorísticas da realidade. Possivelmente a grande intenção de *Leibniz* perdeu sua força efetiva em consequência da crítica *kantiana* à ontologia da escola de *Leibniz-Wolff* e nem mesmo o *a priori* da natureza foi desenvolvido em sua integridade sistemática. Mesmo assim, o que se manteve presente produziu a configuração exata do método das disciplinas físicas. Essa vantagem ainda não significa, no entanto, uma configuração metódica perfeita por princípio dessas disciplinas. Estreitamente ligado a isso se encontra o fato de que, em uma medida cada vez maior, princípios do método matemático se apresentam como insuficientes, bem como a muito admirada evidência matemática, que se mostra como uma evidência que necessita de crítica e de reforma metódica. A crise de fundamentos, na qual caíram hoje em dia todas as ciências positivas, diz respeito também, e de modo sumamente sensível, às ciências puramente matemáticas que se encontram na base das ciências exatas da natureza. O conflito em torno dos "paradoxos" - em torno da evidência legítima ou ilusória dos conceitos fundamentais da teoria dos conjuntos, da aritmética, da geometria, da teoria pura do tempo etc., e igualmente em torno da legitimidade das ciências empíricas da natureza –, ao invés de assumir essas ciências e redesenhá-las segundo suas necessidades, trouxe à luz o fato de que todas elas, de acordo com seu tipo metódico integral, ainda não podem vigorar como **/521/** ciências num sentido pleno e autêntico: como ciências que sejam metodicamente transparentes até o fim e, assim, capazes e preparadas para a justificação mais perfeita de cada passo metódico. A realização da intenção *leibniziana* de uma fundamentação racional de *todas* as ciências positivas por meio do desenvolvimento de todas as ciências apriorísticas correspondentes ainda não significa, portanto, a realização das ciências de fatos de uma racionalidade suficiente, quando justamente essas próprias ciências apriorísticas são desenvolvidas na mera evidência da positividade ingênua, ao modo da geometria, por exemplo. Os autênticos conceitos fundamentais de todas as ciências positivas, aqueles a partir dos quais todos os conceitos científicos do real devem ser construídos, são necessariamente, ao mesmo tempo, os conceitos fundamentais das correspondentes ciências apriorísticas. Se a um método completamente intelectivo [*einsichtig*] vem a faltar sua conformação legítima, na qual se funda o conhecimento de seu sentido autêntico e necessário, então, nesse caso, a falta de clareza se transmite ao *a priori* em sua totalidade e, então, a toda consistência teorética das ciências empíricas. Somente por meio de uma reforma fenomenológica as ciências modernas podem ser libertadas de sua situação insustentável. Naturalmente mantém-se correta a exigência fundamental *leibniziana* de uma produção de todas as ciências apriorísticas. No entanto, a descoberta, incluída nessa exigência, da ideia de uma ontologia universal deve ser essencialmente complementada por meio do conhecimento da essencial ausência de autonomia e da falta de completude metódica de uma ontologia que parte da positividade natural, ou seja, do conhecimento de seu pertencimento ao nexo da fenomenologia única e absolutamente autônoma e absolutamente universal. Quando as disciplinas ontológicas são transformadas em ontologias constitutivas concretamente plenas, produz-se igualmente, de maneira intelectiva, todo método radical que necessariamente falta à positividade. Em sua universalidade, a fenomenologia transcendental abrange tematicamente todos os desempenhos concebíveis que ocorrem na subjetividade; ela abarca não somente todas as atitudes habituais e as formações de unidade nelas constituídas, mas igualmente a atitude natural com seu mundo da experiência pura e simplesmente existente [*schlechthin daseienden Erfahrungswelt*] e também as ciências positivas, empíricas e apriorísticas, referidas a esse mundo. Mas a fenomenologia transcendental se dedica e trata dessa e de todas as formações de unidade junto das multiplicidades constitutivas. Assim, no interior de suas teorias sistemáticas, no interior de seu *a priori* universal de todos os possíveis conteúdos [*Gehalten*] da subjetividade transcendental, deve estar incluída também a totalidade do *a priori* acessível à atitude natural; não, porém, meramente exposto de maneira direta, mas, a cada vez, junto ao *a priori* da constituição transcendental correspondente. Isso, contudo, significa: junto ao método de sua produção, método que é, em cada caso, ou imperfeito ou, na condição de configuração perfeita, racionalmente intelectivo.

Tornemos isso claro em alguns passos. O campo temático /**522**/ concreto de todas as ciências positivas de fatos é o mundo das realidades [*Realitäten*]. Ciências ou grupos de ciências essencialmente diversos diferenciam-se segundo suas estruturas universais. Tais estruturas designam, por exemplo, natureza e espiritualidade anímica e, no interior da natureza, temos, por exemplo, espaço e tempo enquanto separados ou vinculados às estruturas universais que estão sendo consideradas. Uma pesquisa pura da natureza ou da alma é abstrata se permanece puramente no interior de sua respectiva estrutura universal, deixando indeterminadas as estruturas a ela interligadas. Uma ciência racional enquanto ciência baseada em intelecções estruturais de princípio, isto é, apriorísticas, exige o conhecimento do *a priori* concretamente pleno do mundo; em outras palavras, exige a exposição da forma total, essencialmente adequada, do mundo e das estruturas universais que lhe cabem e, por fim, para cada uma dessas estruturas, a exposição de todas as formas particulares aí inclusas. Assim, por exemplo, a totalidade do sistema apriorístico de formas – que domina todas as configurações possíveis de dados naturais – precisa ser conquistada, caso elas devam, e até mesmo possam, pertencer à unidade de uma natureza possível; ou, em um outro exemplo, caso as configurações possíveis do psíquico devam pertencer à unidade de uma alma possível e, num grau mais elevado, a uma comunidade de almas e que também possam ser "compossíveis" nela.

O método da obtenção de um *a priori* de qualquer nível formal é, no geral, sempre o mesmo. Já se aludiu acima a esse método para o caso do *a priori* psicológico. Os respectivos fatos de partida da experiência tornam-se, como tais, "irrelevantes"; livremente variados na fantasia, eles se tornam pontos de partida de uma série manifestamente ilimitada de variações [*Abwandlungen*] na fantasia, série que deve prosseguir livremente na consciência da arbitrariedade (do "etc."). O olhar que capta se dirige agora à forma fixa que se destaca no curso dessas variantes arbitrárias, como a estrutura essencial que, na arbitrariedade desta variação manifestamente infinita, se destaca na consciência da inquebrantabilidade, da invariação apodíctica necessária. Desse modo, a partir do mundo da experiência factual ou da estrutura factual de mundo ou das realidades singulares factualmente experienciadas, conhece-se aquilo sem o qual seria impensável qualquer mundo concebível em geral, qualquer real concebível em geral etc.

Assim como toda atividade dirigida a uma meta, também esta necessita do conhecimento de essências caso queira ser uma atividade racional; necessita da crítica, ou seja, da reflexão sobre o método e, então, eventualmente, a transformação de seu método no sentido da evidente correção das metas e dos caminhos. Um fragmento fundamental do método - o primeiro de todos - diz respeito nesse momento à própria experiência possível, através da qual são conquistadas aquelas possibilidades dos objetos da experiência que funcionam como variantes. A variação na fantasia sobre a qual repousa o conhecimento das essências deve resultar em possibilidades reais concretas como, por exemplo, coisas que possivelmente existem. Dessa forma, aquilo através do qual as coisas se tornam representadas não pode ser uma mera variação na fantasia das respectivas aparições perceptivas singulares. **/523/** Toda percepção singular possível é presuntiva no que diz respeito ao ser e ao ser-de-tal-modo [*So-sein*] do percebido possível; ela oferece apenas um lado da coisa, imbuído da presunção indeterminada de certos outros lados previsivelmente acessíveis em novas percepções possíveis. Como a unilateralidade e a multilateralidade se tornam omnilateralidade? Como deve se apresentar o curso das experiências possíveis em que a coisa concretamente íntegra chega à intuição como existente sem que se transforme em uma ilusão nula (e essa é uma possibilidade aberta)?

Assim, caso um conhecimento essencial possa ser julgado como autêntico e formado segundo as normas, é necessário um estudo sistemático da constituição fenomenológica das realidades possíveis e do próprio mundo que abarca todas elas nas multiplicidades da experiência possível; ou, como também pode ser dito, é necessária uma teoria da "razão" que experiencia. A isso se acrescenta ainda um segundo aspecto. O *a priori* de um mundo possível é teórico, um *a priori* formado de modo predicativo. Somente dessa maneira ele adquire a forma de uma verdade objetiva, isto é, uma verdade que possa ser utilizada, verificada e documentada intersubjetivamente. Aqui se tornam necessários novos fragmentos fundamentais do método: um desvelamento dos caminhos da razão "lógica" que corra paralelamente ao desvelamento dos caminhos da razão que experiencia. Por um lado, surge a carência de um *a priori* de ordem mais alta que se refira às objetividades ideais que emergem sob o título de juízo e verdade. Faz-se necessária uma doutrina das formas das possíveis formações [*Gebilde*] (juízos) predicativas – tanto das singulares quanto daquelas que devem ser conectadas de maneira sintética e concordante –, em particular uma doutrina das formas dos juízos verdadeiros possíveis e, finalmente, daqueles infinitos sistemas de verdades que, referidos sinteticamente a uma região unitária, se denominam ciências (compreendidas enquanto unidades da teoria). De modo correlativo, por outro lado, a isso corresponde uma doutrina formal da multiplicidade cujo tema é a ideia formal de uma região, como <uma> região pensada por meio de meras formas de verdades e que deve ser determinada formalmente a partir delas. A lógica formal assim circunscrita, tomada no sentido mais amplo da *mathesis universalis* e à qual pertencem todas as disciplinas analiticamente matemáticas de nosso tempo, é ela mesma uma ciência positiva, só que de ordem mais alta. No entanto, posto que as novas objetividades irreais - juízos, verdades, teorias, multiplicidades - constituem-se, por sua vez, subjetivamente, e carecem, no que diz respeito à sua captação, do método racional (o método da formação evidente), chegamos com isso a novas camadas da pesquisa fenomenológica, necessárias para uma ontologia científica autêntica. Que a própria fenomenologia seja uma ciência, que ela mesma forme teorias predicativas e que seja evidente que a generalidade lógica domine todas as teorias semelhantes em geral: isso anuncia um lado da contínua referência retrospectiva da fenomenologia a si mesma. É certo que um *a priori* já surge na prática ingênua anterior a tais considerações universais sobre o que é necessário, um *a priori* que se destaca na certeza subjetiva (como o geométrico, por exemplo), mas, sendo vagamente aprendido, deixa em aberto mal-entendidos no que diz respeito a seu **/524/** teor efetivamente necessário e à sua envergadura. Uma ciência - bem como um outro empreendimento voltado a fins - pode, de fato, ser exitosa até certo ponto sem, todavia, possuir uma clareza perfeita sobre os princípios do método. Mas certamente está incluída no sentido autêntico da ciência a possibilidade de uma justificação radical de todos os seus passos, portanto não apenas uma reflexão e uma crítica meramente superficiais. Seu ideal supremo sempre foi o da mais perfeita justificação de cada um dos passos metódicos a partir de princípios apodícticos; como princípios que possam, por seu turno, ser absolutamente justificados a todo instante e para todos. Por fim, o próprio desenvolvimento de disciplinas apriorísticas serviu ao método do conhecimento científico do mundo, e o mesmo teria sido válido para uma ontologia universal se ela, cumprindo o *desideratum* de *Leibniz*, houvesse chegado a se desenvolver. Mas, como temos visto, todo *a priori* necessita ele mesmo novamente de uma radical justificação metódica e certamente no interior da fenomenologia que abrange todas as correlações apriorísticas. Assim se compreendem as necessidades de sua exploração investigativa metódica, indicadas pela crise de fundamentos de todas as ciências positivas que possuem aspirações elevadas. A elas falta, sem que o saibam com clareza, o método para a formação e para a justificação apodíctica dos métodos, dos quais devem surgir para elas os conceitos fundamentais inatacáveis e os fundamentos últimos em geral, e que devem surgir com uma evidência tal que simplesmente não deixa espaço para a falta de clareza sobre seu sentido legítimo e sua envergadura. Essa evidência não pode ser conquistada ingenuamente, uma evidência meramente sentida na "atividade" ingênua, mas somente pode ser conquistada a partir de um desvelamento fenomenológico das estruturas determinadas da razão que experiencia e da razão lógica, estruturas que são postas em questão para os respectivos conceitos fundamentais - ou seja: conquistada por meio de uma pesquisa fenomenológica sumamente árdua e complexa. Certamente essa pesquisa poderia ter ocorrido primeiramente enquanto pesquisa puramente psicológica - caso uma psicologia pura já houvesse sido desenvolvida entre as ciências apriorísticas. Mas, então, não se poderia parar por aí. Pois, como se tornou claro em nossa exposição, em um desenvolvimento consequente da ideia de uma tal psicologia reside um forte estímulo para o despertar do problema transcendental e, assim, para o entendimento de que um conhecimento fundado em última instância somente pode ser um conhecimento transcendental. A partir daqui torna-se claro que o pleno resultado da problemática dos fundamentos das ciências positivas e de sua tendência a transformá-las em ciências radicalmente autênticas, plenamente transparentes para si mesmas em seus desempenhos cognoscitivos e absolutamente suscetíveis de justificar-se, conduz, antes de tudo, ao ponto em que se projeta todo o *a priori* do mundo fático - enquanto um mundo em geral - em um sistema integral de disciplinas apriorísticas e, paralelamente a isso, ao ponto em que se projeta o sistema integral das possíveis disciplinas da *mathesis universalis* enquanto a lógica formal mais amplamente concebida; mas, então, conduz todas essas disciplinas à **/525/** transformação em disciplinas fenomenologicamente fundadas, deixando, com isso, que elas surjam, sob uma configuração radicalmente autêntica, como galhos de uma ontologia absoluta e absolutamente universal, isto é, a fenomenologia transcendental integralmente desenvolvida. Ela mesma é a ciência última que, em sua justificação, refere-se a si mesma. No progresso consequente nós chegamos, a partir daqui, a uma ampliação necessária da ideia de uma fenomenologia universal - chegamos à ideia da ciência absolutamente universal que reúne em si todos os conhecimentos eidéticos e empíricos. No *a priori* universal estão inclusas todas as possibilidades de uma empiria em geral, ou seja, todas as possíveis ciências dos fatos - enquanto possibilidades ideais. As ciências do fato desse mundo da experiência possuem, portanto, através da ontologia universal, sua forma essencial traçada por todos os lados - os lados noéticos e noemáticos-ônticos -, e só são ciências autênticas na medida em que se referem retrospectivamente a essa forma. Por meio da conversão da ontologia positiva em transcendental e da fundação das ciências positivas dos fatos sobre essa ontologia, estas últimas se transformam em ciências fenomenologicamente compreendidas, em ciências da subjetividade transcendental fática com tudo aquilo que, para ela, é "existente". Disso também resulta, por fim, uma fenomenologia empírica, uma fenomenologia enquanto ciência dos fatos. Ela se encontra idealmente [*ideell*] desenvolvida no sistema de todas as ciências positivas dos fatos que foram trazidas, sobre a base da fenomenologia eidética, ao quadro de uma cientificidade radical. Dessa maneira, a fenomenologia eidética é necessariamente aquela que, em primeiro lugar, deve ser fundada e sistematicamente levada a cabo; em segundo lugar vem a racionalização das ciências dos fatos, cuja primeira configuração será necessariamente mais ou menos ingênua. O sistema próprio integral dessas ciências racionalizadas dos fatos é a fenomenologia enquanto ciência dos fatos. Nisso repousa o fato de que a fenomenologia eidética é o método da subjetividade transcendental fática para chegar ao seu autoconhecimento universal: um autoconhecimento racional e totalmente transparente, no qual a subjetividade se compreende perfeitamente a si mesma e compreende perfeitamente aquilo que para ela existe. Ciência universal e última é ciência absoluta do espírito. Enquanto ciência, a fenomenologia eidética repousa, assim como toda cultura, na subjetividade transcendental fática - um produto de si mesma e para si mesma -, de modo que possa compreender a si mesma e, com isso, compreender o mundo enquanto constituído nela.

A universalidade da fenomenologia abarca manifestamente todos os problemas científicos concebíveis; na subjetividade todas as questões conquistam o sentido que, em cada caso, elas podem ter para ela. É nela mesma que se consuma a separação entre questões racionais e irracionais, ou seja, questões que, em última instância, são científicas ou pseudocientíficas. Todos os grupos de problemas, quaisquer que sejam, que se deixam recolher sob o título particular de "filosofia" estão incluídos na fenomenologia de acordo com seu sentido e seu método autênticos; e assim, naturalmente, as **/526/** questões do "sentido" da história ou as questões da "teoria do conhecimento histórico", isto é, dos métodos da "compreensão" dos fatos individuais do mundo pessoal - métodos que devem ser configurados apodíctica e intelectivamente a partir das fontes apriorísticas correspondentes. A totalidade da práxis racional e toda configuração categorial do mundo-circundante [*Umwelt*] prático que a ela corresponde se deixa abranger de igual maneira. Pois, de fato, conhecer não é valorar na afetividade da mente [*im Gemüt*] e conformar de acordo com valores (porquanto as próprias metas do conhecimento não são, enquanto metas, objetos de valoração e aspiração), mas toda operação da intencionalidade valorativa e volitiva se deixa infletir cognoscitivamente, produzindo temas para o conhecimento e para a ciência. Assim, tornam-se temas científicos todas as formas de espiritualização da natureza com qualquer sentido ideal - particularmente todas as formas da cultura em correlação com as personalidades produtoras de cultura - e, na mais elevada generalidade, o todo da vida que deseja e anseia com sua problemática da razão prática, do dever absoluto etc. Aqui cabe o esclarecimento da aspiração, que pertence essencialmente ao ser pessoal e à vida da humanidade (no sentido transcendental dessa palavra), a uma natureza humana verdadeira e autêntica. Todos esses tipos de problema conquistam seu significado pleno e seu método evidente somente na universalidade. Toda unilateralidade e isolamento dos problemas filosóficos - que são justamente e sem exceção problemas universais - acaba por se vingar mediante a incompreensibilidade. Em sua referência retrospectiva a si mesma, a fenomenologia, tomada em sua ideia plenamente desenvolvida, esclarece sua própria função. Nela, enquanto ciência absolutamente universal, consuma-se a autoponderação [*Selbstbesinnung*] universal da humanidade. Seus resultados, que crescem em extensão e perfeição, as teorias e disciplinas, são convocados, em última instância, a regular intelectivamente uma autêntica vida da humanidade. No que tange à metafísica, a filosofia fenomenológica somente é antimetafísica no sentido em que recusa toda metafísica que se nutre de fontes anticientíficas e toda metafísica que se move em ocas substruções. Mas a antiga tradição metafísica e seus problemas autênticos devem ser postos sobre bases transcendentais e, ali, devem encontrar sua formulação pura e a metodologia fenomenológica de sua solução. O desenvolvimento pleno da ideia de uma fenomenologia universal conduz justamente de volta ao antigo conceito de filosofia: o conceito da ciência universal e absoluta, ou seja, ciência perfeitamente justificada. A convicção que dominava a filosofia de *Descartes* se confirma através de razões essenciais: aquela convicção segundo a qual uma ciência particular autenticamente fundamentada somente é possível como ramo da *sapientia universalis*, da única e singular ciência universal, cuja ideia, desdobrada na evidência pura, deve guiar todo autêntico esforço de conhecimento[27].

27. "O texto restante desta versão foi incluído na quarta elaboração como §16; comparar, ali, p. 299ss."

APÊNDICE CRÍTICO*

Carta de Heidegger e apêndices

Messkirch, 22 de outubro de 1927

/600/ Querido e paternal amigo!

De coração agradeço ao senhor e à sua respeitável esposa pelos dias passados em Friburgo. Tive realmente o sentimento de ser acolhido como um filho.

É somente no trabalho efetivo que os problemas se manifestam. Meras conversas de férias, por agradáveis que sejam, não produzem nada disso. Mas dessa vez tudo ficou sob a pressão de uma tarefa urgente e importante. E apenas nos últimos dias comecei a notar em que medida sua ênfase à psicologia pura oferece o solo para que se esclareça - ou para que se desdobre pela primeira vez com total firmeza - a questão da subjetividade transcendental e de suas relações com o puramente anímico. É naturalmente uma desvantagem o fato de eu não conhecer [suas] investigações concretas empreendidas nos últimos anos. Por esse motivo é fácil de se compreender que minhas objeções pareçam formalistas.

Nas folhas anexadas busco fixar mais uma vez os pontos essenciais. Isso também me abre a oportunidade para caracterizar a tendência fundamental de "*Ser e tempo*" no interior do problema transcendental.

As folhas p. 21-28 <=**271-277**> estão escritas de uma maneira essencialmente mais concisa que o primeiro esboço. A estrutura é transparente. Após repetidas revisões, coloquei as abreviações e suavizações estilísticas diretamente no texto. As notas de margem em vermelho dizem respeito a questões temáticas que resumo brevemente no Apêndice I desta carta.

* Tradução de Felipe Maia da Silva.

O Apêndice II diz respeito a questões de disposição das referidas páginas.

A única coisa que é importante para o artigo é que a problemática da fenomenologia seja expressa na forma de uma apresentação breve e totalmente impessoal. Assim como, no fundo, um esclarecimento último das coisas segue sendo pressuposto para a clareza da apresentação, assim também a atenção do senhor - a atenção do artigo - deve permanecer limitada a uma apresentação clara daquilo que é essencial.

/**601**/ O curso de nossas conversas praticamente mostrou que o senhor não pode mais adiar as publicações maiores. Nos últimos dias o senhor comentou diversas vezes: ainda não há propriamente uma psicologia pura. Ora - os fragmentos essenciais se encontram nas três seções do manuscrito datilografado por Landgrebe.

É necessário que essas investigações sejam publicadas primeiro, e isso, de fato, por duas razões: 1) para que se tenha à vista as investigações concretas e para que não sejam buscadas em vão como um programa prometido; 2) para que o senhor mesmo tome fôlego para uma exposição fundamental da problemática transcendental.

Gostaria de lhe pedir que retenha o segundo esboço como fio condutor para os "*Estudos*". Eu mais uma vez pude lê-lo integralmente e mantenho o juízo que sustentei na última carta.

Recebi ontem de minha mulher a carta de Richter (da qual segue uma cópia no Apêndice III). Escrevi a Mahnke.

Naturalmente não retomo aqui a meu próprio trabalho. Passarei por um grande aperto com a aula e os dois exercícios e as conferências em Colônia e Bona e ainda por cima o Kuki.

Mas está bem vivo o entusiasmo necessário para o problema; o restante precisa ser forçado.

Na próxima semana parto daqui para a casa de Jaspers, de quem obterei ainda alguns conselhos táticos.

Desejo-lhe uma feliz conclusão do artigo, o qual, como ponto de partida para as próximas publicações, manterá desperto no senhor muitos problemas.

Novamente agradeço de coração ao senhor e à sua respeitável esposa pelos belos dias e lhes dirijo minhas saudações com sincera amizade e respeito.

Seu,

Martin Heidegger.

Apêndice I

Dificuldades de conteúdo

Concordamos com o fato de que o ente, no sentido daquilo que o senhor chama de "mundo", não pode ser esclarecido em sua constituição transcendental por meio de um retorno ao ente cujo modo de ser fosse o mesmo.

Isso não quer dizer, contudo, que aquilo que constitui o lugar do transcendental não seja, em geral, algo ôntico - mas que precisamente dele surge o *problema*: qual é o modo de ser do ente no qual o "mundo" é constituído? Este é o problema central de "*Ser e tempo*" - ou seja, uma ontologia fundamental do *Dasein*. Trata-se de mostrar que o modo de ser do *Dasein* humano é completamente diverso daquele de todos outros entes e que ele, sendo o modo de ser que é, alberga em si precisamente a possibilidade da constituição transcendental.

A constituição transcendental é uma possibilidade central da **/602/** existência do Mesmo fático. Este, o humano concreto, nunca é, como tal - enquanto ente, um "fato mundano real", e isso porque o humano jamais é disponível aí, mas existe. E o "maravilhoso" nisso reside no fato de que a constituição existencial do *Dasein* possibilita a constituição transcendental de todo positivo.

As considerações "unilaterais" da somatologia e da psicologia pura somente são possíveis sobre a base da totalidade concreta do ser humano, que, como tal, determina primariamente o modo de ser do humano.

O "puramente anímico" surgiu justamente em desconsideração à ontologia do ser humano como um todo, isto é, sem o intuito de uma psicologia - pelo contrário, ele já de início se origina, desde Descartes, de reflexões de caráter *epistemológico*.

O constituinte não é um nada; logo, ele é algo, algo que é - embora não no sentido do positivo.

A questão que concerne ao modo de ser do próprio constituinte não deve ser evitada.

Dessa forma, o problema do ser está universalmente referido ao constituinte e ao constituído.

Apêndice II

Sobre a disposição das p. 21ss. **<=271,1ss.>**

Na apresentação do problema transcendental, aquilo que vem em *primeiro lugar* é a clarificação do que significa a "incompreensibilidade" do ente.

Sob que perspectiva o ente é incompreensível? Ou seja: que exigência mais elevada de compreensibilidade se faz possível e necessária?

A que se deve retornar para que essa compreensibilidade seja conquistada?

O que significa *ego* absoluto enquanto diverso do puramente anímico?

Qual é o modo de ser desse *ego* absoluto - em que sentido ele é o *mesmo* que cada [*je*] eu fático; em que sentido *não* é o mesmo?

Qual é o caráter da posição [*Setzung*] na qual o *ego* absoluto está *posicionado* [*Gesetztes*]? Em que medida não há aqui positividade (posicionalidade) [*Gesetztheit*] alguma?

A universalidade do problema transcendental.

Apêndice III

Tenho a alegria de poder comunicar-lhe que o Senhor Ministro decidiu conceder-lhe a cátedra regular de Filosofia na Universidade local [de Marburg]. Em consideração a seus ganhos atuais, o salário-base seria fixado em 6534 RM anuais, com aumento usual a cada dois anos até o saldo final de 9630 RM.

Ao mesmo tempo que lhe solicito uma posição a respeito desse regime, tenho a honra de comunicar-lhe que o Professor Dr. Mahnke de Greifswald foi chamado para a cátedra ocupada até hoje pelo senhor.

Com a mais distinta consideração.

Anotações de Husserl sobre os apêndices de Heidegger[*]

/603/ O homem no mundo - pertencente a ele, disponível aí [*vorhanden*] um para o outro, como as coisas estão disponíveis aí para todos. Mas para se ter esse disponível aí [*Vorhandenheiten*], é necessário haver Eu-sujeitos que têm consciência desses disponíveis aí, que as representem, conhecem, que delas têm "consciência" desejosa e volitiva, que, enquanto sujeitos de consciência, relacionam-se com aquilo de que são conscientes de vários modos - aspirando, valorando, agindo; relacionam-se também com Outros enquanto seres humanos, enquanto disponíveis aí, enquanto realidades que não estão tão somente aqui e ali com propriedades reais de qualquer tipo, mas que são sujeitos de consciência etc., como acabou de ser dito.

Mas essas propriedades particulares são propriedades das realidades no mundo. E, portanto, são também minhas; eu que sou um ser humano e me encontro como tal.

Ontologia como a ciência do mundo e de um mundo possível em geral. Constituição de ser do mundo. Estruturas universais do mundo - de disponíveis aí. - A estrutura de ser dos sujeitos e dos não-sujeitos.

---

* Tradução de Daniel Guilhermino.

QUARTA E ÚLTIMA VERSÃO*

/277/ "Fenomenologia" designa um novo método descritivo que fez sua aparição na filosofia na virada do século e uma ciência apriorística dele resultante que se destina a fornecer o Órganon principial para uma filosofia rigorosamente científica e, consequentemente, tornar possível uma reforma metódica de todas as ciências. Simultânea a esta fenomenologia filosófica, mas inicialmente dela não divorciada, surgiu uma nova disciplina psicológica, a ela paralela do ponto de vista do método e do conteúdo: a psicologia *a priori* pura ou **/278/** "psicologia fenomenológica", que, com seu caráter reformador, reivindica ser o fundamento metódico e principial unicamente sobre o qual uma psicologia empírica rigorosa pode ser fundada. A delimitação desta fenomenologia psicológica, que está mais próxima do pensamento natural, é provavelmente apropriada como um nível preliminar propedêutico para elevar-nos à compreensão da fenomenologia filosófica[28].

I. A psicologia pura, seu campo de experiência, seu método, sua função.

1. Ciência natural pura e psicologia pura.

A psicologia moderna é a ciência do "psíquico" no nexo concreto das realidades espaçotemporais, ou seja, daquilo que, por assim dizer, ocorre na natureza com o caráter de Eu, com tudo aquilo que lhe pertence inseparavelmente como vivência psíquica (tal como o experienciar, o pensar, o sentir, o querer) enquanto faculdade e hábito. A experiência oferece o psíquico como um mero estrato ontológico em humanos e animais. A psicologia é, então,

---

* Tradução de Daniel Guilhermino.

28. <Cf. Anexo XXIX, a Introdução ao 3º esboço e o Apêndice Crítico>.

um ramo da antropologia ou zoologia mais concreto. As realidades animais são, antes de tudo, realidades físicas de acordo com um estrato fundamental. Como tal, pertencem ao nexo delimitado da natureza física, a natureza no sentido primeiro e mais pregnante, que é o tema universal de uma ciência da natureza pura, i. e., de uma ciência objetiva da natureza que prescinde, com unilateralidade consequente, de todas as determinações extrafísicas. É nela que se insere a investigação científica dos corpos animais. Se, por outro lado, o mundo animal deve ser tematizado na perspectiva do psíquico, então deve-se primeiramente perguntar até que ponto uma psicologia pura em paralelo a uma ciência da natureza pura é possível. Em certa medida, é óbvio que se pratique uma pesquisa puramente psicológica. A ela devemos os conceitos fundamentais do psíquico segundo suas próprias determinações essenciais, conceitos que devem passar a fazer parte dos conceitos psicofísicos fundamentais da psicologia. **/279/** Entretanto, não está de modo algum claro desde o início de que forma a ideia de uma psicologia pura como disciplina psicológica fortemente separada em si mesma, e como um verdadeiro paralelo a uma ciência da natureza puramente física, possui um sentido legítimo que, depois, deve ser necessariamente realizado.

2. O puramente psíquico da autoexperiência e da experiência comunitária – A descrição universal das vivências intencionais

Para uma fundamentação e desenvolvimento dessa ideia condutora é necessário, antes de tudo, a clarificação da peculiaridade da experiência, e particularmente da experiência pura, do psíquico e a peculiaridade desse próprio psíquico puro que é por ela revelado e que deve se tornar o tema da psicologia pura. Naturalmente, priorizamos a experiência a mais imediata que sempre nos revela nosso próprio psíquico.

A atitude do olhar experiencial ao nosso psíquico se realiza necessariamente como uma reflexão, como uma virada do olhar que estava antes direcionado de outra maneira. Toda experiência, e também todo outro modo com o qual nos ocupamos com quaisquer objetos reais ou ideais - por exemplo pensando, valorando no modo da emoção e da vontade, aspirando - admite tal reflexão. Assim, quando estamos diretamente em atividade consciente, estão diante do nosso olhar tão somente as respectivas coisas, pensamentos, valores, fins, meios, mas não a própria vivência psíquica na qual tudo isso está consciente para nós enquanto tal. Somente a reflexão a torna manifesta. É através da reflexão que, ao invés de captar pura e simplesmente as coisas, os valores, as finalidades, as utilidades, captamos as correspondentes vivências subjetivas nas quais estes se tornam "conscientes" para nós, nas quais eles "*aparecem*" para nós em um sentido muito amplo. Todos eles são, portanto, denominados "*fenômenos*"; seu caráter essencial mais geral é ser "consciência-de", "aparição-de" - das respectivas coisas, pensamentos (estados de coisas judicativos, razões, consequências), de planos, decisões, esperanças etc. Essa relatividade se encontra disposta em todas as expressões da linguagem popular para vivências psíquicas: perceber algo, lembrar-se de algo ou pensar em algo, esperar por algo, temer, aspirar, decidir-se por algo e assim por diante. Se este reino dos "fenômenos" se mostrar como campo possível de uma disciplina pura e exclusivamente a ele **/280/** relacionado, então se torna compreensível sua designação como *Psicologia fenomenológica*. A expressão oriunda terminologicamente da Escolástica para este caráter fundamental de ser como consciência, como aparição de algo, é *intencionalidade*. No ter-consciente irrefletido de quaisquer objetos, estamos "direcionados" para eles, nossa "*intentio*" vai até eles. A virada fenomenológica do olhar mostra que este ser-direcionado é um traço essencial das correspondentes vivências imanentes; elas são vivências "intencionais".

Tipos e particularidades extremamente diversos se enquadram sob a generalidade desse conceito. Consciência de algo não é um ter vazio de algo, cada fenômeno possui a sua própria forma total intencional, mas ao mesmo tempo uma estrutura, que na análise intencional conduz sempre de novo aos componentes que são propriamente intencionais. Assim, por exemplo, a reflexão fenomenológica praticada a partir de uma percepção (por exemplo, a partir de um cubo) conduz a uma intencionalidade diversa e, não obstante, sinteticamente unificada. Salientam-se as diferenças em contínua modificação nos modos de aparição da "orientação" alternante, de direita e de esquerda, de perto e de longe, com as correspondentes diferenças de "perspectiva". Além disso, diferenças de aparição entre o "lado da frente propriamente visto" em cada caso e o lado de trás "não-intuído" e relativamente "indeterminado", porém "covisado". Ao atentar ao fluxo de modos de aparição e ao tipo de sua "síntese", torna-se patente que cada fase e extensão é já "consciência-de", mas de tal forma que no surgimento constante de novas fases, estabelece-se a consciência sinteticamente unificada de um e o mesmo objeto. A estrutura intencional de um transcurso perceptivo possui sua tipologia essencial fixa, que deve necessariamente ser realizada em sua extraordinária complicação para que uma coisa corpórea pura e simples possa ser percebida. Se a mesma coisa é intuída de outro modo, por exemplo no modo da lembrança secundária, da fantasia, da apresentação por imagem, então todos os conteúdos intencionais da percepção por assim dizer ressurgem, mas todos especificamente modificados nos modos correspondentes. Também para qualquer outro gênero de **/281/** vivência psíquica é válido algo similar: a consciência que julga, que valora, que aspira, não é um ter-consciente vazio dos respectivos juízos, valores, fins e meios. Antes, eles são constituídos em uma intencionalidade fluente com uma tipologia de essência fixa que lhe corresponde. – Para a psicologia se abre, aqui, a tarefa universal: investigar sistematicamente as formas típicas das vivências intencionais, suas modificações possíveis, suas sínteses em novas formas, sua composição estrutural a partir de intencionalidades elementares, e, disso decorrente, proceder a um conhecimento descritivo do todo das vivências, da tipologia geral de uma vida da alma. Obviamente, a busca consequente dessa tarefa oferece conhecimentos que possuem validade não apenas para o ser anímico próprio do psicólogo.

A vida da alma é acessível a nós não somente através da autoexperiência, mas também através da experiência do Outro. Essa fonte de experiência de novo tipo oferece não apenas algo semelhante à autoexperiência, mas também algo novo, na medida em que fundamenta as diferenças entre o "próprio" e o "outro", assim como as peculiaridades da vida comunitária, que é para todos nós consciente, e decerto como experiência. Precisamente com isto surge a tarefa de também tornar fenomenologicamente compreensível a vida comunitária segundo todas as intencionalidades a ela pertencentes.

3. O campo autônomo do puro psíquico - Redução fenomenológica e autêntica experiência interna

A ideia de uma psicologia fenomenológica é caracterizada por toda a amplitude do círculo de tarefas que surge da autoexperiência e da experiência do outro nela fundada. Mas ainda não está claro se a experiência fenomenológica, levada a cabo com exclusividade e de maneira consequente, proporciona-nos um campo de ser de tal maneira autônomo de modo que uma ciência *finalmente* a ela relacionada, e separada de todas as ciências psicofísicas, possa daí emergir. Aqui, de fato, existem dificuldades que, mesmo após a descoberta da intencionalidade por *Brentano*, têm ocultado aos psicólogos a possibilidade de uma tal psicologia puramente fenomenológica. Elas dizem respeito já ao estabelecimento de uma autoexperiência verdadeiramente pura e, portanto, de um dado psíquico verdadeiramente puro. **/282/** É necessário um método especial de acesso ao campo puramente fenomenológico. Esse *método da "redução fenomenológica"* é, portanto, o método fundamental da psicologia pura; é o pressuposto de todos os seus métodos teoréticos específicos. Em última análise, toda dificuldade se baseia na forma como a autoexperiência dos psicólogos já está entrelaçada em toda parte com a experiência externa do real extra-psíquico. O "externo" experienciado não pertence à interioridade intencional, embora, com efeito, a própria experiência lhe pertença enquanto experiência do externo. Da mesma forma para qualquer outra consciência que esteja direcionada para algo mundano. Faz-se necessário, assim, uma consequente *epoché* por parte do fenomenólogo, se ele quiser explorar sua consciência como puro fenômeno, de modo singular, mas também como o todo de sua vida pura. Ou seja, na execução da reflexão fenomenológica ele deve inibir toda coexecução das posições objetivas praticadas na consciência irrefletida e, com isso, inibir a entrada em seus juízos do mundo que é para ele "existente" de modo direto. A respectiva experiência dessa casa, desse corpo vivo, de um mundo em geral, é e permanece, contudo, de acordo com seu próprio conteúdo essencial, inseparavelmente experiência "*dessa* casa", desse corpo vivo, desse mundo, e assim para todos os modos de consciência que são objetivamente direcionados. É impossível descrever uma vivência intencional, mesmo quando se trata de uma vivência ilusória, de um juízo nulo e afins, sem descrever também o que está nela consciente *enquanto* tal. A *epoché* universal com respeito ao mundo que se torna consciente (sua "*parentetização*") desconecta do campo fenomenológico o mundo que existe pura e simplesmente para o respectivo sujeito, mas em seu lugar se apresenta o mundo "*enquanto tal*" *consciente* deste ou daquele modo (como percebido, lembrado, julgado, pensado, valorado etc.), o "*mundo entre parênteses*", ou, o que significa o mesmo, o respectivo sentido da consciência em seus distintos modos (sentido da percepção, sentido da lembrança etc.) toma o lugar do mundo ou do mundano singular pura e simplesmente.

Com isso se esclarece e se complementa nossa primeira determinação da experiência fenomenológica e da sua esfera de ser. No recuo das unidades posicionadas na atitude natural aos múltiplos modos de consciência nos quais elas aparecem, /**283**/ tais unidades também devem ser incluídas no psíquico puro - embora "entre parênteses" -, na medida em que são unidades inseparáveis dessas multiplicidades, e, portanto, em cada caso, com os caracteres de aparição nos quais elas se oferecem. O método da redução fenomenológica (ao puro "fenômeno", o puramente psíquico) consiste, de acordo com isso, 1) na *epoché* metódica e rigorosamente consequente em cada posição objetiva que se apresenta na esfera anímica, tanto no fenômeno singular, quanto na existência anímica como um todo; 2) na descrição e captação metodicamente exercitadas das múltiplas "aparições" como aparições de suas unidades objetais e das unidades como unidades das composições de sentido que surgem em cada caso nas aparições. Mostra-se, com isso, uma dupla direção da descrição fenomenológica, uma "*noética*" e uma "*noemática*". - A experiência fenomenológica na forma metódica da redução fenomenológica é a única "*experiência in-*

terna" autêntica no sentido de qualquer ciência psicológica bem fundamentada. Em sua própria essência reside manifestamente a possibilidade de ser prosseguida continuamente *in infinitum*, sob a preservação metódica da pureza. O método redutivo se transfere da autoexperiência para a experiência do outro, na medida em que é possível executar, na vida presentificada do outro, a parentetização e descrição correspondentes de acordo com a aparição e com o que aparece no Como subjetivo (*noesis* e *noema*). Posteriormente, a comunidade experienciada na experiência comunitária se reduz não só aos campos intencionais de almas isoladas, mas à unidade do intersubjetivo, todos eles vinculam a vida comunitária em sua pureza fenomenológica (redução intersubjetiva). Assim surge a extensão completa do conceito psicológico autêntico de "experiência interna".

A cada alma pertence não somente a unidade de sua *vida intencional* múltipla, com todas as unidades de sentido dela inseparáveis como uma vida "objetivamente" direcionada. Inseparável dessa vida é o *sujeito-Eu* que nela vive como o "*polo egoico*" idêntico que centraliza todas as intencionalidades particulares, e como o portador das habitualidades que surgem dessa vida. Assim, a /**284**/ intersubjetividade reduzida, apreendida em sua pureza e concretude, é também uma comunidade de pessoas puras que se encontram ativas na vida da consciência intersubjetiva pura.

4. A redução eidética e a psicologia fenomenológica como ciência eidética

Até que ponto a unidade do campo fenomenológico de experiência assegura a possibilidade de uma psicologia fenomenológica a ele exclusivamente relacionado, ou seja, de uma psicologia puramente fenomenológica? Ela não assegura, sem mais, a possibilidade de uma ciência de fatos empiricamente pura, abstraída de todo o psicofísico. De outro modo se passa com uma ciência *a priori*. Cada campo de experiência autônomo possível permite *eo ipso* a transição universal da facticidade à forma essencial (*Eidos*). O mesmo ocorre aqui. Se a facticidade fenomenológica se torna irrelevante, se serve *apenas* como um exemplar e como base para uma livre, porém intuitiva, variação das almas individuais factuais e das comunidades anímicas em almas e comunidades anímicas possíveis (concebíveis) *a priori*, e se o olhar teorético se direciona agora apenas para o invariante que necessariamente persiste na variação, então surge, com isso, em um procedimento sistemático, um reino próprio do "*a priori*". Destaca-se, assim, o estilo formal necessário por essência (o *Eidos*) que deve passar por todo ser anímico possível nas singularidades, nas vinculações sintéticas e totalidades delimitadas, se é que ele deve ser "possível de ser concebido" em geral, isto é, se é que ele deve poder ser representável intuitivamente. Psicologia fenomenológica pode sem dúvida ser fundamentada, nesse sentido, como "*fenomenologia eidética*"; ela é então direcionada exclusivamente às formas essenciais invariantes. Por exemplo, a fenomenologia da percepção do corpo não é um relato sobre uma percepção que ocorre factualmente, ou que se espera que ocorra factualmente, mas um salientar do sistema estrutural invariante sem o qual a percepção de um corpo e uma multiplicidade sinteticamente concordante de percepções enquanto tais de um e o mesmo corpo seria inconcebível. Se a redução fenomenológica proporcionou o acesso aos "fenômenos" da experiência efetiva e posteriormente também aos da experiência interna possível, então o método nela fundado da "*redução* /**285**/ *eidética*" proporciona o acesso às formas essenciais invariantes da esfera total do puramente anímico.

5. A função principial da psicologia puramente fenomenológica para uma psicologia empírica exata

A psicologia fenomenologicamente pura é o fundamento necessário incondicional para a construção de uma psicologia empírica "exata", que, desde seus inícios na modernidade, tem sido buscada de acordo com o modelo da ciência da natureza física pura e exata. O sentido principial do caráter exato dessa ciência da natureza reside em sua fundação no sistema *a priori* de formas de uma natureza concebível em geral que se desenvolve em suas disciplinas específicas (geometria pura, teoria pura do tempo, teoria do movimento etc.). Através da utilização desse sistema *a priori* de formas para a natureza factual, a empiria indutiva vaga participa na necessidade de essência, e a própria ciência da natureza empírica ganha o novo sentido metódico de assimilar os conceitos e leis racionais que subjazem necessariamente a todos os conceitos e regras vagos. Por mais que o método científico-natural e o método psicológico permaneçam essencialmente distintos, seu traço comum necessário consiste no fato de que a psicologia, como qualquer ciência, só pode extrair seu "rigor" ("exatidão") a partir da racionalidade do "essencial". A revelação da tipologia *a priori* sem a qual seriam inconcebíveis o Eu, ou melhor, o Nós, consciência, objetalidade da consciência e, com isso, o ser anímico em geral - com todas as formas de essência necessárias e possíveis de síntese que são inseparáveis da ideia de uma totalidade anímica individual e comunitária -, cria um campo imenso de exatidão que é transferido, e aqui mesmo imediatamente (sem o elo intermediário da idealização dos valores limites), para a investigação empírica da alma. Entretanto, o *a priori* fenomenológico não é o *a priori* completo da psicologia, na medida em que o psicofísico enquanto tal possui seu próprio *a priori*. Mas é claro que este último *a priori* pressupõe o *a priori* da psicologia puramente fenomenológica, assim como, por outro lado, pressupõe o *a priori* puro da natureza física (e especialmente a orgânica) em geral. /**286**/

A edificação sistemática de uma psicologia fenomenologicamente pura exige:

1) A descrição das peculiaridades pertencentes à essência de uma vivência intencional em geral, à qual também pertence a lei mais geral da síntese: toda ligação de consciência com consciência resulta em uma consciência.

2) A investigação das formas singulares de vivências intencionais que devem ou podem se apresentar, por uma necessidade de essência, em uma alma em geral; em conexão com isso, a investigação da tipologia essencial das sínteses correspondentes, as contínuas e as discretas - as sínteses que são finalmente delimitadas ou que prosseguem em uma infinitude aberta.

3) A exibição e descrição de essência da forma total de uma vida anímica em geral, ou seja, o tipo essencial de um "fluxo de consciência" universal.

4) Uma nova direção de pesquisa é designada pelo título "Eu" (ainda sob a abstração do sentido social desta palavra) com respeito às formas essenciais de "habitualidade" que lhe pertencem, ou seja, o Eu enquanto sujeito de "convicções" permanentes (convicções de ser, convicções de valores, decisões da vontade etc.), enquanto sujeito pessoal de costumes, de saberes bem formados, de propriedades de caráter.

Essa descrição "estática" de essência conduz finalmente, por toda parte, aos problemas da gênese e a uma gênese universal que rege toda a vida e o desenvolvimento do Eu pessoal de acordo com leis eidéticas. Assim, a fenomenologia dinâmica ou genética se edifica, em um nível superior, sobre a base da primeira "fenomenologia estática". Ela se ocupa da gênese da passividade primeira e fundante na qual o Eu não toma parte como ativo. Aqui reside a nova tarefa de uma fenomenologia eidética universal da associação, que é uma reabilitação tardia das grandes descobertas prévias de *D. Hume*, com a exposição da gênese *a priori* a partir da qual um mundo espacial real se constitui para uma alma com uma validade habitual. Disso se segue a doutrina de essência do desenvolvimento da habitualidade pessoal, na qual o Eu puramente anímico se encontra no interior de formas estruturais invariantes enquanto eu pessoal e é consciente de si próprio em sua contínua validade habitual como um eu que está o tempo todo se formando. Uma camada particular e interdependente de investigação de um nível superior é formada pela fenomenologia da razão primeiramente /**287**/ estática, e então genética.

II. Psicologia fenomenológica e Fenomenologia transcendental.

6. A virada transcendental de Descartes e o psicologismo de Locke

A ideia de uma psicologia puramente fenomenológica não possui apenas a função reformadora para a psicologia empírica que acabamos de expor acima. Por razões profundas, ela pode servir como nível preliminar para a descoberta da essência de uma fenomenologia transcendental. Mesmo historicamente essa ideia não surgiu a partir das necessidades específicas da própria psicologia. Sua história nos conduz de volta até a memorável e fundamental obra de *J. Locke*, e às implicações significativas dos impulsos que daí despontam a partir de *J.* [sic] *Berkeley* e *D. Hume*. Já com Locke, entretanto, a restrição ao puramente subjetivo foi determinada por interesses extrapsicológicos. A psicologia estava a serviço do problema transcendental despertado por *Descartes*. Em suas *Meditationes*, os pensamentos relativos a este problema tinham se tornado pensamentos condutores para a filosofia primeira: que todo o real e, em última análise, todo este mundo que é *para nós*, e é-assim, só o é como conteúdo de representação de nossas representações, como o visado no juízo e, no melhor dos casos, o comprovado com evidência da nossa própria vida cognitiva. Aqui reside a motivação para todos os problemas transcendentais, legítimos ou ilegítimos. O método da dúvida de *Descartes* foi o primeiro método da exibição da "subjetividade transcendental"; seu "*ego cogito*" conduziu à sua primeira formulação conceitual. Em *Locke*, a *mens* transcendentalmente pura de *Descartes* se transforma na alma pura (*human mind*), cuja investigação sistemática por meio da experiência interna é abordada por *Locke* com interesse filosófico-transcendental. Ele é, assim, o fundador do *psicologismo* como uma filosofia transcendental através de uma psicologia da experiência interna. O destino da filosofia científica depende de uma superação radical de todo psicologismo; uma superação que não só exponha seu contrassenso de princípio, mas que também faça justiça ao seu núcleo de verdade transcendentalmente significativo. O psicologismo extrai sua constante força histórica de um **/288/** duplo sentido de todos os conceitos do subjetivo; ambiguidade esta que surge imediatamente com o desenrolar da questão transcendental. A revelação dessa ambiguidade significa, ao mesmo tempo que a forte separação, a paralelização da psicologia puramente fenomenológica (como a forma cientificamente rigorosa da psicologia que parte puramente da experiência interna) e da fenomenologia transcendental como a legítima filosofia transcendental. Ao mesmo tempo, justifica-se, assim, a precedência da psicologia pura como modo de acesso à legítima filosofia. Iniciamos com a clarificação do verdadeiro problema transcendental que, na instabilidade primeiramente obscura de seu sentido, faz com que se esteja tão inclinado (e isto se aplica já a *Descartes*) a deslocá-lo para um caminho errôneo.

7. O problema transcendental

Ao sentido essencial do problema transcendental pertence sua universalidade, na qual o mundo e todas as ciências que o investigam são colocados em questão. Ele surge numa inversão geral daquela "*atitude natural*", na qual as ciências positivas, assim como toda a vida cotidiana, permanecem. Nela, o mundo é, para nós, constantemente pré-doado em um estar disponível aí inquestionável; é o universo autoevidente das realidades que existem. É, portanto, o campo geral das nossas atividades práticas e teóricas. Assim que o interesse teórico abandona essa atitude natural e, numa virada geral do olhar, direciona-se para a vida da consciência na qual o mundo é para nós precisamente "o" mundo que está disponível aí para nós, estamos em uma nova situação de conhecimento. Cada sentido que ele tem para nós (nos quais adentramos agora), seu sentido geral indeterminado, bem como o sentido que vai se determinando de acordo com as singularidades reais, é um sentido consciente na interioridade da nossa própria vida perceptiva, representativa, pensante, valorativa, e é formado na nossa gênese subjetiva; cada validade de ser é realizada em nós mesmos, cada evidência da experiência e da teoria que fundamenta essa validade está viva em nós mesmos e nos motiva habitualmente o tempo todo. Isso diz respeito ao mundo em cada determinação, mesmo àquelas que são autoevidentes, nas quais aquilo que pertence "*em si e por si*" ao mundo é tal como é, quer eu, ou quem quer que seja, torne-se por acaso consciente disso ou não. /**289**/ Uma vez que o mundo, nesta universalidade plena, tenha sido relacionado à subjetividade da consciência, em cuja vida de consciência ele aparece precisamente como "o" mundo do respectivo sentido, então seu modo de ser como um todo adquire uma dimensão de incompreensibilidade, ou questionabilidade. Esse "aparecer", este ser-para-nós do mundo enquanto mundo que só recebe validade subjetiva, e que é trazido e levado à evidência fundamentada, requer esclarecimento. O primeiro dar-se conta da relação do mundo à consciência em sua generalidade vazia não oferece nenhuma compreensão de *como* a vida múltipla da consciência, que se afunda na obscuridade tão logo é vista, pode realizar tais coisas, como o faz, por assim dizer, para que em sua imanência qualquer coisa possa aparecer como sendo em si mesmo, e não apenas como algo suposto, mas *enquanto* algo que se manifesta em experiência concordante. Obviamente, o problema é transposto para todos os tipos de mundos "ideais" e seu "ser-em-si" (por exemplo, os números puros ou as "verdades em si"). A incompreensibilidade afeta de modo particularmente sensível *nosso* próprio tipo de ser. Nós (singularmente e em comunidade) devemos ser aquilo em cuja vida de consciência o mundo real, que está disponível aí para nós, ganha sentido e validade enquanto tal. Mas nós mesmos, enquanto humanos, devemos pertencer ao mundo. Após o nosso sentido mundano, somos, então, novamente referidos a nós mesmos e à nossa vida de consciência como o lugar no qual este sentido primeiramente toma forma para nós. Seria aqui e em toda parte concebível um outro caminho de esclarecimento como aquele que questiona a própria consciência e o "mundo" que nela se torna consciente enquanto tal, uma vez que, precisamente enquanto visado por nós, ele não pode ter recebido e nem receber sentido e validade em nenhum outro lugar que não em nós?

Vamos, ainda, dar outro passo importante, que eleva o problema "transcendental" (relativo ao sentido de ser do respectivo "transcendente") ao nível principial. Trata-se do reconhecimento de que a relatividade à consciência aqui demonstrada não diz respeito apenas a um fato *de nosso* mundo, mas à necessidade eidética de cada mundo concebível em geral. Pois se variamos nosso mundo factual na livre-fantasia, transformando-o em mundos arbitrariamente concebíveis, então covariamos inevitavelmente a *nós*, de quem o mundo é mundo circundante; convertemo-nos em uma subjetividade possível cujo mundo circundante seria sempre /**290**/ o mundo concebido enquanto mundo de experiências possíveis, de evidências teóricas possíveis, com sua vida prática possível. Essa variação, naturalmente, deixa intocados os mundos puramente ideais do tipo que possuem seu ser na generalidade eidética, a cuja essência pertence, justamente, a invariância; mas é na variabilidade possível do sujeito que conhece tais identidades que é mostrado que sua cognoscibilidade, ou seja, que sua relação intencional não diz respeito apenas à nossa subjetividade factual. Com a formulação eidética do problema, a requerida investigação da consciência também se converte em uma investigação eidética.

8. A solução psicológica como círculo transcendental

A elaboração da ideia de uma psicologia fenomenologicamente pura provou a possibilidade de revelar, em uma redução fenomenológica consistente, o essencialmente próprio dos sujeitos conscientes em generalidade eidética segundo todas suas formas possíveis. Isso também diz respeito àquelas formas da razão que fundamentam e comprovam a lei e, com isso, todas as formas de mundos que podem aparecer e que podem ser mostrados como existindo em si por meio da experiência concordante, e determinados na verdade teorética. De acordo com isso, essa psicologia fenomenológica, em sua execução sistemática, parece conter o todo da investigação de correlação para o ser e a consciência e, desde sempre, em generalidade principial (mesmo eidética), ou seja, parece ser o local de todos os esclarecimentos transcendentais. Por outro lado, porém, não se deve ignorar que a psicologia, em todas suas disciplinas empíricas e eidéticas, é "ciência positiva", ciência na atitude natural, na qual o mundo que está pura e simplesmente disponível aí é o solo temático. O que ela pretende investigar são as almas e comunidades de almas que ocorrem no mundo. A redução fenomenológica, como redução psicológica, serve apenas para conquistar o psíquico das realidades animais em sua essencialidade puramente própria e seus nexos essenciais puramente próprios. Ela retém, mesmo na investigação eidética, o sentido de ser do que está mundanamente disponível aí, apenas que em relação a mundos reais possíveis. O psicólogo, mesmo como fenomenólogo eidético, é transcendentalmente ingênuo; ele toma as possíveis "almas" /**291**/ (sujeitos-Eu) inteiramente de acordo com o sentido relativo da palavra, pura e simplesmente como almas de seres humanos e animais considerados disponíveis aí em um mundo espacial possível. Se, todavia, ao invés do interesse natural-mundano, permitirmos que o interesse transcendental se torne o determinante, então a psicologia em seu todo recebe o carimbo da problemática transcendental; ela não pode, portanto, fornecer nenhuma premissa à filosofia transcendental. A subjetividade da consciência, que, enquanto subjetividade anímica, é o seu tema, não pode ser aquela subjetividade para a qual regressamos no perguntar transcendental.

A fim de chegar a uma clareza intelectiva neste ponto decisivo, o sentido temático da questão transcendental deve ser nitidamente mantido em vista, e devemos considerar como, de acordo com ele, as regiões do questionável e do inquestionável se separam. O tema filosófico-transcendental é um esclarecimento concreto e sistemático daquelas múltiplas relações intencionais que pertencem a um mundo possível em geral como o mundo circundante de uma subjetividade possível correspondente, para a qual este mundo circundante seria aquele que estaria disponível aí, prática e teoricamente acessível. Para as subjetividades, essa acessibilidade com respeito a todas as categorias de objetos mundanos e estruturas mundanas que para ela estão disponíveis aí, significa regulações de sua vida de consciência possível que deve ser revelada primeiramente em sua tipologia. Tais categorias são "coisas inanimadas", mas também seres humanos e animais com suas interioridades anímicas. A partir daqui, deve-se esclarecer o sentido de ser pleno e completo de um mundo possível que está disponível aí em geral e em sua relação a todas as categorias constitutivas para ele. Como toda questão provida de sentido, esta questão transcendental pressupõe uma base de ser inquestionável na qual todos os meios da solução devem estar delimitados. Essa base é, aqui, a subjetividade daquela vida de consciência na qual um mundo possível se constitui em geral como um mundo que está disponível aí. Por outro lado, é uma exigência autoevidente fundamental do método racional, que essa base de ser inquestionável, que é pressuposta, não deva ser confundida com aquela base que a questão transcendental visa, em sua universalidade, como base posta em questão. O âmbito dessa questionabilidade é todo o âmbito da ingenuidade transcendental, abrangendo, assim, todo mundo possível como aquele que se reivindica pura e simplesmente na atitude natural. De acordo com isso, todas as ciências positivas devem ser transcendentalmente submetidas a uma /**292**/ *epoché*, assim como todos os seus domínios de objetos; logo, também a psicologia e o todo do psíquico no sentido da psicologia. Seria, portanto, um círculo transcendental basear a resposta à questão transcendental na psicologia, seja ela empírica ou fenomenológico-eidética. A subjetividade e a consciência - aqui estamos diante da ambiguidade paradoxal -, à qual a questão transcendental recorre, não pode, portanto, ser efetivamente aquela subjetividade e consciência da qual a psicologia se ocupa.

9. *A redução fenomenológico-transcendental e a aparência transcendental da duplicação*

Seríamos "nós", então, seres duplos? Seríamos nós humanos que estão disponíveis aí no mundo psicologicamente, sujeitos da vida anímica, e, ao mesmo tempo, sujeitos transcendentais de uma vida transcendental constituinte de mundo? Essa dualidade se esclarece através de uma exposição evidente. A subjetividade anímica, o "eu" e o "nós" concretos considerados no discurso cotidiano, é experienciada em sua especificidade psíquica pura através do método da redução fenomenológico-psicológica. Na modificação eidética, ela cria a base para a psicologia puramente fenomenológica. A subjetividade transcendental que é indagada no problema transcendental, e que é nele pressuposta como base ontológica, não é outra que, novamente, "eu mesmo" e "nós mesmos", mas não como nos encontramos na atitude natural da vida cotidiana e das ciências positivas, apercebidas como componentes do mundo objetivo que está disponível aí para nós, mas, antes, como sujeito da vida de consciência *na qual* essa e toda coisa que está disponível aí - para "nós" - se "faz" por meio de certas apercepções. Como seres humanos disponíveis aí no mundo tanto anímica quanto corporalmente, nós somos "para nós"; somos o aparecimento de uma vida intencional muito diversificada, a "nossa" vida, *na qual* isso que está disponível aí aperceptivamente se faz "para nós" com todo o seu teor de sentido. O eu e o nós que está disponível aí (apercebido) pressupõe um eu e um nós (que apercebe) *para* o qual ele está disponível aí, mas que não está ele próprio mais uma vez disponível aí no mesmo sentido. Temos acesso direto a essa subjetividade transcendental através de uma experiência transcendental. Assim como a experiência anímica /**293**/ requer um método redutivo para alcançar a pureza, também a experiência transcendental o requer.

Queremos proceder aqui de modo a introduzir a "*redução transcendental*" como um nível acima da redução psicológica, como uma purificação ulterior que pode ser realizada a qualquer momento, e novamente através de uma certa *epoché*. Esta é uma mera consequência da *epoché* universal, que pertence ao sentido da questão transcendental. Assim como a relatividade transcendental de todo mundo possível exige sua "parentetização" universal, assim também o exige a relatividade das almas puras e da psicologia puramente fenomenológica a elas relacionada. Com isso, elas são convertidas em fenômenos transcendentais. Assim, enquanto o psicólogo, no interior do mundo que para ele é válido, reduz a subjetividade aqui em questão à subjetividade puramente anímica – no mundo –, o fenomenólogo transcendental, por meio da sua *epoché* absolutamente universal, reduz esta subjetividade psicologicamente pura à subjetividade transcendentalmente pura, àquela que realiza e põe como válida em si mesma a apercepção do mundo e, nela, a apercepção objetivante de "almas de realidades animais". Por exemplo, minhas respectivas vivências perceptivas puras, vivências de fantasia puras etc., são doações psicológicas da experiência psicológica interna na atitude da positividade. Elas se convertem em minhas vivências transcendentais quando, através da *epoché* radical, coloco o mundo, inclusive meu ser como humano, como mero fenômeno e agora me concentro na vida intencional na qual toda a apercepção "do" mundo, em particular a apercepção da minha alma, de minhas vivências perceptivas psicológico-reais etc., toma forma. O conteúdo dessas vivências, sua essência própria, permanece completamente intacto, mesmo que agora seja visível como o núcleo de uma apercepção que antes era frequentemente operada psicologicamente, mas que não era então considerada. Para o filósofo transcendental, que através de uma decisão da vontade prévia e universal, instituiu em si a habitualidade firme da "parentetização", fica impedida, de uma vez por todas, essa mundanização da consciência, que nunca está ausente na atitude natural. Assim, para ele, uma reflexão consequente da consciência resulta sempre em uma pureza transcendental, e decerto **/294/** intuitivamente no modo de uma nova experiência, a *experiência "interna" transcendental.* Surgida da *epoché* transcendental metódica, ela abre um campo ontológico transcendental ilimitado. Este é paralelo ao campo psicológico ilimitado, assim como seu método de acesso é paralelo ao método puramente psicológico, aquele da redução psicológico-fenomenológica. E, mais uma vez, o eu transcendental e a comunidade transcendental de eus, concebida na plena concretização da vida transcendental, é igualmente o paralelo transcendental do eu e do nós no sentido usual e psicológico, novamente concebida concretamente como alma e como comunidade de almas com a correspondente vida de consciência psicológica. Meu Eu transcendental é, portanto, evidentemente "distinto" do Eu natural; mas de forma alguma como um segundo, como dele *separado* no sentido natural da palavra; assim como, inversamente, também não é de forma alguma a ele vinculado ou entrelaçado no sentido natural. É precisamente o campo da autoexperiência transcendental (concebido em plena concretização), que pode a qualquer momento ser convertido em autoexperiência psicológica *através de uma simples mudança de atitude.* Nessa transição, uma identidade do Eu é necessariamente estabelecida; na reflexão transcendental sobre ela torna-se visível a objetivação psicológica como auto-objetivação do Eu transcendental; assim, é como se a cada momento da atitude natural o Eu se encontrasse a si próprio com uma apercepção imposta sobre si mesmo. Se o paralelismo das esferas de experiência transcendental e psicológica se tornou compreensível como um tipo de identidade da inter-relação do sentido de ser a partir de uma simples mudança de atitude, então também a consequência que dali resulta do mesmo paralelismo e da inclusão *implícita* na inter-relação da fenomenologia transcendental e psicológica, cujo tema completo é a intersubjetividade pura e de duplo sentido, é preciso levar em conta que a intersubjetividade puramente anímica, tão logo submetida à *epoché* transcendental, também conduz à intersubjetividade transcendental que lhe é paralela. Obviamente, o paralelismo não diz nada menos que equivalência teorética. A intersubjetividade transcendental é a base ontológica concretamente absoluta e independente a partir da qual tudo o que é transcendente (incluindo **/295/** todo existente real mundano) extrai seu sentido de ser como ser de um existente em sentido meramente relativo e, portanto, incompleto, enquanto sentido de uma unidade intencional que, na verdade, é por doação transcendental de sentido, por comprovação concordante e por uma habitualidade de convicção permanente que por essência lhe corresponde.

10. A psicologia pura como propedêutica para a fenomenologia transcendental

Através do esclarecimento do duplo sentido essencial da subjetividade de consciência e da ciência eidética que a ela deve se referir, a insuperabilidade histórica do psicologismo se torna compreensível pelas mais profundas razões. Sua força reside em uma *aparência transcendental essencial* que tinha que seguir operando veladamente. Por meio do referido esclarecimento também se torna compreensível, por um lado, a independência da ideia de uma fenomenologia transcendental e sua implementação sistemática daquela ideia de uma psicologia fenomenologicamente pura; por outro lado, no entanto, a utilidade propedêutica de um esboço preliminar da psicologia pura para uma ascensão à fenomenologia transcendental, uma utilidade que tem conduzido a presente exposição. No que diz respeito à primeira, é óbvio que a redução fenomenológica e eidética pode ser *imediatamente* ligada à descoberta da relatividade transcendental, e assim a fenomenologia transcendental surge diretamente da intuição transcendental. De fato, este caminho direto foi o caminho histórico. A psicologia fenomenológica pura como ciência eidética na positividade sequer existia. Quanto à segunda, que diz respeito à vantagem propedêutica do caminho indireto para a fenomenologia transcendental através da psicologia pura, a atitude transcendental significa um tipo de mudança de atitude em toda a forma de vida que supera completamente toda a experiência de vida anterior e, portanto, em função de sua absoluta estranheza, deve ser difícil de compreender. O mesmo é válido para uma ciência transcendental. A psicologia fenomenológica, embora relativamente nova e bastante inovadora no método de análise intencional, possui, no entanto, a acessibilidade **/296/** que é a de todas as ciências positivas. Uma vez que se tenha tornado clara, pelo menos no que diz respeito à ideia especificada com precisão, é necessário apenas a clarificação do sentido autêntico da problemática filosófico-transcendental e da redução transcendental para assenhorar-se da fenomenologia transcendental como uma simples conversão transcendental de seu conteúdo doutrinário. Nesses dois níveis se dividem as duas dificuldades fundamentais para penetrar na nova fenomenologia, a saber, a de compreender o método autêntico da "experiência interna", que já pertence à possibilitação de uma psicologia "exata" como ciência racional de fatos, e a de compreender a peculiaridade do questionamento e do método transcendental. Considerado em si mesmo, porém, o interesse transcendental é o mais alto e último interesse científico, e por isso é correto, tanto historicamente quanto no futuro, cultivar as teorias transcendentais no sistema absoluto e independente da filosofia transcendental; e, nele mesmo, com a explicitação da índole essencial da atitude natural em oposição à transcendental, trazer à tona a possibilidade de reinterpretar todas as doutrinas fenomenológicas transcendentais como doutrinas da positividade natural.

III. Fenomenologia transcendental e filosofia como ciência universal em fundamentação absoluta[29]

11. A fenomenologia transcendental como ontologia

A consideração do alcance da fenomenologia transcendental tem por resultado consequências notáveis. Em sua implementação sistemática, ela realiza a ideia *leibniziana* de uma *ontologia universal* como unidade sistemática de todas as ciências *a priori* concebíveis, mas em uma nova fundamentação, que supera o "dogmatismo" através do método transcendentalmente fenomenológico. A fenomenologia como ciência de todos os fenômenos transcendentais concebíveis, e decerto nas formas sintéticas totais unicamente nas quais eles são concretamente possíveis – as de sujeitos transcendentais singulares, vinculados em **/297/** comunidades de sujeitos – é *eo ipso* ciência *a priori* de todos os entes concebíveis; mas, então, não apenas do Todo do que é ob-

29. Para essa seção, cf. Anexo XXX, p. 519ss.

jetivamente, e muito menos em uma atitude de positividade natural, mas em plena concreção do ente em geral, pois extrai seu sentido de ser e sua validade da constituição intencional correlativa. Isso também diz respeito ao ser da própria subjetividade transcendental, cuja essência demonstrável é ser constituída transcendentalmente em si e para si mesma. De acordo com isso, quando comparada com a ontologia aparentemente universal da positividade, uma fenomenologia realizada é a ontologia verdadeiramente universal - justamente através da superação da unilateralidade dogmática e, assim, da incompreensibilidade da primeira, ainda que ela deva, sim, ocupar-se de seu conteúdo legítimo enquanto fundamentado originariamente na constituição intencional.

12. A fenomenologia e a crise de fundamentos das ciências exatas

Se considerarmos o Como dessa inclusão, quer-se com isso dizer que cada *a priori* é fixado em sua validade de ser como uma realização transcendental, portanto em conjunto com as formas essenciais de sua constituição, com os tipos e níveis de sua doação própria e de sua comprovação, e com as habitualidades correspondentes. Nisso reside que na e com a *constatação* do *a priori*, o *método* subjetivo dessa constatação se torna transparente, de modo que para as disciplinas *a priori* que venham a ser fundamentadas no interior da fenomenologia (por exemplo como ciências matemáticas) não pode haver quaisquer "paradoxos", quaisquer "crises de fundamentos". Com relação às ciências *a priori* desenvolvidas historicamente na ingenuidade transcendental, resulta, como consequência, que somente uma fundamentação fenomenológica radical pode convertê-las em ciências legítimas, plenamente justificadas com respeito ao método. Mas, precisamente com isso, elas deixam de ser ciências positivas (dogmáticas) e se tornam ramos dependentes da única fenomenologia como ontologia eidética universal.

13. A fundamentação fenomenológica das ciências de fatos e da fenomenologia empírica

/298/ Essa tarefa infinita de apresentar o universo completo do *a priori* em sua retrorreferência transcendental a si mesmo e, portanto, em sua autossuficiência e em sua plena clareza metodológica, é, por sua vez, uma função do método para a consecução de uma ciência universal - e, por isso, plenamente fundamentada - da facticidade empírica. No interior da positividade, a ciência empírica legítima (relativamente legítima) exige uma fundamentação metódica por meio de uma ciência *a priori* correspondente. Se considerarmos o universo de todas as ciências empíricas possíveis em geral e exigirmos uma fundamentação *radical*, liberta de todas as crises de fundamentos, seremos então conduzidos ao *a priori* universal na fundamentação radical, isto é, fenomenológica. A forma legítima de uma ciência universal da facticidade é, portanto, fenomenológica, na medida em que ela é ciência universal da intersubjetividade factual transcendental por sobre o fundamento metódico da fenomenologia eidética enquanto ciência de uma subjetividade transcendental possível em geral. Assim, compreende-se e justifica-se a *ideia de uma fenomenologia empírica,* posterior à eidética. Ela é idêntica ao universo sistemático completo das ciências positivas, contanto que o consideremos apenas enquanto absoluta e metodicamente fundamentado de antemão por meio da fenomenologia eidética.

14. A fenomenologia completa como filosofia universal

É precisamente com isso que se restitui o conceito mais originário da filosofia como ciência universal proveniente de uma autojustificação radical - que no antigo sentido platônico, e depois no sentido cartesiano, é a única ciência. A fenomenologia, realizada de modo sistemático e rigoroso no sentido amplo acima mencionado, é idêntica a essa filosofia que abrange *todo* o conhecimento legítimo. Ela se divide em fenomenologia eidética (ou ontologia universal) enquanto *filosofia primeira* e em *filosofia segunda,* a ciência do universo dos *facta* ou da intersubjetividade transcendental que sinteticamente compreende todos os *facta*. A filosofia primeira /**299**/ é o universo do método para a segunda e é retrorreferida a si mesma em sua fundamentação metódica.

15. Os problemas "últimos e mais elevados" como problemas fenomenológicos

É na fenomenologia que todos os problemas racionais têm seu lugar, portanto também aqueles que foram tradicionalmente designados como filosóficos em algum sentido especial ou outro; a partir das fontes absolutas da experiência transcendental, ou da intuição eidética, eles recebem sua formulação legítima e os caminhos viáveis de sua solução somente na fenomenologia. Em sua autorreferência universal, a fenomenologia reconhece sua função própria em uma possível vida transcendental da humanidade. Ela reconhece as normas absolutas a serem extraídas intuitivamente desta vida, mas também sua estrutura originária teleológico-tendencial na direção da revelação dessas normas e sua implicação prática consciente. Reconhece-se, então, como função do autoexame universal da humanidade (transcendental) a serviço de uma práxis racional universal, ou seja, a serviço da aspiração à ideia universal da perfeição absoluta, que está situada no infinito e que é tornada livre por meio da descoberta - ou, o que é o mesmo, na direção da ideia situada no infinito de uma humanidade que seja e viva de fato e por completo na verdade e autenticidade. Ela reconhece sua função de autoexame para a realização relativa da ideia prática correlativa de uma vida humana autêntica no segundo sentido (cujas formas essenciais e normas práticas ela deve investigar), nomeadamente como uma vida direcionada consciente e voluntariamente àquela ideia absoluta. Em suma, os problemas metafísicos teleológicos, éticos, histórico-filosóficos, não menos que, obviamente, os problemas da razão judicativa, situam-se dentro de seus limites, assim como todos os problemas significativos em geral e todos em sua mais interna unidade sintética e ordenação como problemas da espiritualidade transcendental.

16. A resolução fenomenológica de todas as antíteses filosóficas

No trabalho sistemático da fenomenologia, progredindo das doações intuitivas até as alturas abstratas, as antíteses antigas e ambíguas de pontos de vistas filosóficos se dissolvem por conta própria, e sem as artes de uma **/300/** dialética argumentativa e sem o esforço e compromissos frágeis; antíteses como aquelas entre racionalismo (platonismo) e empirismo, relativismo e absolutismo, subjetivismo e objetivismo, ontologismo e transcendentalismo, psicologismo e antipsicologismo, positivismo e metafísica, concepção de mundo teleológica e causal. Por toda parte motivos justificados, mas em toda parte meias-medidas ou absolutizações inadmissíveis de unilateralidades justificadas apenas relativa e abstrativamente. O *subjetivismo* só pode ser superado por um subjetivismo mais universal e consequente (o transcendental). Nesta forma, é ao mesmo tempo objetivismo, à medida que representa o direito de qualquer objetividade manifestada através da experiência concordante, mas seguramente também torna válido seu pleno e legítimo sentido, contra o qual o pretenso objetivismo realista peca em sua falta de compreensão da constituição transcendental. O *relativismo* só pode ser superado pelo relativismo mais universal, o da fenomenologia transcendental, o que torna compreensível a relatividade de todo ser "objetivo" como transcendentalmente constituídos, mas ao mesmo tempo torna compreensível a mais radical relatividade, aquela da subjetividade transcendental a si mesma. Isto se comprova, contudo, como o único sentido possível de ser "absoluto" – em contraposição a todo ser "objetivo" que é a ele relativo –, nomeadamente, como ser-"para-si-mesmo" da subjetividade transcendental. Novamente: o *empirismo* só pode ser superado pelo empirismo mais universal e consequente, que substitui a "experiência" limitada dos empiristas pelo conceito necessariamente ampliado de experiência da intuição originariamente doadora, que em todas as suas formas (intuição do *Eidos*, evidência apodíctica, intuição fenomenológica de essência etc.) mostra o tipo e a forma de sua justificação através da clarificação fenomenológica. Por outro lado, a fenomenologia enquanto eidética é racionalista; ela supera, porém, o limitado *racionalismo* dogmático através do caráter mais universal de uma investigação de essência relacionada unitariamente à subjetividade transcendental, ao Eu, à consciência e à objetalidade consciente. O mesmo é válido em relação a outras antíteses /**301**/ entrelaçadas umas às outras. A recondução de todo ser à subjetividade transcendental e às suas realizações intencionais constitutivas deixa em aberto, para mencionar ainda mais uma coisa, nada mais que uma consideração *teleológica* do mundo. E, no entanto, a fenomenologia também reconhece um núcleo de verdade ao *naturalismo* (ou sensualismo). Com efeito, à medida que torna visível as associações enquanto um fenômeno intencional, e de fato como toda uma tipologia de formas de sínteses intencionais passivas com uma legalidade de essência da gênese transcendental e puramente passiva, ela comprova as pré-descobertas do ficcionalismo de *Hume* - em especial em sua doutrina da origem da coisa ficcional, da existência persistente, da causalidade -, veladas em teorias absurdas.

A filosofia fenomenológica, em todo seu método, considera-se como a pura consecução das intenções metódicas que já moveram a filosofia grega desde seus inícios; sobretudo, porém, das intenções que ainda estão vivas, que partem de *Descartes* e chegam nas duas linhas do racionalismo e do empirismo, passando por *Kant* e pelo idealismo alemão, até nosso confuso presente. Consecução pura das intenções metódicas significa método efetivo, que coloca os problemas em caminhos concretamente manejáveis e factíveis. Esse caminho é, à maneira de uma autêntica ciência, infinito. Assim, a fenomenologia exige do fenomenólogo que renuncie por si mesmo ao ideal de um sistema filosófico e, ainda, que viva como um humilde trabalhador em comunidade com outros em prol de uma *philosophia perennis.*

GLOSSÁRIO

Abwandlung = variação

Anderen = Outros

Besinnung = meditação, ponderação

Bewährung = comprovação

Blickwendung = conversão do olhar / virada do olhar

Einfühlung = empatia

Einstellung = atitude

Erinnerung = recordação

Erlebnis = vivência

Gebild = formação

Körper = corpo

Leib = corpo vivo

Leibhaft = em carne e osso

Leisten = operar / desempenhar

Mensch = ser humano

Selbst = Mesmo

Typik = tipologia

Unwendung des Blickes = mudança de orientação do olhar

vorhanden = disponível aí

Vorhandensein = ser-disponível-aí

Wiedererinnerung = relembrança

PSICOLOGIA FENOMENOLÓGICA

AS CONFERÊNCIAS DE AMSTERDÃ (1928)*

I. A psicologia puramente fenomenológica. Seu campo de experiência, seu método, sua função

§ 1. O duplo sentido da fenomenologia como fenomenologia psicológica e como fenomenologia transcendental

Na virada do século, em meio à disputa entre filosofia e psicologia por um método científico rigoroso, surge, em conjunto com um novo método de investigação filosófica e psicológica, uma nova ciência. A nova ciência se autodenominou *fenomenologia*, pois ela - ou melhor, seu novo método - surgiu da radicalização de um método fenomenológico que já havia sido previamente exigido e praticado por alguns cientistas naturais e psicólogos. Para homens como *Mach* e *Hering*, o sentido desse método consistia em seu caráter de reação à falta de fundamentação teórica que ameaçava as ciências naturais "exatas"; foi uma reação contra um teorizar feito por meio de formações conceituais e especulações matemáticas muito distantes da intuição, sem nenhuma clareza sobre o sentido legítimo ou sobre a função das teorias.

Paralelamente, em alguns psicólogos - e em primeiro lugar com *Brentano* - encontramos a intenção de criar, de modo sistemático, uma psicologia científica rigorosa tomando por base a pura experiência interna e a descrição rigorosa das suas doações ("psicognose").

Assim, foi a radicalização destas tendências metodológicas (que, aliás, frequentemente se denominaram fenomenológicas),

* Tradução de Anna Luiza Coli e Giovanni Jan Giubilato.

/303/ tanto na esfera psíquica como na esfera das teorias da razão – na época entrelaçadas uma à outra –, que levou a um novo tipo de método de pesquisa puramente psíquica e, ao mesmo tempo, a uma nova forma de tratar as questões por princípio especificamente filosóficas. Isto determinou, como mencionado, o surgimento de um novo tipo de cientificidade.

Em seu desenvolvimento posterior, esse novo tipo de cientificidade se apresenta em um duplo sentido muito peculiar: por um lado, como *fenomenologia psicológica*, a qual deve servir como ciência fundamental radical para a psicologia em geral; por outro lado, como *fenomenologia transcendental*, a qual assume, no contexto da filosofia, a grande função de filosofia primeira, função esta atribuída à ciência filosófica dos princípios.

Na primeira conferência, pretendemos deixar de lado todos os nossos interesses filosóficos. Interessar-nos-emos unicamente pelo âmbito psicológico, assim como o físico se interessa pelo que é da ordem do físico. De forma puramente objetiva, no espírito da ciência positiva, pretendemos considerar as exigências de uma psicologia científica e desenvolver a ideia necessária a uma psicologia fenomenológica.

§ 2. A ciência pura da natureza e a psicologia pura

A psicologia moderna é a ciência dos acontecimentos reais que ocorrem no nexo concreto do mundo objetivo-real, os quais são chamados, portanto, de eventos psíquicos. A demonstração mais originária e exemplar do "psíquico" se dá na interioridade viva daquilo que chamamos de "eu", e de tudo aquilo que se mostra inseparável do eu enquanto vivência egoica [*Icherlebnis*] ou enquanto vivência psíquica (como o experienciar, o pensar, o sentir, o querer), mas também enquanto capacidade e hábito. A experiência expõe o psíquico como um estrato ontológico que não existe de modo independente dos seres humanos e dos animais, os quais são, fundamentalmente, realidades físicas. Assim, a psicologia é um ramo que depende da antropologia, ou seja, da zoologia, e que envolve tanto o físico quanto o psicofísico.

Se consideramos o mundo da experiência na sua totalidade, então evidentemente pertence /**304**/ à sua essência o dividir-se em um infinito aberto de realidades individuais concretas. A cada uma delas pertence, segundo sua essência, uma corporeidade física - pelo menos enquanto estrato inferior relativamente concreto para as demais determinações extrafísicas que, eventualmente, podem se estratificar sobre ele, como por exemplo as determinações que fazem de um corpo uma obra de arte. De modo rigoroso, pode-se fazer abstração de todas as determinações extrafísicas, o que significa considerar cada coisa real, bem como todo o mundo, puramente como natureza física. Nisso reside uma lei estrutural do mundo da experiência. Não se trata de dizer que cada coisa mundana concreta ou cada coisa real tenha sua natureza, seu corpo físico, mas que todos os corpos do mundo formam uma unidade conectada, uma unidade que se junta no infinito da natureza total sob a forma da unidade universal da espaçotemporalidade. Correlativamente, do ponto de vista do método, isso se expressa da seguinte forma: uma experiência de abstração rigorosa pode se direcionar sempre e exclusivamente ao físico e, sobre a base desta experiência física, pode-se praticar uma ciência teórica igualmente autônoma - a ciência da natureza física; física no sentido mais lato, à qual pertencem não apenas a química, mas igualmente a zoologia e a biologia universais e físicas, que abstraem de toda e qualquer espiritualidade.

Ora, a questão que daí surge é a seguinte: até que ponto é possível que, a partir de um interesse exclusivamente direcionado ao psíquico nos animais e no mundo - psíquico que, evidentemente, nunca aparece de forma isolada -, tanto a experiência quanto a pesquisa teórica que é feita sobre ela avancem, de modo contínuo e rigoroso, de um psíquico a outro, isto é, sem precisar jamais recorrer ao físico e considerá-lo tematicamente? Essa questão conduz imediatamente à seguinte: até que ponto é possível estabelecer uma psicologia pura e rigorosa em paralelo com uma ciência natural empírica, que avança de forma pura e rigorosa? Evidentemente, é necessário responder negativamente a esta última pergunta: a psicologia, habitualmente compreendida como ciência empírica de fatos, não pode, como exigiria o tal paralelo, ter a pretensão de ser uma ciência pura dos fatos psíquicos e ser, assim, purificada de todo aspecto físico do mesmo modo que a ciência natural empírica é purificada de todo aspecto psíquico.

Por maior que seja o alcance de uma experiência psíquica pura e por mais que seja possível uma teorização por meio dessa experiência, é evidente, por princípio, o fato de que o puramente psíquico ao qual a teorização conduz recebe suas determinações espaçotemporais /**305**/ do mundo real, e que o psíquico, como todas as coisas reais em geral, só pode ser definido em sua factualidade por meio de determinações espaçotemporais localizadas. A espaçotemporalidade, enquanto sistema de localização, é a forma de todo ser factual, i. e., do ser no mundo dos fatos. Disso resulta que toda determinação dos *facta* reais está fundada sobre determinações de posição espaçotemporais. Todavia, a espaçotemporalidade pertence à natureza de modo originário e imediato enquanto natureza física. Todo o extrafísico, o que está para além do físico e, assim, todo o psíquico em especial possuem uma disposição espaçotemporal apenas na medida em que se fundem a uma corporeidade física. Consequentemente, é fácil reconhecer a partir daí que, no caso da psicologia empírica, uma pesquisa puramente psicológica jamais poderia ser isolada teoricamente da pesquisa psicofísica. Dito de outra forma: no contexto de uma psicologia concebida como ciência objetiva de fatos, uma ciência empírica do psíquico jamais poderá se estabelecer como disciplina autônoma. As considerações temáticas sobre o físico e o psicofísico jamais poderão ser inteiramente ignoradas.

Por outro lado, parece-nos evidente que uma pesquisa puramente psíquica deva ser de algum modo possível, e que deva poder assumir alguma função junto àquela psicologia empírica que aspira à cientificidade rigorosa. Caso contrário, como poderíamos alcançar conceitos científicos rigorosos do psíquico naquilo que lhe é mais essencialmente próprio e de maneira independente de todo entrelaçamento real com o físico? Ora, se consideramos ainda que estes conceitos devem necessariamente incluir aqueles que delimitam a forma tanto essencial quanto geral e necessária do psíquico no que lhe é essencialmente próprio – <conceitos> que dizem respeito, portanto, àquilo sem o qual o pura e simplesmente psíquico não pode ser pensado enquanto tal –, então abre-se aqui a perspectiva de uma possível ciência da essência *a priori* do puro psíquico, do psíquico enquanto tal. Tomemo-la como ideia condutora. Ela seria uma ciência paralela não à física enquanto ciência empírica, mas à ciência do *a priori* de toda e qualquer natureza concebível em geral naquilo que lhe é mais pura e essencialmente próprio. Embora não se fale muito da ciência natural *a priori*, ela nos é familiar graças a algumas disciplinas importantes, como a teoria *a priori* do tempo, a geometria pura e a mecânica. /**306**/

§ 3. O método da psicologia pura (intuição e reflexão) – A intencionalidade como caráter fundamental do psíquico

As verdades *a priori* não são tão fáceis de se obter como outrora se pensava. Enquanto autênticas verdades de essência, elas só podem surgir nas intelecções apodíticas a partir das fontes originárias da intuição. Mas é preciso acessar essas fontes da maneira correta. Elas se tornam frutíferas apenas através de uma correta compreensão metodológica e através do desdobramento da totalidade de seus horizontes. Uma verdadeira fundamentação para a nossa ideia condutora de uma psicologia pura e apriorística necessita, portanto, de uma volta à intuição que faz experiência, a uma intuição que possa ser metodologicamente considerada e compreendida em todos seus aspectos, na qual o psíquico nos possa ainda ser dado de modo originário e concreto, e na qual, por fim, o psíquico possa se mostrar enquanto tal, no seu caráter essencialmente próprio, como dissemos acima. Nesse contexto, aquilo que temos a cada vez diante dos olhos funciona como um exemplo. O nosso olhar está desde o início direcionado ao que permanece constante diante da livre-variação de exemplos, e não ao que se modifica aleatoriamente.

A peculiaridade do método a ser necessariamente seguido nesse caso pouco a pouco se esclarece. A experiência exemplar, real e possível é, devido ao seu caráter fundante, o que deve vir em primeiro lugar. E, assim, também a experiência puramente psíquica requer certamente um método.

1) Todo estar-direcionado ao psíquico, enquanto experiência ou de qualquer outro modo, acontece sob a forma da reflexão. Viver como sujeito egoico significa viver através da multiplicidade do psíquico. Mas essa nossa vida que transcorre através das vivências é, por assim dizer, anônima; ela transcorre, mas não estamos a ela direcionados; ela não é experienciada, uma vez que experienciar significa captar algo enquanto tal. Na vida desperta estamos sempre ocupados com algo, ora com isso, ora com aquilo e, no nível mais profundo, com o que não é da ordem do psíquico: quando percebemos nos ocupamos <por exemplo> do moinho de vento percebido, estamos direcionados a ele e somente a ele; na recordação, <nos ocupamos> do recordado; no pensamento, do pensado; na vida do sentimento e na vida valorativa, dos respectivos valores do belo ou quaisquer outros valores; na vontade e no desejo, dos fins ou dos meios. Agindo dessa forma direta, nada "sabemos" da vida que ali acontece[30], nada sabemos de /**307**/ todas as variadas propriedades que lhe pertencem essencialmente e que nos permitem dispor a cada vez dos nossos temas de ocupação, os quais permitem que nosso olhar temático encontre coisas corpóreas e vívidas no presente ou ainda no passado, segundo o modo correspondente à recordação; e, por sua vez, que permitem que novamente nos ocupemos de pensamentos, valores, fins etc. Somente com a reflexão, com o desvio do olhar daquilo que é imediatamente temático, é possível trazer ao nosso olhar temático a própria vida psíquica, i. e., aquele tão variado "ocupar-se-de", "ter-como-objeto-temático", "ser-consciente-de", com todas as suas propriedades e seus eventuais panos de fundo. A vida psíquica é captada e tematizada pelo perceber reflexivo e pela experiência reflexiva em geral, de modo que dela podemos nos ocupar das mais variadas formas. Naturalmente, tanto essa nova experiência quanto o dispor-temático [*Thematisch-haben*] próprio à reflexão em geral permanecem latentes, muito embora possam ser novamente desvelados por meio de uma reflexão ulterior.

2) Tudo o que nos é acessível por meio da reflexão tem uma caraterística muito peculiar: trata-se sempre da consciência-de-

30. O próprio estar-ocupado-com é um processo latente.

-algo, do ter-consciência de algo ou, correlativamente, de um algo consciente - falamos, por isso, de intencionalidade. Ela diz respeito ao caráter essencial da vida psíquica em sentido estrito e é dela absolutamente inseparável. Por exemplo, no caso de uma percepção que nos é revelada pela reflexão, o fato de que ela seja sempre a percepção *de* algo é inseparável da própria percepção; do mesmo modo, a vivência da recordação é, em si mesma, recordação *de* algo; assim como o pensar é pensar algo; o ter medo é ter medo de algo; o amar é amar algo etc. Podemos ainda falar da aparição [*Erscheinung*] ou do dispor-de-algo-enquanto-aparição [*Erscheinend-haben*]: a cada vez que falamos de aparições somos reenviados aos sujeitos aos quais alguma coisa aparece, ao mesmo tempo que somos reenviados a momentos de suas vidas psíquicas graças aos quais a aparição ocorre como o aparecer de alguma coisa, e isso é justamente o que é aí aparente [*Erscheinende*].

De certa forma, e de modo um tanto exagerado, podemos dizer de cada vivência psíquica que alguma coisa nela aparece ao eu que lhe corresponde na medida em que o eu está de alguma maneira consciente dela. A fenomenalidade, entendida como a especificidade do aparecer e daquilo que aparece enquanto tal, seria, nesse sentido mais amplo, o caráter fundamental do psíquico. A psicologia pura, cuja possibilidade estamos em vias de considerar, deveria /**308**/ então ser chamada de fenomenologia e, decerto, de fenomenologia *a priori*. Naturalmente, ela teria de se ocupar igualmente dos sujeitos egoicos, tanto sob a forma de indivíduos e de sua coletividade quanto de modo puro, enquanto sujeitos de tal fenomenalidade; tudo isso à maneira de uma disciplina *a priori*.

Após essa discussão terminológica, voltamos à questão da produção metodológica de uma experiência puramente fenomenológica e de seu desvelamento. "Experiência fenomenológica" - isso, naturalmente, nada mais é que aquela reflexão na qual o psíquico se nos torna acessível naquilo que lhe é mais próprio, e com efeito enquanto reflexão realizada com interesse teórico e executada de forma consistente, de modo que a vida egoica vívida e continuamente fluente - a vida da consciência - não seja vista apenas de modo efêmero, mas se deixe ver e explicitar em suas componentes essenciais e, como foi dito, na totalidade dos seus horizontes.

§ 4. O significado do conceito de pureza

A primeira questão aqui é a seguinte: como realizar metodologicamente essa experiência para que ela, enquanto pura, de fato consiga desvelar aquilo que deve ser visto como intrinsecamente pertencente ao psíquico?

a) Em primeiro lugar, a pureza de que falamos aqui significa, evidentemente, a pureza relativa a todo psicofísico. Na orientação psicológica, as vivências psíquicas são consideradas como momentos reais das realidades animais e sobretudo humanas; enquanto tais, elas estão sempre entrelaçadas ao corpóreo na experiência animal concreta. O que consta nesta experiência física e psicofísica deve consequentemente ser colocado fora de questão, não deve ser, portanto, levado em conta; devemos praticar pura e exclusivamente a experiência fenomenológica e considerar apenas o que ela nos dá, o que nela se explicita. Em relação ao psíquico, devemos desconsiderar tematicamente tudo aquilo que o conecte à natureza real ou que nela o posicione. Isso vale naturalmente para toda consideração de quaisquer possibilidades psicológicas concebíveis - que são, apesar de todo desprendimento da realidade fática experienciada, ainda assim possibilidades psíquicas reais, doações de possíveis experiências psicológicas.

Aqui encontramos as seguintes dificuldades: em que medida é possível de fato praticar, de forma consistente, /**309**/ a experiência puramente fenomenológica real e sobretudo possível? E em que medida é possível, através dessa prática, progredir regularmente, de autodoações psíquicas em autodoações psíquicas, até alcançar um campo de experiência unitário e puramente psíquico que, *in infinitum*, não associe ao psíquico nada que não lhe seja essencial na unidade do contexto puro, intuitivo, isto é, na unidade do reino delimitado das intuições possíveis e puramente fenomenológicas.

b) Por outro lado, a experiência pura significa naturalmente uma libertação de todos os preconceitos e pré-compreensões que, oriundos de outras esferas de experiência geralmente privilegiadas pela ciência, poderiam nos tornar cegos para o que a reflexão fenomenológica realmente mostra, para o que ela de fato coloca à disposição para a apreciação que procede inicialmente de forma puramente intuitiva, para uma explicação exemplar e segundo todas as dimensões dos elementos psíquicos aí implicados.

Em sua vinculação, ambas as dificuldades tiveram tão grande efeito que podemos ousar afirmar, paradoxalmente, que em toda a psicologia moderna nunca se chegou a realizar verdadeiramente uma análise intencional. E isto apesar de sua centenária aspiração de se firmar como psicologia baseada na experiência interna e, ocasionalmente, também uma psicologia descritiva das doações puras da consciência. Nesse quesito, tampouco poder-se-ia excluir *Franz Brentano* e sua escola, embora a ele devamos o mérito de ter introduzido a intencionalidade como o caráter descritivo básico do psíquico – o que marcou toda uma época. Além disso, ele exigiu uma edificação da psicologia empírica sobre a base de um estudo sistemático e, ao menos em princípio, puramente descritivo da consciência. Entretanto, o sentido mais característico de uma análise pura da consciência, bem como do seu método, permaneceu-lhe ocultos.

No tocante aos demais preconceitos que obstaculizaram aquilo que aqui tentamos realizar, eles provêm do fato de que as ciências naturais assumem um caráter de paradigma. De fato, essa é a origem não apenas daquela naturalização do psíquico ainda hoje predominante, mas também da suposta e inquestionável unidade entre método da psicologia e das ciências naturais. Historicamente, estes preconceitos já aparecem nos grandes fundadores da psicologia moderna: em *Descartes* e *Hobbes*, e de forma ainda mais nítida, na concepção da vida da consciência como *tabula rasa*, em *Locke*, /**310**/ e como feixe de dados psíquicos, em *Hume*. A proposição do caráter intencional da consciência por *Brentano* interrompeu a cegueira geral a esse respeito, mas não foi suficiente para superar o naturalismo que, agora, por assim dizer, se apoderou das experiências intencionais e barrou o caminho para as tarefas genuínas da pesquisa intencional. E nada mudou nos períodos posteriores. A fervorosa polêmica contra o "atomismo psíquico" não significa ainda uma real liberdade em relação ao naturalismo psíquico, do mesmo modo que o recuso às "qualidades formais" [*Gestaltqualitäten*] e às formas de totalidade [*Ganzheitsformen*] denotam apenas um novo modo de naturalismo. As bases de todo naturalismo psíquico (incluindo aí o sensualismo em seu sentido mais amplo, relativo a uma sensibilidade externa e interna) se tornam compreensíveis e perdem, com isso, seu poder de sedução tão somente por meio de uma rigorosa realização da experiência puramente fenomenológica, na qual o aspecto mais essencialmente próprio da vida intencional se revela em evidências consistentes segundo todas as perspectivas e pode, assim, ser levado a uma descrição pura.

Apenas a título de antecipação, antes das orientações metodológicas sobre esta experiência, que se seguirão em breve, reconheço que a causa mais profunda de todas as incompreensões está na equiparação - que a princípio parece ser algo evidente por si mesmo - da temporalidade imanente e da temporalidade objetivamente real.

O tempo objetivo é a forma extensional das realidades objetivas, i. e., primária e principalmente <a forma extensional> da natureza física enquanto substrato estrutural do mundo real. As vivências psíquico-anímicas[31] [*seelisch*], de modo individual ou

---

31. A palavra *Seele* significa comumente "alma", e a primeira opção de tradução poderia ser simplesmente "anímico" nessa passagem. Todavia, ao se referir à alma, Husserl tem em mente o termo grego *psyché* (ψυχή), que se refere ao sopro vital como princípio da natureza animada e, em português, é em geral traduzido tanto por "alma" quanto por "psique". É por essa razão que Husserl usa quase indistintamente os termos alemães *seelisch* (referido à alma, ou anímico) e *psychisch* (psíquico). Optamos, assim, por traduzir as ocorrências de *seelisch* não apenas por anímico - o que, em português, preserva sua referência etimológica à palavra alma apenas indiretamente - mas por "psíquico-anímico", com o objetivo de reforçar a referência ao campo semântico do termo grego *psyché,* à medida que a referência é ao princípio de vida que anima os corpos viventes - e não a algo de natureza místico-religiosa. Para Husserl, os estados psíquicos são estados de algo real que, no segundo livro das *Ideias,* dedicado às *Pesquisas fenomenológicas sobre a constituição* (cf. § 30 e ss.), chama de "alma" uma realidade acessível por meio da experiência interna. Cabe destacar, finalmente, que para Husserl a alma, que é objeto tanto da psicologia empírica quanto da psicologia pura (cf. *Ideias para uma fenomenologia pura e para uma filosofia fenomenológica,* § 85.), não pode ser reduzida de modo algum à "mente", como algumas traduções já em uso erroneamente sugerem. Cf. Glossário [N.T.]

como um todo conectado, não tem em si e para si mesma uma forma unitária e real de coexistência e sucessão segundo o modo da espaçotemporalidade real. A forma de fluxo, ou seja, de "ser fluente" na unidade do fluxo de consciência que essencialmente lhe pertence não é uma forma paralela e efetiva desta espaçotemporalidade. A imagem do fluxo tem seus grandes inconvenientes. Na verdade, a análise intencional da temporalidade imanente destrói esta imagem, esclarecendo ao mesmo tempo seu significado legítimo. É precisamente assim que fica revogada toda e qualquer analogia genuína e fática entre a análise da consciência e a análise natural, seja ela física ou química e até mesmo biológica, como em geral entre /**311**/ o modo de ser da consciência e do eu-da-consciência e, por outro lado, o modo de ser da natureza. Os conceitos lógico-naturais de "coisa", "propriedade", "parte e todo", "conexão e separação", "causa e efeito" e similares, estão inteiramente enraizados no originariamente real: aquele <real> da natureza e, portanto, de sua determinação fundamental enquanto *res extensa*. Na transição para o psíquico, ou seja, na condição de conceitos psico-lógicos, eles perdem a essência básica de seu significado, e resta apenas a casca vazia dos conceitos lógico-formais de "objeto", "composição" etc.

§ 5. O puramente psíquico da experiência de si mesmo e da experiência em comunidade – A descrição universal das vivências intencionais

Passemos agora às demais dificuldades concretas relativas à formação de uma experiência consistente e puramente fenomenológica em função de sua interconexão com a experiência física. Mantenhamo-nos longe de todos os preconceitos da tradição, mesmo das obviedades mais gerais da lógica tradicional, que talvez já tenham seus impactos de sentido demasiadamente desconsiderados a partir do que seria o natural. Atenhamo-nos resolutamente, por um lado, ao que a reflexão fenomenológica nos oferece como consciência e como aquilo de que se é consciente e, por outro, simplesmente àquilo que ali <na consciência> surge da autodoação verdadeiramente evidente de si mesmo. Isso significa que interrogamos exclusivamente a experiência fenomenológica, adentrando-nos com o pensamento em um experienciar reflexivo da consciência, sem nenhum interesse em apurar fatos que ocorram faticamente. A forma mais imediata dessa experiência - que porém não é a única - é a *experiência de si mesmo*. Somente nela a consciência e o eu da consciência são dados em originária simesidade - como quando, enquanto percebo, reflito sobre meu perceber. Como fenomenólogo, é assim que (na orientação da fantasia dirigida à possibilidade concreta) revelo minha própria vida, minha vida concretamente possível nas formas concretamente reais e concretamente possíveis. E visto que - como se pode facilmente compreender - qualquer outra experiência do psíquico (sempre entendida como *intuição* experimentante, *intuição* que faz a experiência) se funda nesta imediaticidade da experiência de si mesmo, <como p. ex.> a experiência pura do outro, bem como também a experiência da comunidade <humana>; desta forma, o método da pura experiência de si mesmo foi naturalmente tratado /**312**/ como método para um consistente desvelamento fenomenológico de si mesmo. Como poderíamos garantir aqui que fiquem excluídos todos aqueles componentes oriundos da experiência externa, por meio dos quais se verifica uma intrusão do físico e, portanto, que todo o psíquico alheio permaneça, *eo ipso*, fora de questão? A experiência "externa" (ou, mais claramente, "física") é também uma vivência psíquica, porém intencionalmente referida ao físico. Naturalmente, o experienciado fisicamente, pressuposto como realidade física do mundo - o real coisal com todos seus momentos reais - não é, por princípio, parte do componente essencial e próprio do vivenciar experiente. A mesma coisa vale para toda e qualquer consciência na qual o ser do mundano real é intencionado e tem vigência, como no caso de qualquer ocupação consciente da minha vida prática natural.

§ 6. A redução fenomenológica e a experiência interna autêntica

Se, portanto, como fenomenólogo, pretendo realizar a pura experiência psíquica enquanto tal, tomar minha vida de consciência, em sua essência mais própria, como meu tema *universal* e consequente e, de início, como campo das puras experiências fenomenológicas, então tenho que tirar de circuito todo o mundo real que, para mim, em meu viver imediato e natural, tem uma validade ontológica constante, e excluí-lo tematicamente enquanto ser extrapsíquico. Isso significa que, enquanto fenomenólogo, na atividade descritiva, bem como na realização da experiência puramente psíquica, não posso participar da minha crença no mundo de modo natural <e>, em seguida, devo abster-me de todas as tomadas de posição que desempenhavam seu papel em minha vida de consciência prática natural.

Por outro lado, é evidente (e isso já foi enfatizado) que a toda percepção enquanto vivência intencional, pertence, como algo dela inseparável, o fato de ser percepção de algo por ela percebido, e o mesmo vale tanto para toda e qualquer consciência quanto para o que é nela consciente. Como poderíamos descrever uma percepção, ou uma recordação etc., segundo o que é essencialmente próprio desta vivência concreta, sem dizer também que ela é percepção disto ou daquilo, e, no caso específico, deste objeto aqui<?>. Obviamente, isso acontece independentemente da existência real da paisagem percebida, ou se ela - como poderia acontecer graças a uma experiência ulterior, finalmente se revela como uma ilusão. /**313**/ Também na ilusão a paisagem ilusória aparece; nesse caso, contudo, quando nos damos conta de que se trata de uma paisagem ilusória, ela aparece numa modalidade dóxica alterada, de acordo com a qual ela, embora nos apareça como a mesma, não tem mais o caráter de validade da realidade total, mas o <caráter> de nulidade, de realidade negada.

Se agora articulamos estas considerações com aquelas que obtivemos anteriormente, então temos: uma simples reflexão da consciência ainda não resulta em algo psíquico, nem em sua pureza nem no que lhe é mais essencialmente próprio. Para isso, é necessário que dispensemos aquela crença-ontológica graças à qual, em nossa vida natural de consciência e também em nosso refletir sobre ela, o mundo tinha validade para nós; enquanto fenomenólogos, não podemos mais compartilhar dessa crença (e, por conseguinte, tampouco de qualquer outra tomada de posição a respeito do mundo que ainda nos fosse dotado de validade ingênua). Enquanto fenomenólogos temos que ser, por assim dizer, um *espectador não-participante* da vida de consciência, que só assim pode se tornar nosso tema puro de experiência. Em vez de viver na vida de consciência, de se interessar mundanamente por ela, temos simplesmente de olhá-la e considerá-la a partir do modo como ela é, em si mesma, consciência disto ou daquilo, e do como ela se interessa por si mesma. Caso contrário, o objeto de nossa descrição seria constantemente o mundo extrapsíquico e não sua pura consciência. Já afirmamos que esta abstenção, esta *epoché*, nada muda em relação ao fato de que toda consciência tem, em si e para si, uma objetualidade própria que lhe aparece e da qual ela é consciente de diversos modos. Melhor seria dizer agora: é justamente graças a esta *epoché* fenomenológica que aquilo de que a consciência é a cada vez consciente se destaca como *componente psíquico pertencente à própria consciência.* Aquilo que é experienciado na experiência externa, aquilo que de algum modo é nela consciente, não é, portanto, aquilo que para nós é simplesmente e a cada vez da ordem do existente ou do possível, do provável, do nulo, mas é da ordem daquilo que é intencionado como existente, como provável ou como nulo no contenente [*Gehalt*][32] a cada vez intuitivo ou não intuitivo. Diante disso, o típico discurso da fenomenologia sobre a "*colocação entre parênteses*" se torna compreensível: colocar espiritualmente entre parênteses, como índice da *epoché.* No intervalo dos parênteses encontra-se precisamente aquilo que foi "colocado entre parênteses".

Observação: a crença na experiência, a crença ontológica atuante em toda e qualquer consciência e, por isso mesmo, não-temática e não-desvelada, com todas as ulteriores modalidades de tomada de posição [*Stellungnahme*] também pertence, **/314/** evidentemente, ao contenente fenomenológico da vivência. Tal

32. O termo *Gehalt* tem, segundo seu uso histórico (o uso remontaria, segundo Grimm, ao século XIV), dois sentidos principais, sendo o primeiro deles "ativo" e, nesse caso, *Gehalt* seria sinônimo de *Enthalt,* "aquilo que contém", e um segundo sentido "passivo", que equivaleria, então a *Inhalt,* ou conteúdo. Neste caso, Husserl evidentemente se refere ao caráter estrutural da alma como a instância que abriga e contém os conteúdos anímicos, ou psíquicos – no sentido do grego *psyché,* traduzido como "alma". Daí a opção pelo neologismo "*contenente*" – aquilo que contém um conteúdo: a alma à medida que contém em si conteúdos anímicos/psíquicos [N.T.].

contenente, no entanto, é apenas revelado enquanto tal, mas não é "compartilhado" por mim enquanto fenomenólogo; como momento da vivência, ele é tematizado à medida que adentro a orientação fenomenológica, ou seja, quando deixo de ser aquele eu que realiza ingenuamente estas tomadas de posição e me torno aquele eu que delas se abstém e que as considera apenas na condição de simples espectador, de eu observador.

Com isso fica descrito, segundo o que lhe é principal, o método de acesso necessário ao reino dos fenômenos puros da consciência a ser realizado de modo plenamente consciente e que, enquanto modificação peculiar da orientação, chama-se redução fenomenológica. Aqui, nosso olhar foi dirigido ao aspecto principal dos fenômenos puros de consciência, aspecto este que chamamos de noemático (e do qual a psicologia tradicional nada soube dizer). Por meio da redução fenomenológica as objetualidades intencionais foram de início expostas enquanto tais, expostas enquanto componente essencial das vivências intencionais e como tema de descrições fenomenológicas infinitamente fecundas.

Porém, tenho imediatamente que acrescentar o seguinte: a universalidade na qual a *epoché* fenomenológica é desde o início realizada por parte do fenomenólogo, i. e., a universalidade na qual este se torna um mero espectador não-participante de toda sua vida de consciência, não exerce apenas seu efeito na purificação temática das vivências individuais de consciência, revelando assim seus componentes noemáticos; antes, <a universalidade> exerce sua força igualmente na direção daquele eu da consciência, a partir do qual se depreende (e, todavia, apenas por meio da própria consciência) tudo aquilo que é realmente humano e todo o real animal. Se toda a natureza se transforma em mero fenômeno noemático à medida que sua realidade real é posta fora de validade, então mesmo o eu, agora reduzido ao ser e à vida puramente psíquicos, não está mais referido ao eu humano real da orientação da experiência natural-objetiva. Este <eu> se tornou agora o real intencionado enquanto tal, transformou-se em fenômeno noemático.

Todo intencionado enquanto tal e, portanto, também o fato de eu ser um humano no mundo, incluindo aí minha vida mundana, é o intencionado de uma vida minha que intenciona, de uma vida reduzida - graças à orientação fenomenológica dirigida ao puramente psíquico - e /**315**/ inseparável dela na medida em que é seu <objeto> intencional. Esta vida intencional permanece constantemente no campo da reflexão fenomenológica.

§ 7. O polo egoico como centro dos atos egoicos - O caráter sintético da consciência

O consequente desdobramento do noema, isto é, daquilo que a cada vez é intencionado enquanto tal, pode se prolongar na consideração e na análise da *noesis*, do <ato de> ter <algo> a cada vez como consciente, até então relativamente oculta. Ainda uma outra coisa é o centro egoico, o *ego* no *cogito*, com o qual me refiro ao eu fenomenologicamente idêntico nos múltiplos atos egoicos, apreendido como o centro de irradiação a partir do qual, enquanto polo egoico idêntico, irradiam-se as múltiplas atividades egoicas, os atos específicos. Por exemplo: quando estou ativamente observando alguma coisa, explicito-a como uma experiência e, do mesmo modo, a apreendo e a julgo etc.

O polo egoico não é apenas o ponto de irradiação dos atos provenientes do meu eu, mas ele é também o ponto no qual se reúnem todas as minhas afeções. Em ambos os aspectos, o centro egoico fenomenologicamente puro é um tema fenomenológico de grande importância e que, em última instância, entrelaça-se a todos os demais temas fenomenológicos. É uma evidência, para mim, que toda consciência seja consciência do meu eu. Com isso se diz, igualmente, que a consciência, em todas suas formas, em todas as modalidades de participação ativa e passiva do eu, executa operações noemáticas e, com isso, finalmente, entra numa rede de conexão de operações. Nisso se expressa o fato de que toda análise de consciência, ao fim e ao cabo, diz respeito igualmente, embora implicitamente, ao eu central.

Às temáticas egoicas específicas fazem parte também <as análises de> capacidades e hábitos como temas verdadeiramente fenomenológicos - o que não pode ser aqui desenvolvido em maiores detalhes. Mas em primeiro lugar, como aquilo que é o necessariamente mais próximo à pesquisa fenomenológica (enquanto experiência de início progressiva e explicitativa) é a própria vida egoica pura, a múltipla vida de consciência enquanto aquele aí fluente "eu percebo", "eu me lembro", em suma, "faço experiência", "presentifico de modo não intuitivo", ou ainda "vivo na livre-fantasia", "participo disso", está também presente nos modos da consciência valorativa, volitiva e prática. De modo contínuo, /**316**/ o tema é, assim, a duplicidade essencial entre consciência e aquilo de que ela é consciente, entre noético e noemático.

A diferença fundamental do modo de ser da consciência em sua pureza fenomenológica face à natureza dada em orientação natural se revela sobretudo na idealidade própria ao ser-contenente dos componentes noemáticos de cada consciência que lhe corresponde. Podemos dizer também que ela se revela na singularidade da síntese que reúne toda consciência em si mesma e, por sua vez, que reúne igualmente uma consciência à outra em prol da unidade de uma consciência. Todas as modalidades da síntese remetem, em última instância, às sínteses de identidade. Toda vivência de consciência é consciência de alguma coisa. Isso significa, porém, que em toda e com toda vivência da consciência fica de antemão demarcado algo distinto e múltiplo (idealmente poderíamos dizer: uma multiplicidade infinita de outras vivências desse tipo) enquanto real e possível, que está (ou deve ser) unificado a uma consciência enquanto consciência desta mesma coisa. Se, por exemplo, faço a experiência da percepção de uma casa, então "reside" aí (e a ela mesma sou isso remetido, caso a "interrogue") o fato de que a mesma casa intencionada (o mesmo noema) pode se tornar consciente para mim enquanto aquela mesma casa, numa multiplicidade correspondente de percepções ulteriores e de modalidades de consciência ulteriores e distintas. O mesmo vale para toda e qualquer consciência enquanto consciência da sua objetualidade noemática. Assim, a relação intencional começa a revelar sua essência fundamental. Aquele "algo" ao qual ela se relaciona, ou do qual cada consciência é "consciência de", ou ao qual o eu está conscientemente "referido", é um polo noemático que indica uma multiplicidade infinita e aberta de vivências de consciência sempre distintas, para a qual ele seria sempre o absolutamente idêntico. E assim pertence à natureza fundamental da consciência o fato de que este polo objetual (i. e., toda unidade noemática) seja *idealmente* idêntico em todas as vivências da sua multiplicidade sintética e que em todas elas ele contenha e seja o contenente não de modo genuíno [*reell*], mas de modo "ideal". E repito: que "contenha idealmente". De fato, a multiplicidade da consciência está geralmente *separada* no fluxo da consciência, não havendo, portanto, nenhum momento genuíno e individualmente idêntico em comum. Porém /**317**/ a evidência nos mostra que, à medida que um e outro são conscientes da mesma coisa, por exemplo esta mesma e única casa é intencionada na experiência direta ou de qualquer outro modo, então esta casa - de um ponto de vista noemático, entendida como a mesma coisa intencionada em cada fase - ao mesmo tempo faz parte da multiplicidade e, de forma inseparável, corresponde a nada menos que um momento genuíno. Em outras palavras, podemos dizer que ela <a casa> é imanente enquanto sentido. De fato, sempre que falamos de sentido, trata-se de algo ideal [*ideell*] que pode ser intencionado em uma infinidade aberta de vivências intencionais reais e possíveis. Em conexão com isso está o fato de que toda análise de consciência afeta a vivência individual concreta de modo a explicitá-la e a realizar demonstrações sobre ela, - a qual nos conduz sempre e necessariamente da vivência de consciência singular até o universo sintético correspondente de vivências de consciência, sem o qual aquilo que está noematicamente na consciência, isto é, ao que ela almeja como objetualidade intencional, não pode ser explicitado.

Consequentemente, a análise intencional é *toto coelo* diferente de uma análise das doações reais, tanto em seu método quanto em seu desempenho. Por exemplo, descrever em termos fenomenológicos o que é percebido como tal significa, em primeiro lugar, seguir as várias dimensões descritivas do exemplo em questão (a casa percebida) que, como será mostrado em breve, pertencem necessariamente a cada noema (embora com especificações diferentes). A primeira <dimensão descritiva> é o direcionamento do olhar ao componente ôntico do noema. Observando a casa, consideramos em seguida suas características - naturalmente apenas aquelas que efetivamente se revelam a este perceber. Dizendo desta forma, porém, estamos supondo como obviedade o fato de que a casa percebida, para além dos elementos efetivamente percebidos, é composta ainda de muitos outros elementos, que, todavia, não podem ser agora apreendidos. E a pergunta pelo motivo desse discurso nos conduz imediatamente ao fato de que ao noema "casa percebida" pertence uma consciência de horizonte, ou seja, de que aquilo que é propriamente visto em si mesmo remete, segundo seu sentido, a uma abundância de determinações possíveis, não vistas, em parte conhecidas, em parte indeterminadas e desconhecidas. Porém, a análise não pode se deter aí. Surge imediatamente /**318**/ a questão pelo modo como se torna evidente o fato de que a demarcação prévia pertencente ao fenômeno da consciência, isto é, àquela consciência de horizonte, de fato remete a características ulteriores e não diretamente experienciadas da própria coisa. Esta parece ser uma interpretação que vai além do momento da vivência designado como "consciência de horizonte" - e que, como pode ser facilmente constatado, é inteiramente não-intuitiva, vazia em si e para si mesma. Porém, a partir da percepção dada, somos de fato imediatamente arrastados em uma multiplicidade de novas percepções previamente demarcadas como possíveis; multiplicidade esta que se dá como desvelamento evidente ou preenchimento por meio de uma séria de presentificações: - uma cadeia de presentificações sinteticamente entrelaçadas e unidas uma à outra, diante da qual se nos torna evidente o fato de que o horizonte vazio que se associa ao sentido perceptivo de fato carrega implicitamente em si um sentido perceptivo; e que ele <o horizonte vazio> de fato é sempre uma demarcação antecipatória de novos momentos que pertencem ontologicamente ao percebido, ainda indeterminados porém determináveis.

A explicação do sentido intencional nos conduz, portanto, com essa explicação do horizonte (ou das antecipações), da explicação do sentido já documentado intuitivamente até a construção de uma multiplicidade sintética de percepções possíveis desta mesma coisa, percepções estas que pertencem essencialmente ao seu sentido. Construtivamente geramos uma cadeia de percepções possíveis por meio da qual se revela o modo como o objeto poderia (e deveria) aparecer à medida que conseguimos percebê-lo e delineá-lo com maior precisão. Assim torna-se também evidente o fato de que devemos continuamente fazer a distinção entre a mesma casa num sentido imediato, a mesma coisa ôntica (enquanto o idêntico na cadeia dos possíveis múltiplos *noemata*) e a "casa" no "como" da efetivação intuitiva; cada uma das percepções da mesma casa oferece "o mesmo" em um "como" subjetivo, ou seja, dotado de um componente distinto das determinações realmente vistas. O mesmo vale para as demais dimensões descritivas de um noema proveniente de uma experiência externa, como no caso do que podemos chamar de *perspectivas*. Tudo aquilo que a partir da coisa percebida chega à intuição efetiva o faz de tal modo que todo momento efetivamente intuitivo tem sua *própria* modalidade de doação. Assim, por exemplo, algo que se doa visualmente à intuição está sempre, a cada vez, em uma perspectiva distinta. Nesse caso, a perspectiva logo em seguida e sucessivamente aponta para /**319**/ possíveis novas perspectivas da mesma coisa, e assim somos mais uma vez arrastados para o sistema das possíveis percepções de uma mesma coisa, embora agora olhando numa outra direção.

Uma dimensão descritiva distinta é aquela que trata dos *modos de aparição* [*Erscheinungsmodi*], determinados pelas diferenças essencialmente possíveis entre percepção, retenção, rememoração, expectativa antecipatória etc., da mesma coisa. Também isso conduz - como mostraremos - a um tipo de explicação intencional que por sua vez excede construtivamente a vivência a cada vez dada com esclarecimentos metódicos, e consistem em construções das multiplicidades sintéticas correspondentes. E o mesmo vale, mais uma vez, para aquela dimensão descritiva caracterizada pela cisão entre a matéria do sentido [*Sinnesmaterie*] e o modo de validade. Todas estas dimensões são determinadas segundo o horizonte e exigem, pois, um desvelamento destes mesmos horizontes, por meio do qual chega-se a um esclarecimento acerca de suas dimensões e camadas de sentido.

Tudo isso deveria ser suficiente para tornar claro e evidente que as tarefas da análise intencional que pertencem à psicologia fenomenológica são na verdade infinitas, e têm um sentido totalmente distinto das análises habituais <realizadas> na esfera objetiva, ou seja, natural. A explicação intencional tem a propriedade essencial específica e particular de ser uma explicação noético-noemática interpretativa. Diz-se interpretação aqui em sentido amplo e não apenas no sentido de uma decomposição das características de algo concreto dado intuitivamente.

Para confirmar este ponto é necessário acrescentar ainda o seguinte: até agora nos referimos à análise das propriedades. Porém, frequentemente e num sentido mais literal, "análise" significa decomposição em partes. As vivências da consciência na temporalidade imanente, no fluxo da consciência, consideradas concretamente e, todavia, de modo puro, têm também um tipo de separação genuína [*reel*] e, portanto, e correlativamente, também uma vinculação genuína [*reel*]. Seria uma estupidez, porém, considerar a vinculação e a separação da consciência exclusivamente do ponto de vista da divisão e da combinação <das partes> da consciência. Uma percepção concreta é, por exemplo, a unidade de um processo imanente no qual se pode distinguir entre elementos-parciais e fases. Cada uma dessas partes e cada uma destas fases é, por sua vez, uma consciência-de, uma percepção-de, e apenas enquanto tal têm seu sentido perceptivo. Mas não é como se os sentidos singulares se compusessem /**320**/ no sentido unitário da percepção total. Em cada percepção parcial que transcorre enquanto fase da percepção total, percebe-se o objeto cujo sentido unitário se estende através das fases-de-sentido e, por assim dizer, delas se alimenta ao modo da determinação do preenchimento mais próximo – nunca ao modo da combinação das partes e tampouco como vinculação à totalidade segundo a modalidade das formas sensíveis. Nem toda síntese de consciência é uma síntese contínua deste tipo (e, enquanto tal, serve de substrato para as análises correspondentes das fases e das partes). Em geral, porém, vale <o princípio segundo o qual> a consciência, enquanto consciência, não permite outras modalidades de associação senão aquelas que se estabelecem com uma outra consciência ou aquelas <modalidades> da síntese, de tal forma que toda divisão em partes resulta em um sentido, assim como toda associação resulta em um sentido sintético fundamentado. Síntese de sentido: a síntese do ente ideal está sob categorias totalmente diferentes da síntese real, da totalidade real.

A vida de consciência transcorre constantemente como vida que em si é constituidora de sentido, e constitui sentido a partir de sentido, de modo que na subjetividade pura psicológica se realizam níveis sempre novos de criação e transformação das "objetualidades" em objetualidades que aparecem para o eu da consciência, que constantemente se definem "com mais precisão", ou "diversamente" e que, enfim, têm validade para ele - isso, porém, nos modos de validades mais distintos. Uma modalidade específica de síntese contínua que pertence sempre e necessariamente à essência de uma vida de consciência coerente é a síntese de todas as experiências na unidade de uma experiência e, portanto, a síntese concordante de experiência, certamente interrompida por discordâncias, porém sempre e continuamente restaurada, por meio de correções, à forma da concordância universal. Todos os tipos e formas de razão cognoscente são formas de síntese, de realização da verdade e da unidade da subjetividade cognoscente. Esclarecer isso intencionalmente é uma tarefa colossal da pesquisa fenomenológico-psicológica.

A fenomenologia descritiva à qual até agora nos referimos como sendo em si mesma a "primeira", diz respeito à fenomenologia *egológica*. Pensávamos em um eu que desvelasse seu psíquico puro e próprio, assim como no reino da experiência originária do psíquico em sentido mais estrito. Somente após uma pesquisa fenomenológico-egológica /**321**/ suficientemente abrangente será possível ampliar o método fenomenológico de tal forma que também a experiência de outrem e a experiência da comunidade <humana> poderão ser aí incluídas. Somente então despertar-se-á claramente o entendimento [*Einsicht*] de que uma fenomenologia universal deve ser realizada segundo uma pureza rigorosa e coerente e que, portanto, só assim uma psicologia intencional seria possível, uma vez que <só assim poderia> a unidade da síntese se propagar para além dos sujeitos enquanto fenomenologia da intersubjetividade.

Não somente a vida de consciência de cada eu singular é um campo de experiência encerrado em si mesmo, a ser atravessado por uma experiência fenomenológica consequente, mas também o é a vida de consciência universal, que, propagando-se para além de cada eu singular, o conecta com todos os demais numa comunicação real ou possível. Ao invés de passar de pessoa para pessoa e destes aos animais na atuação temática da experiência psicofísica, e assim considerá-los como realidades mundanas mediadas e conectadas pela natureza, é possível, antes, partir da própria vida imanente e atravessar sua intencionalidade de forma a estabelecer e assim também manter uma continuidade de experiência puramente fenomenológica de um sujeito ao outro. A intencionalidade interior ao próprio eu, e que por sua vez conduz ao eu de outrem, é a assim chamada empatia [*Einfühlung*], e é possível colocá-la em jogo com aquela mesma pureza fenomenológica e sem que a natureza deixe de ser aí permanentemente desconsiderada.

§ 8. A redução eidética e a psicologia fenomenológica como ciência eidética

O que discutimos até agora diz respeito ao método através do qual se abre uma esfera de experiência psicológica pura enquanto campo de doações psíquico-anímicas [*seelisch*] puras, a ser descrito e descoberto por meio de uma contínua explicação intencional. De maneira geral, também falamos sobre as peculiaridades gerais e fundamentais encontradas nesse campo. No entanto, à medida que permanecemos na mera experiência, ou seja: enquanto nos limitamos aos fatos singulares, às suas generalidades empíricas e ao modo como estas se formam no curso da experiência, e <à medida que> nossa descrição mantém o caráter de uma mera descrição empírica, ainda não temos uma ciência.

/**322**/ Já sabemos que uma psicologia puramente fenomenológica não é possível como ciência real de fatos. Para tal ciência, os fatos puramente psíquico-anímicos revelados pelo método fenomenológico necessitariam de uma metodologia que considerasse seu significado real, isto é, seu aspecto físico, adentrando, assim, em seu domínio propriamente físico. Isto excede nossa temática. Ora, já antecipamos que, em virtude da descoberta do campo da intersubjetividade pura tal como ela se abre enquanto unidade no rigor fenomenológico e numa experiência realizada de modo puro, ou seja, justamente enquanto realidade e possibilidade, deve-se estabelecer uma ciência *a priori*, uma psicologia fenomenológica pura e *a priori*, completa em si mesma.

Mas como se alcança um *a priori* fenomenológico? Não se deve pensar aqui em um exuberante misticismo lógico. O método de obtenção de um puro *a priori* deve ser inteiramente sóbrio, universalmente conhecido, facilmente empregável em todas as ciências, por mais que falte um esclarecimento reflexivo e uma interpretação definitiva do sentido deste método - o qual só pode ser realizado por uma fenomenologia pura, como é o caso para todos os métodos do conhecimento. Trata-se do método para obter, de modo apodítico e evidente, generalidades puras, livres de toda com-posição [*Mitsetzung*] de *factis*, referidas à porção infinita das possibilidades que podem ser livremente pensadas enquanto *facta* puramente possíveis, e que justamente prescrevem a estes <*facta*> apoditicamente a norma da pura pensabilidade enquanto *facta* puramente possíveis. Uma vez emergidas, tais generalidades puras se revelam puras obviedades - mesmo que não tenham surgido de um método estritamente lógico - que a todo momento podem comprovar uma impossibilidade de se pensar diversamente por meio do desdobramento perspicaz de um contrassenso. Assim, na esfera da natureza, é evidente que cada coisa intuitivamente concebível como pura possibilidade ou, como dizemos, como puramente pensável, tem as propriedades básicas causais espaçotemporais de uma *res extensa*, tem forma e posição espaçotemporal etc.

A partir de que podemos saber isso? Ora, partimos de um exemplo qualquer de coisa: digamos, a experiência fática - mas deixamos a facticidade fora de questão, por ela ser irrelevante. Então exercitamos livremente a variação da fantasia para cada exemplo e estabelecemos a consciência da livre-arbitrariedade e um horizonte de variantes arbitrariamente produzíveis. Essa é apenas uma primeira abordagem, /**323**/ mas uma investigação mais aprofundada mostra que isso só se aplica às generalidades regionais em interpretação correspondentemente precisa. Neste caso, uma forma essencial, geral e regular, emerge em meio ao constante coincidir entre si das variantes - uma invariância que se preserva de modo necessário através de todas as variantes. E não apenas enquanto algo efetivamente em comum para as variantes, mas como o invariante em relação à arbitrariedade da contínua variação "em geral". Todo fato-coisal [*Dingfaktum*] da experiência, à medida que é o tema de tais variações livres a serem intuitivamente realizadas, tem um estilo formal, necessário e absolutamente incorruptível, que surge de maneira evidente nessa metódica tão natural: o estilo regional da "coisa em geral".

Exatamente da mesma forma, partindo evidentemente de exemplos da experiência fenomenológica ou de suas possibilidades, podemos praticar a livre-variação e, uma vez ascendendo ao puro e necessário em geral, podemos circunscrever o estilo absolutamente invariante da subjetividade fenomenológica como estilo de um eu puro e de uma comunidade egoica em geral, de uma vida de consciência em geral, com *noesis* e *noema* em geral etc. Dessa forma, portanto, o fenomenólogo executa constantemente não apenas a redução fenomenológica enquanto método de perscrutar a experiência, mas também a "redução eidética". A fenomenologia se revela uma ciência universal, referida ao campo continuamente uniforme da experiência fenomenológica, cujo escopo temático é, todavia, a investigação do estilo formal invariante, do *a priori* estrutural infinitamente rico, o *a priori* de uma subjetividade pura enquanto subjetividade singular no interior de uma intersubjetividade e igualmente o *a priori* desta última. Nenhum eu pode ser pensado sem a consciência egoica, sem o perceber, o recordar-se, o expectar, o pensar, o avaliar, o agir etc., tal como não pode ser pensado sem o fantasiar, no qual cada uma destas consciências se transforma em um "como se". <Não se pode tampouco pensar> um perceber que não tenha, por sua vez, enquanto perceber, seu estilo formal. E o mesmo para todas as demais categorias de consciência.

Todos os conceitos e todas as proposições que surgem dessa forma são *a priori* no mesmo sentido que o são, por exemplo, as verdades matemáticas e puramente lógicas. Neste caso, como em todos os demais, o *a priori* legítimo pressupõe que a variação e a transição para aquilo que é incondicionalmente geral em absoluto, bem como para o modo de consciência da livre-arbitrariedade, /**324**/ não se movam em um pensamento vago de representações verbais vazias mas, ao contrário, que se movam na intuição efetiva, na produção de intuições efetivamente exemplares a serem desveladas por uma experiência ativa precisamente na medida em que são requeridas e utilizadas para a generalização pura. Em relação à experiência fenomenológica e seus horizontes de implicação intencional, isto significa que o acesso ao verdadeiro *a priori* é frequentemente muito difícil. A experiência fenomenológica explícita é em si mesma uma questão de complicadas operações metodológicas. Da atuação do método de variação na orientação egológica decorre, de início, o sistema invariante do próprio *ego*, o qual não estabelece relação com a pergunta pela acessibilidade e pela validade intersubjetivas deste *a priori*. Mas se agora consideramos igualmente a experiência de outrem, então claro se torna o fato de que ao seu sentido objetual (ou seja, ao seu *alter ego*) pertence, *a priori*, o caráter de ser essencialmente análogo ao meu *ego*; e que o outro, portanto, tem o mesmo estilo de essência que eu. Assim, a fenomenologia egológica é valida em geral para todo e qualquer *ego*, e não apenas para mim e para minhas variações de fantasia. Após a introdução da redução ampliada à intersubjetividade fenomenologicamente pura, um *a priori* universal revela-se igualmente <válido e atuante> para as comunidades de sujeitos na redução à sua unidade fenomenológica pura e interna.

§ 9. A função principial[33] da psicologia puramente fenomenológica para uma psicologia empírica exata

Os conceitos *a priori* provenientes da redução eidética são a expressão do estilo formal, necessário e essencial, ao qual se vincula todo e qualquer ser egoico e fático, bem como de toda vida de consciência, que possam ser pensados. Eles são as formas lógicas sob as quais caem todos os conceitos empírico-fenomenológicos, da mesma forma que todos os conceitos empíricos utilizados nas ciências da natureza para suas afirmações sobre os dados fáticos participam, ao mesmo tempo, dos conceitos *a priori* da nature-

33. O adjetivo *prinzipiell* em alemão tem o sentido tanto da expressão "por princípio" quanto "em princípio", no português. Por dispormos, portanto, apenas de expressões para traduzir um adjetivo, e considerando que se trata de um subtítulo, optamos pelo neologismo "principial" de modo a condensar, num adjetivo, a ideia do "em princípio" e, assim, exprimir o fato de que, nesta frase, a psicologia puramente fenomenológica desempenha também uma função de *princípio* da psicologia empírica. Quando for possível, manteremos, contudo, as referidas expressões correntes no português [N.T.].

za. Disso deriva, evidentemente, a validade normativa incondicional das verdades *a priori* fundadas nesses conceitos igualmente *a priori* para cada registro empírico relativo às correspondentes regiões ontológicas - neste caso, portanto, referente à região do puramente psíquico.

Aqui concluímos de modo consequente a discussão sobre o significado de uma psicologia fenomenológica para a psicologia em geral, certamente muito mais ampla. A psicologia fenomenológica /**325**/ é o fundamento absolutamente necessário para a edificação de uma psicologia rigorosamente científica que pudesse ser um verdadeiro e legítimo análogo da ciência natural exata. A exatidão desta última reside no fato de que ela está alicerçada sobre seu próprio *a priori*, sobre o sistema formal da natureza que pode ser, enquanto tal, pensado e elaborado (embora não completamente) em suas disciplinas. Por meio do referimento retroativo do que é fático da experiência a este *a priori* formal, a vaga empiria conquista sua participação na necessariedade de essências, e o método geral das ciências da natureza <conquista igualmente> o sentido de <sua atuação ao> submeter conceitos e regras vagos a conceitos e regras "exatos", ou seja, ao incorporar todas aquelas particularidades que só podem ser determinadas a partir da empiria àquela forma *a priori* que prescreve uma necessidade a todo empírico no interior da natureza na medida em que este deve ser então "objetivo"[34]. Que, nesse caso, o *a priori* deva ser algo quantitativo a ser expressado com números e grandezas, fica a critério da essência da natureza enquanto natureza.

Mas, num sentido geral, exige-se a exatidão a toda verdadeira ciência dos fatos, e assim igualmente para a psicologia. Também ela tem seus conceitos fundamentais dominantes, ou - o que é o mesmo - também o domínio da experiência da psicologia tem sua tipologia estrutural *a priori*, e aí se encontra, evidentemente em primeiro lugar, a tipologia estrutural do psíquico em sentido específico, o *a priori* sem o qual um eu (e uma comunidade egoica) seriam absolutamente impensáveis em termos de consciência e

34. O necessário recurso à idealização e à hipótese da idealização são aqui desconsiderados!

objetualidade da consciência, sobretudo <em termos de> contingências da experiência fenomenológica fática. A fenomenologia eidético-psicológica desvela este *a priori* nas diferentes dimensões e aspectos pertencentes à *noesis* e ao *noema*. Dessa forma, ela cria *os conceitos fundamentais racionais* que permeiam toda psicologia concebível à medida que a fenomenologia é psicologia e, portanto, que se ocupa do psíquico, do eu, da intencionalidade etc.

É evidente que, embora seja a primeira ciência básica de exatidão, esta fenomenologia *a priori* não esgota totalmente a psicologia *a priori* à medida que psicologia é ciência do psíquico que aparece como momento real no mundo dado, e que se insere na natureza, /**326**/ ou que se submete a ela enquanto doação psicofísica. Portanto, também a psicologia é fundada por meio do *a priori* da natureza tanto quanto está baseada em sua ciência empírica e *a priori*, fundada pelo próprio *a priori*, o qual deve pertencer ao psicofísico enquanto tal e que, no entanto, ainda não foi trabalhado e pesquisado[35].

Mostramos anteriormente que a psicologia puramente fenomenológica tem sentido apenas enquanto ciência eidética. Por outro lado, vemos agora que toda psicologia legítima e exata, num bom sentido da palavra ou, melhor dizendo: toda psicologia que deve ter a forma de uma ciência racional de fatos do tipo da ciência natural racional (e neste caso matemática) corresponde, num sentido amplo, à "psicologia fenomenológica" à medida que não trata o psíquico real com base numa vaga *empiria* e numa vaga conceituação empírica mas, ao contrário, a partir de uma experiência fenomenológica universal e por uma teoria eidético-fenomenológica das essências dela derivadas; poderíamos dizer também: com base numa lógica *a priori* da psicologia segundo o que lhe é mais essencialmente próprio.

Nossa exposição pode ter criado a impressão de que afirmamos ser a psicologia uma ciência exata e positiva dentre outras e, desta forma, igualmente uma ciência eidética dentre outras. E,

35. As coisas pensadas ideal e logicamente são pensáveis em <termos de> identidade apenas no mundo e (geralmente) vice-versa. O *a priori* não está já à disposição, e mesmo a apoditicidade deve ser efetivamente produzida.

no entanto, embora o psíquico apareça como um componente real dentre outros do mundo, ele tem a maravilhosa propriedade - que é estudada em sua pureza justamente pela fenomenologia - de se referir intencionalmente, ou de permitir essa referência intencional, a tudo o que é extrapsíquico e, em geral, a tudo o que é pensável. Os humanos estão no mundo em meio a outras realidades, mas eles ainda têm consciência do mundo e também de si mesmos, e a esta consciência devemos o fato de que há um mundo que nos é válido enquanto existentes, que às vezes se mostra "irrazoável" em alguns aspectos individuais e, todavia, sempre "razoável" em sua totalidade; que se deixa definir teoricamente como bom ou mau, como facilmente compreensível ou errôneo. O mundo é o que é para nós apenas a partir das realizações de nossa própria consciência. Em particular, as ciências de todos os níveis são construtos intencionais que adquirem seu sentido de verdade a partir da realização, que é tanto singular-subjetiva /**327**/ quanto intersubjetiva, da verificação [*Bewährung*]. Uma teoria cientificamente válida é um sistema de resultados intersubjetivos que carregam consigo o sentido de objetividade constituído e engrandecido na própria subjetividade. A teoria da ciência como lógica universal, como ciência da forma *a priori* de uma ciência enquanto tal e das tipologias (regiões) científicas pré-delineadas *a priori*, adere ao sentido comum da ciência enquanto teoria e sistema das verdades dela resultantes[36]. Em tudo isso, a vida que dá forma ao conjunto de verdade e ciência não é ainda tematizada. Uma teoria completa e abrangente da ciência obviamente exigiria que sua realização finalizada fosse investigada enquanto construto no âmbito da subjetividade realizadora, e que todas as formas e as conformações da ciência (e assim também da razão) fossem incluídas na pesquisa. Essa pesquisa evidentemente pertenceria a uma fenomenologia pura universal que, deste modo, incluiria em si toda teoria do conhecimento e toda teoria da ciência e da razão.

Isso pode parecer uma restauração do psicologismo. Entretanto, significa apenas que uma fenomenologia universal, à medida que ela torna a teoria científica compreensível como um *noe-*

36. Ela <a teoria da ciência> é teoria da teoria.

ma das *noesis* que lhe são essencialmente associadas, abrange ao mesmo tempo em si uma *psicologia universal da razão* e de suas realizações - admitidamente ao lado de uma fenomenologia da des-razão e do conjunto da passividade da consciência, o qual leva o título de "associação" [*Assoziation*]. Entretanto, no todo de sua posição fundamental, tal psicologia fenomenológica da razão nada tem de filosófica. Ela tampouco se torna mais filosófica porque diz respeito ao *a priori*, assim como a geometria tampouco se torna filosófica por dizer respeito ao *a priori* espacial na consideração do espaço. A teoria da razão na positividade - a teoria psicológica da razão - pertence ainda, portanto, às ciências positivas.

Entretanto, não apenas essa teoria psicológica do conhecimento, mas também toda psicologia fenomenológica estão, de certo modo, muito próximas à filosofia. Uma vez fundada e estabelecida em sua plena universalidade, requer-se apenas a *virada copernicana* /**328**/ para conferir um significado transcendental a toda essa fenomenologia e doutrina da razão. A mudança radical de sentido surge do fato de que por meio da *epoché* aquela pressuposição constante na qual se baseia toda a positividade científica é colocada fora de questão, e assim também aquela da psicologia empírica e fenomenológica: trata-se da pressuposição do mundo pré-doado, obviamente existente segundo sua experiência comum. Em outras palavras: ao invés de pressupor um mundo - este mundo pré-doado - e de se perguntar pelo modo como ele, que evidentemente existe, determina-se na verdade, nós o consideramos como um *noema*. O que é posto absolutamente agora é a subjetividade pura enquanto tal, aquela subjetividade na qual o mundo se constitui, e que não mais é intencionada enquanto subjetividade animal no mundo. Em uma palavra, a redução fenomenológico-psicológica é transformada em redução fenomenológico-transcendental e, assim, também a fenomenologia psicológica em fenomenologia absoluta ou transcendental.

II. A psicologia fenomenológica e o problema transcendental

A ideia de uma psicologia fenomenológica pura não tem apenas a função, que acabamos de expor, de reformar a psicologia empírica. Por razões profundas, ela pode servir como uma etapa preliminar à descoberta da ideia de uma ciência fundamental transcendental: a fenomenologia transcendental.

§ 10. A virada transcendental de Descartes e o psicologismo de Locke

Mesmo de um ponto de vista histórico, a psicologia fenomenológica não tem crescido a partir das necessidades próprias à psicologia. Embora ela tenha se manifestado verdadeiramente apenas no começo deste século, sua história nos remente ao memorável trabalho fundacional de *Locke* e à significativa repercussão que o impulso originado nele encontrou através de *Berkeley* e *Hume*. No *Tratado da natureza humana* de Hume já encontramos uma fenomenologia sistemática *in nuce*, uma primeira tentativa de pesquisar sistematicamente a esfera pura das vivências, certamente sem aplicação do método eidético e, além disso, postulando uma (absurda) concatenação sensualista /**329**/ da vida de consciência enquanto tal. Já na filosofia clássica inglesa (com *Locke*) a pretendida limitação ao puro subjetivo foi determinada por interesses extrapsicológicos.

A psicologia voltada ao campo da interioridade estava a serviço do problema transcendental incitado por *Descartes*, embora ele mesmo ainda não o tivesse nem compreendido em sua verdadeira forma nem o colocado em prática. Na primeira de suas *Meditações* já estava palpável, não desenvolvido, mas já pronta para seu futuro desenvolvimento, aquela ideia que pode ser considerada como *leitmotiv* da filosofia moderna e que determina essencialmente seu estilo específico, a saber: a ideia de que todo real objetivo e, em última instância, de que todo o mundo efetivamente existente para nós só existe enquanto *cogitatum* real ou possível da nossa própria *cogitatio*, enquanto conteúdo possível à experiência das nossas próprias experiências, enquanto algo que decorre junto a esse conteúdo em nossa própria vida de pensamento e de conhecimento e que assume a forma prevalecente de verdade fundada na evidência, na melhor das hipóteses em mim mesmo ou ainda em nossas próprias operações (intersubjetivas) de confirmação.

Consideramos, portanto o "ser verdadeiro" como um título de realizações cognitivas reais ou possíveis.

Aqui jaz a motivação para todos os problemas transcendentais inautênticos, bem como para todos os autênticos. Já com *Descartes* essa ideia assumiu uma forma que confundiu não apenas ele próprio, mas todo o século seguinte. Com uma aparente obviedade, esta ideia se desenvolveu da seguinte maneira: a subjetividade que conhece e que faz experiência depende apenas de si mesma. O conhecer aconteceria aí em sua pura imanência. A evidência do *ego cogito*, da experiência interna puramente subjetiva, necessariamente precede todas as demais evidências, ao passo que está já pressuposta em todas elas. Como é que eu, aquele que a cada vez conhece, posso ir além daqueles componentes de vivências legítima e imediatamente dados apenas a mim mesmo como evidentes? Claramente apenas por meio de silogismos mediados! Mas qual seria o aspecto destes silogismos? O que pode lhes conferir aquela formidável potência capaz de nos conduzir para além do mundo que transcende a consciência?

O legítimo problema transcendental ainda é obscurecido pela "questão do realismo", que confundiu séculos inteiros com aquelas absurdas "obviedades" de uma teoria geral dos silogismos a /**330**/ ser realizada. Ao mesmo tempo, porém, o problema transcendental foi fomentado e pressentido, e o olhar foi dirigido à consciência universal e à sua posse de mundo [*Welthabe*], de modo que o método cartesiano da dúvida pode ser considerado o primeiro método de exteriorização da subjetividade transcendental, ao menos no que diz respeito ao próprio ego transcendental e à sua vida cogitativa. Pode-se dizer que se trata da primeira teoria e crítica transcendental da experiência mundana universal como base para uma teoria e crítica transcendentais da ciência objetiva.

Na execução falha, no desvio igualmente falho do problema transcendental, este ego se torna, com *Descartes*, pura *mens* enquanto *substantia cogitans*, enquanto alma (*animus*) real e existente para si mesma e, por outro lado, torna-se substância corporal, igualmente existente para si e ligada à alma unicamente através de uma regulação causal.

Locke, sem ter podido perceber as profundezas abertas pelas primeiras *Meditações*, e tampouco a posição radicalmente inédita que através delas ganhamos em relação ao mundo e à alma, considera desde o início o *ego* puro como alma pura, como *human mind* cuja investigação sistemática e concreta a partir da evidência da experiência interna deve ser, segundo ele, o meio de resolução das questões relativas ao intelecto e à razão. Por mais que seu incontestável mérito tenha sido o de ter colocado concretamente essa questão na unidade de um horizonte sistemático teórico-científico e em referência ao solo originário da experiência interna, seu sentido transcendental legítimo foi perdido em função da concepção desta experiência como sendo interna e psicológica.

Desta forma, *Locke* se tornou o fundador do psicologismo, isto é, de uma ciência da razão ou, como podemos dizer também de modo mais geral, de uma filosofia transcendental sobre o fundamento de uma psicologia da experiência interna.

O destino da filosofia científica sempre dependeu e ainda depende de sua fundamentação enquanto filosofia transcendental legítima, ou ainda - o que está relacionado a isso - de uma superação radical de todo psicologismo, de uma superação tão radical que seja capaz de revelar tanto o sentido como o contrassenso do psicologismo, e também seu núcleo de verdade significativo para uma perspectiva transcendental. A fonte da duradoura força do psicologismo, /**331**/ insuperável através dos séculos, reside, como será demonstrado, em um duplo sentido essencial que assume a ideia de subjetividade e, com ela, todos os conceitos do subjetivo - e surge, portanto, como o primeiro estabelecimento da legítima questão transcendental. A revelação deste duplo sentido que conecta a subjetividade psicológica à transcendental e não por acaso as une, acontece simultaneamente à separação entre psicologia fenomenológica e fenomenologia transcendental: a primeira como ciência fundamental psicológica e racional, a segunda como ciência fundamental racional da filosofia em sua forma necessária enquanto filosofia transcendental. Nesse contexto, justifica-se igualmente o fato de que a psicologia fenomenológica seja preliminar e funcione como um meio de acesso à fenomenologia transcendental.

Comecemos pelo esclarecimento do legítimo problema transcendental, o qual, em sua fragilidade inicial, esteve e ainda está tão inclinado a ser mobilizado por caminhos desviantes.

§ 11. O problema transcendental

O problema transcendental designa um problema universal, referido ao universo e a todas as ciências. Trata-se, contudo, de um problema de uma dimensão completamente nova perante o problema-do-universo natural, cuja solução teórica se ramifica nas ciências positivas.

O problema transcendental surge a partir de uma transformação generalizada da orientação natural na qual transcorre o todo da vida cotidiana e na qual, porém, permanecem também as ciências positivas. Nessa orientação, o mundo real nos é pré-doado a partir de sua experiência contínua enquanto um mundo evidentemente existente, a todo momento disponível, e que pode ser conhecido, e teoricamente investigado a partir do que se deixa perceber a cada vez, numa experiência progressiva. Pertence a este mundo tudo o que é para nós, tudo aquilo que tem (e teve), para nós, a validade de algo existente: não apenas as almas, mas também toda e qualquer objetualidade irreal de que a cada vez nos apropriamos, tais como as significações linguísticas, as teorias científicas e mesmo os construtos ideais da arte. Tudo isso existe no mundo enquanto determinações irreais de realidades, e isso precisamente enquanto /**332**/ o sentido ou o significado dos sons (físicos) de palavras ou de signos físicos, ou de coisas reais como o mármore etc.

Com todas as suas determinações reais e irreais, o mundo que nos é permanentemente válido e disponível nos serve de tema universal de todos os interesses naturais, práticos e teóricos. Em última instância, <este mundo> é o tema das ciências positivas. Assim permanecem as coisas e, historicamente falando, elas sempre foram assim, até que uma motivação se fez eficaz e adequada o suficiente para pôr aquela orientação natural (que, por razões essenciais, deve ser sempre a primeira, tanto individual como historicamente) fora de jogo e, dessa forma, forçar o surgimento de uma nova <orientação>, à qual damos o nome de transcendental. Tal motivação só surgiu uma vez que, sob o título de filosofia, um interesse teórico verdadeiramente universal já houvesse surgido antes, através do qual eram feitas perguntas sobre o universo, sobre o mundo como totalidade do ente em geral. E ela <a motivação> surgiu do fato de que o olhar filosófico estava voltado para a vida de consciência e tornou-se consciente de que o mundo para nós é *"o" mundo* que se nos disponibiliza, que de fato existe e existe de uma forma ou de outra *nessa* consciência à medida que, nela, ele aparece, é intencionado, referenciado etc. No momento em que nos damos conta disso, já estamos de fato em uma situação de conhecimento inteiramente nova. Agora temos que dizer assim: todo sentido que o mundo possa ter para nós - tanto seu sentido indeterminado e mais geral, quanto o sentido que se define segundo suas unidades reais - é intencionalmente decidido na interioridade da nossa vida de experiência, de pensamento e de valoração, e se forma na gênese da nossa consciência subjetiva. Toda validade de ser se realiza em nós mesmos; toda evidência advinda da experiência e toda teoria na qual ela se fundamenta são habitualmente vívidas em nós e continuamente nos motivam. Isso diz respeito ao mundo em todas as suas determinações, mesmo nas determinações mais óbvias de que tudo o lhe pertence "em si e para si" é - e, na medida em que é, o é de modo independente do fato de que eu ou quem quer que seja possa eventualmente vir a se tornar consciente dele ou não.

Uma vez que o mundo em sua plena universalidade tenha sido referido à subjetividade da consciência em cuja vida de consciência ele se apresenta justamente como "o" mundo de sentido a cada vez em questão, seu modo de ser adquire a dimensão da incompreensibilidade ou da questionabilidade. Este "aparecimento", este "ser-para-nós" do mundo como evidência que apenas subjetivamente pode ser validada e justificada, requer ainda esclarecimento. A primeira constatação /**333**/ de que o mundo está por princípio referido à consciência em sua generalidade vazia não é ainda suficiente para explicar como a consciência multifacetada, em seu incessante fluir e alterar a si mesma consegue, por assim dizer, tornar-se consciente - por exemplo, na forma da percepção -

de uma objetualidade real permanente como uma existência corpórea e, no entanto, como uma objetualidade que transcende o perceber à medida que ela pode se tornar consciente de existir em si e para si mesma, isto é, de que ela pode, portanto, ser demonstrada com evidência. Como compreender que uma vivência atual da consciência, chamada rememoração, possa nos tornar conscientes de algo que não está presente, uma vez que é algo passado, e de que modo a vivência de que "percebi anteriormente" pode ser incluída na do "eu me recordo"? Como compreender que um presente perceptivo, isto é, caracterizado como um presente material, corpóreo, possa incluir em si outra camada de presente (um copresente) dotada do sentido de uma perceptibilidade que ultrapassa aquilo que de fato é percebido? Como compreender que o mundo não se limita ao presente perceptivo em sua totalidade efetiva, mas, ao contrário, que o mundo traz consigo a todo momento o sentido de um *plus ultra* ao infinito? E, todavia, mesmo se direcionamos nosso interesse ao conjunto de nossa vida mundana enquanto vida de consciência em todas suas conexões, ao invés de vivermos presos à prática ingênua, ainda que teórica, mesmo assim ela ainda nos parecerá incompreensível.

A reflexão natural que evidencia a consciência anônima em sua função vital ainda não é suficiente para tornar compreensível essa operação, que parece então nos remeter de volta às infinidades de nexos ocultos e desconhecidos.

Obviamente, o problema é transferido para toda espécie de mundos "ideais" que algumas ciências inauguraram por meio de um desprendimento abstrativo de toda e qualquer relação de referência ao mundo real dado, como por exemplo o mundo dos números puros em seu peculiar "em si", ou o das "verdades em si".

A incompreensibilidade acomete de uma forma particularmente sensível o nosso modo próprio de ser. Somos nós, individualmente e na comunidade do conhecimento, aqueles em cuja vida de consciência o mundo real, assim como todo mundo ideal, devem adquirir sentido e validade de acordo com tudo aquilo que eles são (enquanto pré-doados e disponíveis para nós, e enquanto existentes em si e para si). Mas também nós, como seres humanos, devemos pertencer ao mundo real. Segundo nosso sentido mundano, portanto, somos /**334**/ novamente referidos a nós mesmos e à nossa vida de consciência como aquela em que este sentido específico se forma pela primeira vez. Seria possível conceber outro caminho de explicação que não fosse aquele que investiga a própria vida de consciência e o mundo que nela se torna consciente - já que, de outro modo, o mundo não poderia ter ou vir a ter nenhum sentido e validade alguma senão enquanto mundo por nós intencionado? E no entanto, por outro lado, *como* poderíamos interrogar a consciência sem cair em um círculo vicioso no que diz respeito à realidade da consciência? Antes de prosseguir, daremos um passo importante que deve elevar o problema transcendental ao nível dos princípios. Este passo consiste na constatação de que não apenas o *fato* [*factum*] do nosso mundo, mas todo o mundo concebível em geral é relativo à consciência, como anteriormente indicado. Ora, se variamos nosso mundo fático através da livre-fantasia de modo a vertê-lo em mundos arbitrariamente concebíveis, então inevitavelmente variamos também a *nós mesmos*, de quem ele é o mundo circundante [*Umwelt*]. A cada vez transformamos também a nós mesmos em uma subjetividade possível cujo mundo circundante seria o mundo concebido a cada vez, o mundo de suas possíveis experiências, de suas possíveis evidências teóricas e de sua possível vida de consciência, a ser manejada e configurada em cada caso: desta forma, o problema transcendental do mundo se desprende do *fato* do mundo e se torna um problema eidético a ser resolvido por teorias eidéticas (*a priori*).

O mesmo se aplica aos mundos ideais de tipo puramente matemático, por exemplo o mundo dos números, embora de outro modo. Não podemos pensar em tais mundos como livremente modificados pela fantasia, visto que toda tentativa leva à anulação de sua possibilidade, que é, todavia, equivalente à sua realidade. A invariância pertence, portanto, ao seu modo de ser. No entanto, tais mundos não estão evidentemente vinculados a nós enquanto sujeitos de conhecimento fático. Podemos variar a nós mesmos enquanto sujeitos de conhecimento à medida que podemos substituir-nos por qualquer sujeito teórico concebível. Todo aquele que, enquanto sujeito teórico, seja capaz da livre-produção de objetualidades teóricas poderia, evidentemente, realizar em si mesmo formações cognitivas cujo resultado cognoscitivo resultaria nas mesmas idealidades em questão e, do mesmo modo, em todos os mundos concebíveis, tais como o mundo das séries numéricas. Isso significa que o problema transcendental que se refere a essas irrealidades tem, desde o início, um sentido eidético e requer direções resolutivas igualmente eidéticas. /**335**/

§ 12. A solução psicologista do problema transcendental

A elaboração da ideia de uma *fenomenologia psicológica a priori* demonstrou a possibilidade de revelar a essência intrínseca da subjetividade anímica, em sua generalidade eidética, por meio de uma coerente redução fenomenológica. Isso diz respeito à tipologia essencial de todas as formas de evidência, a começar pela tipologia essencial da experiência unívoca e concordante, passando em seguida a todo o sistema estrutural da razão humana que estabelece sua legislação e a comprova, e assim a toda forma essencial de mundos possíveis de experiência, ou seja, de sistemas possíveis de experiências concordantes e ao pensamento científico que sobre elas se baseia, em cuja imanência a subjetividade a cada vez possível constitui o sentido e a validade de um mundo existente numa verdade objetiva. Nesse sentido, em sua implementação sistemática, a psicologia fenomenológica parece conter em si a totalidade da pesquisa sobre a correlação entre o ser objetivo e a consciência, a ser considerada, em princípio, como generalidade. A psicologia fenomenológica parece ser o lugar de todos os esclarecimentos transcendentais.

Por outro lado, não se deve ignorar o fato de que a psicologia, em todas as suas disciplinas, pertence às ciências "positivas". Em outras palavras: ela é sempre ciência na orientação natural, na qual "o" mundo é constantemente pré-doado como simplesmente disponível e, portanto, atua como solo temático universal. O que a psicologia pretende pesquisar especificamente são as almas e as comunidades psíquico-anímicas atuantes neste mundo pré-doado. A redução fenomenológica, enquanto método psicológico, serve para alcançar o que há de psíquico a partir das realidades animais, em sua essencialidade própria e de modo puro a partir de seus nexos intrínsecos, de modo a preservá-lo em sua pureza.

Mesmo na pesquisa fenomenológico-eidética o psíquico preserva o sentido daquilo que está disponível no mundo – mas agora referido a possíveis (e concebíveis) mundos reais. *Mesmo como fenomenológo eidético, o psicólogo permanece transcendentalmente ingênuo.* Por mais que ele desconsidere toda a dimensão psicofísica em seu interesse puramente direcionado ao psíquico, trata-se, no entanto, sempre de "almas" reais ou possíveis e, segundo o sentido mais relativo desta palavra, trata-se /**336**/ sempre de almas de corpos pensados como coexistentes a elas, ou seja, de almas de seres humanos concretos num mundo espacial.

Todavia, se permitirmos que, ao invés do interesse natural-mundano, o <interesse> transcendental se torne teoricamente decisivo, então toda a psicologia, como qualquer outra ciência positiva, deve receber o selo da problemática transcendental. Ela não pode, portanto, oferecer nenhum tipo de premissa para a filosofia transcendental. Como tema da psicologia, a subjetividade da consciência, isto é, a subjetividade "psíquico-anímica", de modo algum coincide com a subjetividade a ser retrospectivamente questionada a respeito do transcendental.

Neste ponto decisivo, tudo depende de se ter clareza, com imperturbável sobriedade, sobre o sentido temático da colocação da questão transcendental.

Fomos forçados a abandonar a ingenuidade do viver imediato, natural; demo-nos conta de uma cisão absolutamente peculiar – como podemos também nos referir a ela –, <cisão esta> que perpassa toda a nossa vida e se instaura nomeadamente entre a subjetividade que funciona anonimamente e que continuamente constitui a objetividade para nós, e o mundo pré-doado, a objetividade a cada vez pré-doada, precisamente em virtude daquele funcionamento <anônimo>. Este mundo contém em si também os seres humanos com suas almas e sua vida humana de consciência. Se observamos o constante e irrevogável estar referido do mundo pré-doado que evidentemente existe à subjetividade funcional, então os humanos (e nós mesmos) surgem aí como construtos intencionais que se constituem, em seu sentido objetivo-real e em sua validade ontológica, na e enquanto subjetividade. Mesmo o ser "em si e para si", "oposto" à consciência contingente da objetividade aparece como um sentido que constitui a si mesmo na consciência.

§ 13. A redução transcendental-fenomenológica e a aparência transcendental da duplicação

Uma vez diante da tarefa de tornar compreensível essa correlação entre a subjetividade constituinte e a objetividade constituída, ou seja, de não tratá-la como uma generalidade vazia, mas de explicá-la segundo todas as formas categoriais da mundanidade e segundo todas as estruturas universais do próprio mundo - trata-se, aqui, de trazer efetivamente à luz as operações constituintes da consciência, /**337**/ tanto as da passividade quanto as da atividade, e que nos tornam evidente o sentido e o <fato de> ser (que continuamente se confirma) do mundo válido para nós -, então essa é claramente uma tarefa inteiramente distinta daquela de todas as ciências positivas, completamente nova em relação a elas. Tanto a existência compreensível de um mundo quanto a possibilidade de que ele possa a vir a ser em princípio conhecido, constituem de fato o pressuposto de todas aquelas ciências. Elas não são aí tematizadas - permanecem fora da zona temática <daquelas ciências>. Seu questionamento universal diz respeito ao modo como este mundo, bem como todo mundo em geral, possa ser determinado em sua verdade objetiva. Mesmo a questão - que ultrapassa toda positividade - acerca da existência de um mundo em uma verdade objetiva, e o crítico problema de como seria possível fundamentá-la, nada disso é o que devemos considerar em primeiro lugar, a despeito do quanto esta questão já avance na problemática originariamente transcendental. A primeira pergunta num sentido verdadeiramente originário é, antes, aquela - já mencionada - que se dirige ao desvelamento esclarecedor da consciência que, enquanto tal, constitui toda objetividade possível e, correlativamente, <se dirige> ao resultado que aí se obtém, isto é, ao mundo, tanto quanto ao mundo possível em geral à medida que ele é, para nós, dotado do sentido ontológico do qual ele se origina.

Como toda pergunta dotada de sentido, também a transcendental pressupõe um terreno ontológico inquestionável no qual todos os instrumentos para sua solução devem estar incluídos. Se direcionamos essa pergunta ao nosso mundo fático, então já pressupomos nosso ser e nossa vida de consciência, esta bem entendida como aquela em cujo operar desconhecido esse mundo adquire seu sentido para nós, qual seja, o sentido do mundo totalmente determinado desses objetos de experiência etc. No caso do questionamento eidético lidamos, numa generalidade *a priori*, com um mundo concebível em geral e de fato referido a uma variação livremente concebível da nossa subjetividade, então novamente pressuposta enquanto subjetividade constituidora desse mundo. Nosso fático "nós" desempenha naturalmente um papel inseparável de tudo isso, ainda que em segundo plano, na medida em que somos sempre "nós" que concebemos mundos possíveis como mundos de possíveis subjetividades constituintes. Obviamente, este terreno ontológico (ou terreno de possibilidades pressupostas) não deve ser confundido com aquilo de que se ocupa o questionamento transcendental em sua universalidade.

/**338**/ O reino universal da questionabilidade transcendental é o todo da ingenuidade transcendental, ou seja, o todo por excelência do mundo que claramente existe. Por conseguinte, o mundo deve ser submetido a uma *epoché* no que diz respeito à sua pura e simples validade, sendo ela justificada ou não. Não estamos autorizados a falar absolutamente de nada real, não estamos autorizados a fazer uso de nada imediatamente disponível, por mais evidente que seja. Isso seria um contrassenso - seria ir contra o sentido do questionamento transcendental. Consequentemente, todas as ciências positivas sucumbem diante da *epoché* chamada "*epoché* transcendental". - Deste modo, basear a filosofia transcendental, isto é, a ciência inerente ao questionamento transcendental, sobre a base da psicologia, a qual, afinal, não é apenas uma ciência empírica, mas também uma ciência positiva eidética, resultaria igualmente em um círculo transcendental vicioso. Ou, para dizer de outro modo: a subjetividade que constitui toda objetividade (real e ideal) não pode ser a psicológica, tampouco aquela que eideticamente, em sua pureza fenomenológica, serve de tema à fenomenologia psicológica.

Mas como superar o paradoxo da duplicação dos nossos sujeitos e de todos os demais possíveis? Deveríamos ser duplos: psicologicamente, enquanto nós, seres humanos, somos sujeitos psicofísicos de uma vida anímica no mundo real e, ao mesmo tempo, transcendentalmente, enquanto sujeitos de uma vida transcendental que constitui um mundo. A fim de esclarecer este paradoxo, consideremos o seguinte: a subjetividade psíquico-anímica - o eu e o nós concretamente compreendidos no discurso cotidiano - se deixa experimentar em sua pura essencialidade por meio do método da redução fenomenológico-psicológica. Sua variação eidética (na orientação que se dirige ao que é concebível *a priori*) cria o terreno para a psicologia puramente fenomenológica. Os sujeitos que, enquanto "almas", correspondem ao tema psicológico, são aqueles sujeitos humanos encontrados em orientação natural. Estes existem para nós, e nós mesmos, enquanto seres humanos, existimos também para nós mesmos de forma corporal e psíquica por meio de apercepções objetivas exteriores e eventualmente através de atos temáticos da percepção externa. Observemos que cada percepção externa de realidades individuais, e, portanto, de nós mesmos, também configura um momento não independente no interior de uma /**339**/ apercepção externa universal que percorre toda nossa vida em vigília, <a saber,> aquela apercepção através da qual todo um presente perceptivo, com um horizonte aberto de passado e futuro, se nos é constantemente consciente à medida que progride enquanto modo de aparição variável do único e sempre vivente mundo espacial que existe somente a partir de uma temporalidade vivente.

Se reflexivamente nos orientamos a essa apercepção universal externa e, assim, de modo geral, ao todo da vida de consciência que nela se funda, então esta vida é visível enquanto <a combinação de> ser e vida [*Sein und Leben*] em si mesmo existente de modo subjetivo e unificado, na qual se forma, por assim dizer, o ser-para-nós, o ser-para-mim "do" mundo e de todas as realidades que a cada vez existem para mim. O mundo - do qual falamos, que nos é representável com tudo aquilo que nos é intuitiva ou logicamente dado - é tão somente o correlato noemático dessa subjetividade universal de consciência, o mundo de experiência dessa apercepção externa e universal. E quanto a esta subjetividade? Seria ela aquilo que experimentamos ou podemos experimentar enquanto o eu de um humano ou enquanto o nós dos seres humanos? Seria ela disponibilizada enquanto subjetividade mundana e espacial disponível no mundo-espaço [*Raumwelt*]? Enquanto humanos, todavia, estamos disponíveis para nós mesmos, individualmente e em sociedade, no interior de uma apercepção externa e até mesmo em virtude de apercepções externas particulares. Nas percepções *externas* me dou a mim mesmo no interior da percepção total do mundo-espaço aberto que se estende ao universal; assim, na experiência externa, experimento a mim mesmo como humano. Não é somente a minha corporeidade somática que é percebida externamente, e tampouco este mero corpo natural é apenas objeto de uma orientação abstrativa, mas, enquanto ser humano concreto, estou no espaço do mesmo modo que os demais humanos enquanto tais são dados no mundo-espaço, assim como todo objeto cultural, toda obra de arte etc. Como todas as demais subjetividades psíquico-anímicas, também a minha é, neste estar-orientado à experiência externa (mundano-espacial), um componente desse ser-um-ser-humano concreto, e é, portanto, algo que noematicamente aparece, algo que de alguma forma se coloca - isto é, o correlato de determinada apercepção externa no interior da apercepção universal do mundo.

Evidente se torna, agora, o fato de que a vida aperceptiva de consciência na qual o mundo e em particular o humano enquanto realmente existente se constituem, não /**340**/ é equivalente ao que nela é apercebido ou constituído, isto é, não equivale ao psíquico-anímico, à dimensão da alma que pertence ao componente aperceptivo do mundo real enquanto ser-anímico e vida-anímica humana. E, todavia, é ainda necessário algo mais para assegurar perfeitamente essa distinção entre vida de consciência transcendental e mundana real (ou seja, entre as subjetividades transcendental e real), para tornar a subjetividade transcendental evidente enquanto um campo absolutamente autônomo da experiência real e possível (a saber, da experiência a ser caracterizada como transcendental) e, consequentemente, da ciência transcendental absoluta que sobre ela se fundamenta. Com esse objetivo, consideraremos mais detalhadamente a "redução transcendental-fenomenológica", aquele método de acesso que sistematicamente nos conduz do campo de experiência inicialmente dado - campo do mundo externo da experiência - ao ser absoluto que universalmente o constitui, isto é, à subjetividade transcendental. Para facilitar a ascensão, introduziremos a redução transcendental não diretamente, mas como nível redutivo seguinte à redução psicológica e nela apoiado: ou seja, como uma redução ulterior a ser realizada sobre a redução psicológica. Recapitulemos a natureza da redução fenomenológica que cabe ao psicólogo. O tema do psicólogo enquanto pesquisador do positivo é a subjetividade psíquico-anímica como algo real no mundo pré-doado, o que, para ele, é constante e naturalmente válido. Enquanto fenomenólogo eidético, ele estuda o *logos* da alma, do psíquico-anímico. Por conseguinte, seu terreno temático é aquele de um mundo concebível, pensado como pura e simplesmente existente e pré-doado.

Pare ele, a redução fenomenológico-psicológica é um método de delimitar o verdadeiramente psíquico-anímico e sobretudo a vida intencional naquilo que lhe é propriamente essencial, e isso por meio de um pôr-fora-de-jogo, ou de um não-contabilizar as posições transcendentes atuantes nesta mesma vida. De início, para alcançar a totalidade puramente psíquico-anímica na forma de uma intuição fenomenológica unitária e universal e, a partir disso, avançar até uma psicologia eidética da pura subjetividade fenomenológica, aquela não-contabilização (a *epoché* fenomenológica) deve ter sido previamente realizada sobre a generalidade e sobre a vontade habitual <da subjetividade mundana>. Ao mesmo tempo, porém, o psicólogo não deixa de ser um pesquisador positivo, ou seja: /**341**/ a apercepção do mundo não deixa de ter validade para ele. Tão logo ele possa inibir radicalmente esta apercepção, realiza-se a virada copernicana que atinge toda sua vida e todo o seu modo de fazer psicologia. Ele se torna um fenomenólogo transcendental, que agora não tem mais "o" mundo (ou seja, não mais o pressupõe como possível mundo existente), e já não mais investiga o que lhe é <diretamente> disponível, as realidades pertencentes ao mundo. Para ele, o mundo e cada mundo possível se tornou *puro fenômeno*. Em vez de dispor do mundo como existência pré-doada tal como ele antes dele dispunha em sua condição de naturalmente humano, agora o fenomenólogo se tornou mero espectador transcendental, que enquanto tal observa e desvela, na experiência e na análise desta experiência, este dispor-do-mundo [*Welthaben*] e os modos segundo os quais um mundo em geral e este mundo em particular aparecem à consciência como dotados de sentido e validade.

Se a experiência psicológica interna, pensada puramente como experiência fenomenológica, configurava ainda um tipo de experiência externa e mundana, após a *epoché* radical, referida à validade do mundo, o experimentar interno de tipo psicológico se torna um experimentar de tipo inteiramente novo: um experimentar transcendental, no qual nada se põe do ser real, mundano-espacial. E se o psicólogo, enquanto psicólogo, estava igualmente implicado em seu objeto temático na forma aperceptiva de um humano no mundo, então o fenomenólogo, ao contrário, enquanto fenomenólogo, não é um eu para si mesmo, ele não é este humano, mas seu ser humano é "colocado entre parêntesis": ele próprio se tornou um fenômeno. Ele é o fenômeno de seu eu transcendental, ou seja, <fenômeno> do ser-eu e da vida-do-eu continuamente demonstrável na *epoché* radical justamente enquanto aquela subjetividade que em última instância está sempre em funcionamento, e cuja operação, antes oculta, corresponde à apercepção universal do mundo.

A *epoché* transcendental, o radical colocar fora-de-jogo de todo tipo de atuação da validade do "mundo existente", é voluntariamente executada na modalidade "uma vez por todas": a partir de agora <há> a decisão da vontade firme e habitual, que faz do fenomenólogo um fenomenólogo transcendental e que lhe abre tanto o campo da experiência transcendental quanto a eidética do transcendental.

Ora, agora podemos ver claramente que todo o contenente [*Gehalt*] psíquico-anímico propriamente essencial revelado pela redução fenomenológico-psicológica e descrito pela fenomenologia psicológica foi preservado por meio daquela *epoché* radicalizada e de alcance superior como /**342**/ contenente *transcendental*; mas aquilo que nele tinha uma significação real-psicológica recua no fenômeno. Este contenente é, portanto, a cada vez, ampliado pela atribuição de sentido aperceptivo enquanto "consciência humana", "alma humana" etc.

Se o eu transcendentalmente orientado, isto é, o eu que vive na habitualidade da *epoché* radical, realiza uma reflexão sobre a consciência [*Bewußtseinsreflexion*] e continuamente a itera, disso resulta o puro e continuamente transcendental, aquilo que acontece ao modo de uma experiência inteiramente nova, "interior" em sentido transcendental, ou melhor: uma experiência transcendental. E paralelamente a isso, no entanto, vale também o seguinte: se alguém, em orientação fenomenológico-psicológica, realiza uma reflexão sobre a consciência e, em sua iteração, realiza uma reflexão sobre esta reflexão e assim por diante, então isso terá sempre um sentido psicológico, independentemente daquilo que de fenomenológico possa ser aí alcançado.

O campo ontológico transcendental, assim como seu método de acesso pela redução transcendental, são *um paralelo* do campo psicológico fenomenológico com seu método de acesso: a redução psicológica. Podemos dizer ainda: o eu transcendental e a comunidade transcendental egoica, à medida que é concretamente concebida, isto é, concebida como o conjunto total da vida transcendental concreta, corresponde ao paralelo transcendental do eu humano e do "nós" humanos no sentido comum, considerados concretamente como sujeitos puramente anímicos, dotados de uma vida puramente anímica. Paralelo aqui significa: um corresponder-se paralelamente de todos a cada um em suas singularidades e conexões, como um modo bastante peculiar de se diferenciar, e, todavia, não num sentido qualquer de um ser-fracionado. Isso deve ser corretamente compreendido. Meu eu transcendental, enquanto eu da experiência transcendental de si mesmo, é evidentemente "diferente" do meu eu enquanto naturalmente humano e, no entanto, é diferente sem ser um "segundo" eu no sentido comum, como algo separado daquele, uma dualidade num fracionamento natural. Evidentemente se trata de uma simples mudança de orientação mediada pela *epoché* transcendental, que transforma a experiência puramente psicológica (fenomenológica no sentido da psicologia) de mim mesmo numa experiência transcendental de mim mesmo. Consequentemente, todas as coisas que podem ser encontradas em minha alma – preservando seu aspecto essencial mais próprio – adquirem, através disso, um sentido novo, absoluto, transcendental. /**343**/

§ 14. O paralelismo entre psicologia fenomenológica e fenomenologia transcendental

Nessa transição, uma identificação necessariamente se estabelece dentro da reflexão transcendental. Eu, que enquanto ser último e absoluto, nada sou de objetivo a não ser o sujeito-*ego* absoluto, encontro-me, em minha vida constituidora de todo ser objetivo, como um correlato de validade em uma forma [*Gestalt*] aperceptiva à medida que sou um eu humano, válido como objeto, isto é, como conteúdo de uma auto-objetivação (autoapercepção) tal que, enquanto minha operação - enquanto operação que confere a mim mesmo um sentido real - pertence justamente ao meu ser absoluto. Uma vez que essa interconexão se tornou compreensível em virtude da mudança de orientação - a qual, todavia, ocorre já no interior da orientação transcendental - e, com ela, também a peculiar coincidência (que alcança os pormenores) das esferas da experiência, então podemos compreender igualmente a consequência daí resultante: o prodigioso paralelismo e, de certo modo, a prodigiosa coincidência entre psicologia fenomenológica e fenomenologia transcendental (ambas entendidas como disciplinas eidéticas). Uma está implícita na outra, por assim dizer. Se, aprisionados à positividade natural, desenvolvemos uma fenomenologia psicológica consequente acerca de uma intersubjetividade universal, uma eidética universal criada a partir da intuição puramente anímica, então um único passo voluntário - a vontade de uma *epoché* universal e radical - conduz à revaloração [*Umwertung*] transcendental de todos os resultados psicológico-fenomenológicos. A motivação para isso, contudo, requer obviamente as considerações que conduzem ao questionamento transcendental. E vice-versa: uma vez em terreno transcendental e na efetivação de uma ciência transcendental, podemos, no entanto, deslocar-nos de volta à orientação natural e atribuir a tudo o que foi constatado transcendentalmente sobre as formações estruturais de uma possível subjetividade transcendental o significado eidético de estruturas fenomenológico-psicológicas. Neste caso, porém, o que permanece como aquisição duradoura da pesquisa transcendental é o conhecimento (que permanece estranho ao psicólogo positivo ingênuo) de que toda positividade, especialmente a psicológica, é um construto noemático de operações transcendentais.

Devo também mencionar o fato de que, como se pode ver, /**344**/ a psicologia fenomenológica eidética não é simplesmente mera eidética do *ego* individual mas, antes, é uma eidética da intersubjetividade fenomenológica. E com a introdução da redução transcendental, também esta eidética intersubjetiva psicológica encontra seu paralelo transcendental. A subjetividade transcendental concretamente plena é a totalidade da comunidade egoica aberta dos eus - totalidade transcendental e puramente unitária, e só assim concreta.

A intersubjetividade transcendental é o solo ontológico absoluto, único solo independente a partir do qual tudo aquilo que é objetivo, a totalidade do ente objetivamente real, mas também todo mundo ideal objetivo, obtêm seu sentido e sua validade. Deste modo, o ente objetivo é ente somente em um sentido peculiar, relativo, e portanto incompleto: é ente, por assim dizer, apenas a partir de um encobrimento da constituição transcendental imperceptível em orientação natural; em orientação natural não se vê explicitamente que o objetivo corresponda à unidade intencional de validade, ou que tenha seu verdadeiro "ser-em-si-e-para-si" apenas a partir de uma doação de sentido transcendental, assim como na verificação atuante no campo transcendental e na habitualidade de uma convicção persistente, decorrente daquela <verificação>.

§ 15. Psicologia pura como propedêutica à fenomenologia transcendental. "A superação radical do psicologismo"

Através da elucidação da ambiguidade essencial da subjetividade (fenomenologicamente pura) da consciência e da ciência eidética a ela referida, a insuperabilidade histórica do psicologismo torna-se compreensível em suas razões mais profundas. Sua força reside numa aparência essencialmente transcendental que persistiu compulsoriamente à medida que permaneceu imperceptível e oculta.

O problema transcendental, desde Descartes até nosso próprio tempo, não alcançou a pureza e a definição científica dos seus princípios. Somente a apreciação radical da ilimitada universalidade na qual todo ente imaginável pertence *a priori* ao âmbito transcendental da nossa subjetividade e a cada uma das nossas subjetividades imagináveis (de cujas operações de consciência advém todo sentido e toda verdade) poderia conduzir ao problema legitimamente transcendental /**345**/ e à pergunta radical pelo sentido ontológico desta subjetividade, bem como pelo método da sua assimilação. E somente com a configuração da redução transcendental-fenomenológica poderia surgir a noção de que a atividade transcendental de consciência (já pressuposta no problema) não é um postulado metafísico vazio, mas a doação da própria experiência transcendental, mas igualmente um reino infinito de múltiplas experiências específicas, e, assim, de infinitas descrições e análises.

A partir daí, um passo absolutamente fundamental foi o conhecimento do alcance da experiência transcendental-fenomenológica, a saber, do fato de que seu campo não é meramente o próprio *ego* transcendentalmente purificado do filósofo, mas o campo do *alter ego* múltiplo que se abre neste ego através da empatia [*Einfühlung*] transcendental e, portanto, da comunidade egoica transcendental, aberta e infinita, que se manifesta transcendentalmente em cada ego na mudança de orientação.

Com isso, uma filosofia-transcendental se torna possível enquanto ciência rigorosa[37] sobre o terreno ontológico absoluto, isto é, o terreno da experiência da intersubjetividade transcendental, em vez de mera especulação sem fundamento - especulação que não se baseia em nenhuma experiência correspondente -, sempre pronta a se transformar em uma metafísica mítica.

O fracasso na assimilação radical da subjetividade transcendental, ou, o que é o mesmo, a falta do método da redução transcendental, não permitiu que emergisse com clareza a distinção entre essa subjetividade transcendental e aquela psicológica - uma, por assim dizer, supramundana, constituidora do mundo e tema

37. Ciência rigorosa - este conceito é, todavia, transformado pelo empreendimento da fenomenologia a partir da redução. A vontade de responsabilização final, na qual deve surgir o universo do conhecimento possível, leva ao reconhecimento da insuficiência, por princípio, de toda "ciência rigorosa" na positividade etc.

da filosofia-transcendental, e a outra intramundana, tema empírico da psicologia e tema eidético da psicologia fenomenológica. Assim, necessariamente e de forma desapercebida, a psicologia cognitiva teve que se transformar em uma teoria transcendental do conhecimento, enquanto a psicologia da razão prática e dos valores se transformou na teoria transcendental /**346**/ desses tipos da razão. O psicologismo teve, assim, que se conservar vigente mesmo sem ter sido esclarecido - refiro-me aqui ao psicologismo em princípio *transcendental,* letal para a possibilidade de uma filosofia científica, e que de modo algum é afetado pela refutação do psicologismo da lógica apofântica pura e dos psicologismos paralelos tanto da prática quanto da axiologia formais.

À filosofia transcendental tradicional não faltam argumentos contra o psicologismo, mas aqueles que seguiram a evidência de que uma ciência do transcendental deve evidentemente voltar-se à experiência da consciência e, sobre este alicerce, lograr um esclarecimento principial de toda razão em suas diferentes formas por meio de um trabalho verdadeiramente descritivo, analítico e eidético, ignoraram conceitualmente todas as objeções, que de fato não eram suficientemente aprofundadas. Caso tivesse sido percorrido com radicalidade e coerência, este caminho teria conduzido ao desenvolvimento de uma fenomenologia puramente eidética. E mesmo antes do entendimento da necessidade de estabelecer uma distinção de princípio entre a fenomenologia psicológica e a fenomenologia transcendental (sendo a teoria fenomenológica da razão parte desta última), este desenvolvimento poderia já ter realizado o trabalho principal, pelo menos implicitamente, embora a solução realmente definitiva pudesse acontecer apenas após essa distinção. Em contrapartida, à medida que evitaram a pesquisa sistemática e universal da consciência por medo do psicologismo e por atribuírem tal pesquisa aos psicólogos, os antipsicologistas caíram em distinções conceituais vazias e puramente formais, em argumentações intermináveis e contrárias ao espírito da verdadeira cientificidade, que não poderiam senão render muito poucos frutos.

Um esclarecimento definitivo do sentido legítimo tanto da filosofia transcendental quanto do psicologismo transcendental e sua superação definitiva só foi possível por meio: 1) da elaboração da dupla ideia de uma fenomenologia eidética, e 2) daqueles tipos de apreciações radicais associadas a esta elaboração, anteriormente apresentadas. /**347**/

§ 16. Estrutura da filosofia transcendental

Por meio do que vimos se torna compreensível, enfim, que haja certa independência da estrutura da fenomenologia transcendental psicológica em relação à fenomenologia psicológica, e vice-versa, apesar de só agora se tornar compreensível o estar-implicado principial de uma na outra e, com isso, o estar-implicado em sua completude na plena compreensão do seu sentido e de sua identidade. 1) É evidente, em primeiro lugar, que é possível considerar imediatamente o estar referido à consciência de toda objetividade, bem como à formulação do problema transcendental, o proceder à redução transcendental e, através dela, à experiência transcendental e à pesquisa eidética, sem se atrelar à psicologia (e tampouco a qualquer outra ciência) e, portanto, fazer emergir diretamente uma fenomenologia transcendental. Este, de fato, foi o caminho no qual se empenharam minhas "*Ideias*"[38]. 2) Por outro lado, como buscamos mostrar nestas palestras, pode-se, sem considerar inicialmente todos os interesses transcendental-filosóficos e partir da questão das exigências de uma psicologia estritamente científica enquanto ciência positiva, indicar a necessidade de uma disciplina capaz de fundamentá-la metodologicamente - a saber, a disciplina pura e racional (eidética) da essência do psíquico e da universalidade de um contexto puramente psíquico - e, portanto, elaborar sistematicamente a ideia de uma psicologia fenomenológica eidética ela mesma fundamentada na plena universalidade da fenomenologia da intersubjetividade. Em seguida, é precisamente a peculiaridade da *epoché* fenomenológica, tão necessária enquanto "colocação entre parênteses" do todo do mundo ainda baseado na validade do mundo natural, que oferece um motivo óbvio para radicalizar esta redução: despertar o problema transcen-

38. Ideias para uma fenomenologia pura *e para uma filosofia fenomenológica*, originalmente publicadas em 1913. A tradução para o português foi feita por Márcio Suzuki e publicada pela editora Ideias & Letras em 2006 [N.T.].

dental em sua forma mais pura e, com a reviravolta copernicana, oferecer uma reviravolta transcendental também à fenomenologia psicológica. Este caminho indireto através da positividade da psicologia empírica e eidética tem grandes vantagens propedêuticas.

a) *De fato,* a orientação transcendental aí estabelecida pela redução transcendental, tanto na consistência dos princípios quanto na consciência, significa precisamente um tipo /**348**/ de alteração do todo da forma de vida na qual cada "eu" e cada "nós", e historicamente toda a humanidade, funcionávamos até agora; trata-se de uma alteração absoluta, universal e radical do natural viver direta e imediatamente em um mundo pré-doado, no modo da experiência, do pensar, e de qualquer outra atividade, bem como em todos os demais modos da razão. O impedimento radical desse tipo de viver e de operar, assim como a colocação de toda a vida no terreno da experiência transcendental, deve ser, de início, de difícil compreensão em virtude da absoluta estranheza tanto diante de tudo o que é familiar quanto diante do novo. Por conseguinte, também o sentido de uma ciência puramente transcendental desafia, de início, a compreensão.

b) Por outro lado, é verdade que também a fenomenologia psicológica é historicamente inaudita e original em seu método de análise intencional, especialmente no desvelamento de implicações intencionais. E ainda assim, à medida que se move na orientação natural, ela tem acesso a toda ciência positiva. Uma vez que ela tenha alcançado uma clareza e distinção precisas em relação à sua ideia, e que tenha sido realizada pelo menos segundo alguns de seus pilares, faz-se necessária apenas uma apreciação mais profunda para tornar a problemática transcendental clara e inteligível e, assim, realizar a mencionada virada para o transcendental, tanto da redução transcendental quanto do conteúdo teórico essencial da psicologia fenomenológica.

As duas principais dificuldades para adentrar à nova fenomenologia se dividem nesses dois níveis, a saber: em primeiro lugar, a dificuldade de compreensão do verdadeiro método de uma "experiência interna" pura, que já pertence à viabilização da fenomenologia psicológica e da psicologia como ciência racional de fatos; em segundo lugar, a dificuldade de compreender a colocação do problema transcendental e de seu método à medida que eles transcendem toda positividade[39].

Considerado em si mesmo, no entanto, /**349**/ o interesse transcendental corresponde ao interesse científico último e mais elevado, de modo que a fenomenologia transcendental não é apenas uma disciplina filosófica num sentido particular, uma ciência filosófica fundamental, mas ela é a ciência universal absoluta, que transforma todas as ciências possíveis em ciências absolutamente científicas. Em seu desdobramento sistemático, ela conduz a todas as ciências eidéticas através das quais, portanto, todas as ciências fáticas se racionalizam e ao mesmo tempo se justificam transcendentalmente e, assim, expandem-se de tal forma que não negligenciam nenhum problema significativo (sob o título, por exemplo, de "problemas filosóficos vacilantes"). Portanto, no sistema das ciências, - ou melhor, na estrutura da única ciência universal da qual as ciências individuais não são peças isoladas mas ramos vívidos - o mais acertado seria desenvolver independentemente a fenomenologia transcendental em suas teorias transcendentais e salientar, nela própria, a possibilidade de uma reinterpretação das doutrinas fenomenológicas transcendentais naquelas <doutrinas> da positividade psicológica por meio da demonstração da diferença essencial da orientação transcendental frente à natural[40].

---

39. Historicamente, a fenomenologia transcendental se desenvolveu de tal forma que a fenomenologia eidética foi primeiramente inaugurada e, em sua novidade, enfrentou a psicologia histórica e foi desde o início concebida como a ciência definitiva para todos os esclarecimentos transcendentais - o que aconteceu de início, no entanto, sem que seu sentido autêntico tivesse sido esclarecido, i. e., precisamente sem a formulação mais radical do problema transcendental: ou seja, ainda na duplicidade transcendental.

40. Sinopse da terceira parte planejada:

III. Fenomenologia transcendental, filosofia como ciência universal em fundamentação absoluta.

§ 17. Fenomenologia transcendental como ontologia.

§ 18. A fenomenologia e a crise de fundamentos das ciências exatas.

§ 19. A fundamentação fenomenológica das ciências fáticas e a fenomenologia empírica.

§ 20. A fenomenologia integralizada como filosofia universal.

§ 21. Os problemas "últimos e mais elevados" como problemas fenomenológicos.

§ 22. A dissolução fenomenológica de todas as oposições filosóficas.

APÊNDICE XXXI (ÀS "PALESTRAS DE AMSTERDÃ") <PSICOLOGIA FENOMENOLÓGICA E FENOMENOLOGIA TRANSCENDENTAL>[41]*

Como podemos agora ir além da orientação personalista da psicologia e da ciência do espírito orientadas ao mundano? É em geral possível qualquer outra coisa que não este tipo de experiência pessoal e, posteriormente, de ciência da experiência?

A conversão metodológica que fazemos para penetrar no novo tipo de experiência e de conhecimento se chama redução transcendental-fenomenológica, ou redução à subjetividade transcendental não-mundana.

O motivo para executar essa mudança de orientação mais radical pode residir no fato de eu dizer a mim mesmo: o mundo que sempre me é dado como meu e nosso mundo existente, e que é para mim dado somente a partir da minha própria experiência e a partir da validade habitual de toda experiência normal - desde que nenhuma outra experiência a ela se oponha -, mantém-se para mim em conexão com tudo o mais que também tenha chegado à validade duradoura. Meu experienciar e meu trazer à validade por meio do experienciar precede, assim, o próprio mundo que existe para mim, que é válido para mim agora e sempre. Portanto, eu sou o que sou antes deste mundo que para mim existe.

Este meu Eu para o qual o mundo é exclusivamente em virtude da evidência da experiência concordante, e que é fruto da

41. Escrito no período de Pentecostes de 1926.

* Tradução de Daniel Guilhermino.

aquisição habitual de validade, não é, contudo, Eu, o humano corpóreo no mundo – meu mundo de experiência enquanto o único que para mim pode existir e ser válido. Pois esse humano, assim como todo o mundano-real, é precedido pelo meu eu que experiencia o mundo e nele experiencia o corpo-vivo e minha pessoa corporal que experiencia.

Mas não é o caso que tudo que é objetal para mim, tudo o que posso abordar como dado a mim enquanto existente, precede meu experienciar dele, e, portanto, novamente meu Eu, portanto também o Eu que eu agora mesmo queria colocar antes do mundo e do Eu-Humano como aquele Eu puro e transcendental?

Sim, certamente. E assim, onde eu experiencio a "mim mesmo", o eu que experiencia deve ser sempre distinguido do experienciado. Mas estas são obviamente distinções que pertencem necessariamente ao próprio Eu como o único e o mesmo. Posso refletir sobre mim mesmo, depois refletir novamente sobre mim mesmo como aquele que reflete sobre mim; posso me diferenciar posteriormente como o eu que opera (por exemplo na função de experienciar as coisas, mas não experienciando a si mesmo nessa função) daquele que experiencia a si mesmo por meio da experiência reflexiva subsequente, depois novamente o Eu que aqui opera daquele que experiencia em uma reflexão de ordem superior, e assim por diante. Mas ao percorrer a cadeia destes atos de experiência em uma visão sintética de abrangência, capto com absoluta evidência que o Eu é identicamente o mesmo, e, consequentemente, também o é o modo de expressão da linguagem. **/528/**

Neste momento, poder-se-ia apresentar a seguinte oposição: mesmo quando me experiencio enquanto humano, digo justificadamente que "me" experiencio, e me encontro como o mesmo Eu que aquele de quaisquer outros atos relacionados ao eu. Isso também é correto. Mas aqui uma grande diferença vem à tona. Se eu me apreendo no modo "natural" enquanto Eu deste humano, como uma entidade corpórea-psíquico-anímica, como pessoa corpórea, então a natureza está colocada para mim, e nela está colocada o corpo vivo como meu corpo vivo pessoal que experiencia.

O corpo vivo natural é assim posicionado previamente como o ὑποκείμενον [*Hypokeimenon*] do Eu, assim como no caso de outra pessoa seu corpo vivo natural, que eu experiencio naturalmente, serve de passagem e pressuposto para a minha experiência em que eu posiciono sua pessoa e seu ser psíquico-anímico. Através da minha própria experiência do corpo vivo, que tem necessariamente sua mediação na experiência externa - ou seja, através do meu próprio corpo vivo que experiencia, que na experiência só existe em seu horizonte espaço-coisal e, portanto, mundano -, eu sou, enquanto humano, aquele que experiencia, pertencendo ao mundo da experiência enquanto aquele que existe no modo da experiência. Mas o mundo e a natureza, segundo sua estrutura fundamental, é o Não-Eu que para mim só é dado enquanto unidade da minha experiência concordante, portanto por uma mediação egoica sem a qual ela não seria nada para mim. Ela é dada em uma mediação que não é a natureza e que é puramente egoica.

Talvez seja bom acrescentar: somente quando vamos além das singularidades "do" mundo (incluindo a singularidade do meu corpo somático) e consideramos todo o universo-mundo, especialmente toda a natureza em um só, e nos damos conta que esse universo é, em si mesmo, uma unidade extraída da experiência universal - que, portanto, não <é> em si mesma mundana -, contemplamos a pura subjetividade com suas experiências de mundo, as afecções que lhe pertencem etc., na qual aquilo que existe é, de modo amplo, fenômeno, unidade de identidade das posições múltiplas da experiência, unindo-se unanimemente em uma unidade de validade atual e habitual, e, enquanto tal, unidade de validade e de identidade propriamente subjetiva, constituindo-se a si mesma na subjetividade pura, como fenômeno "na" subjetividade.

Se já estamos com o olhar direcionado para a subjetividade e seu conteúdo de experiência e, sob isso, também para nosso fenômeno de mundo, então é claro que podemos questionar novamente aquilo que é tido por experiência puramente subjetiva segundo seu modo subjetivo de doação, assim como podemos questionar o Eu dessa experiência. Mas, então, saímos de algo que já é puramente egoico para algo de novo puramente egoico, movemo-nos no interior da pura subjetividade.

A partir dessa consideração, o método da "redução" à pura subjetividade surge por si próprio. Negamos a nós mesmos a "orientação natural", praticamos uma *epoché* peculiar, nomeadamente uma abstenção com respeito a toda crença da experiência[42]. Sobretudo **/529/** se já trouxemos à tona a mera natureza enquanto estrutura fundamental do mundo da experiência, uma *epoché* com respeito a essa natureza. O mesmo é válido, naturalmente, para toda vida pessoal, orientada para o natural e o mundano, que inclui em si a posição natural de mundo. Em vez de termos o mundo de antemão, válido naturalmente, pura e simplesmente aí de antemão, agora o temos exclusivamente como fenômeno, e decerto como uma formação de validade aperceptiva, como formação de posição e experiência na subjetividade. Nada temos, agora, de antemão, mas executamos novamente, na conversão universal da experiência que a *epoché* torna possível, a experiência da subjetividade, que agora é pura, e tudo o que vem a ser posicionado através de sua própria realização, mas como posicionado a partir dela e "nela", e do mesmo modo todas as suas componentes próprias - sendo que nossas posições unitárias dessas componentes pertencem a ela própria, na mesma orientação pura, apenas que repetida. O Eu puro que assim conquistamos é o meu Eu puro da atitude e pesquisa fenomenológica. Uma nova realização é então a elucidação da implicação do Outro transcendental em mim e a redução fenomenológica da intersubjetividade, através da qual conquistamos a pura subjetividade comunitária.

A descoberta da redução fenomenológica consiste, portanto, em que aquele que experiencia diga a si mesmo, como ele pode dizer a qualquer momento: um mundo é, eu o experiencio em uma apercepção antecipadora! Isso deve ser esclarecido como o caráter

42. Experiência é apercepção. Apercepção tem o caráter de horizonte - isso é um prejuízo. A crença na experiência como apercepção natural posiciona objetalidades da experiência no interior do mundo que é habitualmente sempre pressuposto com o caráter de horizonte na orientação natural (apercepção universal), na qual cada coisa recém-experienciada é consequentemente inserida. A *Epoché*, portanto, consiste no fato de que o prejuízo universal da experiência continuamente progressiva, vinculando-se sinteticamente, condensando-se em experiência habitual - o prejuízo do mundo "existente" - seja suprimida, seja expressamente reconhecida como tal e a abstenção sobre ela - como prejuízo - seja praticada.

essencial da experiência mundana, utilizada desde o início, (cf. a seguir) ela é para mim não meramente na forma das coisas particulares que eu agora experiencio e posiciono como efetividades experienciadas como existentes. Essas posições significam que elas são válidas para mim na experiência atual, que elas vêm à validade para mim na pura e simples crença-de-ser que reside na própria percepção. Mas não só que nessa validade elas permanecem para mim mesmo quando eu me volto para outras coisas. E na direção oposta: o que eu havia experienciado antes, antecipadamente, não está agora perdido para mim, uma vez que eu não tive que desvalorizar a percepção anterior como uma percepção ilusória no curso da própria experiência. O que foi experienciado até agora de forma concordante e ininterruputa, eu ainda tenho como válido. Cada nova experiência que eu executo, à medida que traz algo novo à validade de ser, possui um fundo de uma validade contínua universal e habitual, que é representada no "existindo" que chega agora à validade da experiência como "consciência de plano de fundo", como horizonte vazio inexplícito. Mas não só a nova existência singular da experiência particular atual possui seu horizonte de existência da experiência anterior ainda válido como também possui um horizonte presente que **/530/** coaparece, coexiste, mas que não é captado de modo particular e em uma crença e experiência particulares (captação que repara) de objetalidades preeminentes. Além disso, um horizonte covisado, que através da antecipação é consciente como coexistente, embora não experienciado e não expresso em uma crença particular de objetalidades posicionadas. Mas não menos um horizonte de futuro antecipado, do qual algo semelhante pode ser dito. E assim é agora - assim foi para mim no passado, e através de toda essa vida de experiência passou pela unidade de uma crença universal no mundo, pela unidade de um existente que está sempre novamente se determinando, sempre novamente ocupando seus horizontes com objetalidades de experiência determinadas, eventualmente com determinadas antecipações, um mundo que em sua validade de conteúdo sempre continuamente se enriquecendo não só é válido, como agora ainda é válido para mim e para mim é válido com um horizonte de um futuro válido em uma validade antecipadamente de antemão. Tudo aquilo que eu "posiciono", que trago no modo da experiência ativa novamente à validade, é dotado de um sentido de experiência que vai além dela, que a posiciona no interior de um mundo, meu mundo, que não só tem agora sua validade preenchida a partir de uma atividade particular da experiência, como é sempre um "preconceito", uma crença que significa algo além da crença particular da nova experiência enquanto experiência desta mesa, por exemplo. Sempre que reflito sobre meu experienciar, encontro este "preconceito" da experiência, encontro a crença no mundo como fundo da crença para cada nova crença que acrescenta o que ela traz de novo à crença no mundo. Sem fazer nenhum questionamento crítico de validade, eu sempre acredito nisso, estou completamente certo de que posso dirigir meu olhar de crença além do *hic et nunc*, que posso ir além do captado singularmente em direção ao copresente, ao passado, ao futuro, que eu sempre encontrarei meu singular em um entorno de mundo, em um mundo que é, que eu posso conhecer, que eu posso relembrar, até onde eu puder, como o mundo que eu conheci, e que vou conhecer no futuro, confirmando ou refutando minha antecipação - de qualquer forma, através de experiências que trarão ao conhecimento "o" mundo, apenas que de um modo melhor. Tudo isso, toda essa crença universal no mundo da apercepção mundana, cujo sentido agora revelo a mim mesmo de modo bastante geral, inibo sem submeter sua validade à crítica[43]. Isto é, não quero praticá-la, ou, o que é equivalente, não quero praticar a **/531/** experiência natural que posiciona o experienciar, primeiramente o percebido, mas também o recordado atento, ou de outro modo posicionado na crença de ser, justamente no modo da atitude natural pura e simples que de modo sensível coposiciona um horizonte de mundo, no sentido do "preconceito" universal - a tese geral, como eu disse em "Ideias".

43. Se eu mesmo praticasse isso, teria que considerar as próprias condições prévias de uma tal crítica. Na orientação da crítica, eu poderia me colocar a questão da legitimidade da validade do mundo, partindo da consideração de que o mundo só me é dado através da apercepção mundana constante, portanto como um constante "preconceito". Assim que tiver reconhecido isso, estarei necessariamente motivado para a *Epoché* universal e para um novo tipo de experiência, na qual tematizo, na *Epoché*, a apercepção universal: na questão referente à sua realização de validade e comprovação de validade. Isso exige imediatamente o desdobramento das apercepções e validades implícitas na percepção mundana.

E *epoché* da fenomenologia é uma coisa, mas claro que não é tudo. O que deverá ser válido para mim se eu colocar estas validades naturais completamente fora de validade, fora de jogo?

Aqui eu primeiramente deixo claro para mim mesmo que com a *epoché*, no que diz respeito ao mundo, não é todo o ser em geral que sucumbe à *epoché*, que, correlativamente falando, toda crença natural no mundo (relativa à totalidade do mundo) é decerto inibida, mas nesta própria inibição uma crença está "incluída", mesmo que não necessariamente e expressamente praticada.

Expresso já o está quando eu digo: eu inibo minha crença natural de mundo. Pois aqui está posicionado expressamente meu Eu e seu inibir como sendo, trazido à validade, meu inibir da crença no mundo, meu experienciar dessa coisa aqui e agora e meu colocar dessa experiência com seu plano de fundo "fora de jogo", minha vontade habitual de colocar cada lembrança, expectativa e posições de outras mundanidades de agora em diante fora de jogo – com sua forma da crença natural-ingênua.

Mas quando me coloquei como Eu que inibe o mundo, não voltei a posicionar o mundo, ou pelo menos inicialmente um objeto mundano, eu mesmo, este humano, e assim novamente no horizonte da totalidade do mundo? Não. Porque, como mostra a consideração do sentido da posição do mundo e da *epoché* mundana, eu quis pôr fora de jogo cada validade contínua e extensão aperceptiva da experiência de mundo natural anterior e cada nova validade e extensão de validade que nela se insere, bem como cada validade mundana e validade de novas mundanidades possíveis de se posicionar que são presuntivas, que sempre determinaria de maneira especial o já pressuposto, pré-acreditado, mundo. A isso pertence minha existência humana-corpórea, meu ser-Eu-Humano natural. Se eu o submeto à *epoché* universal, então tenho eu, o eu que para ela é o Eu executor, não mais como Eu-Humano, mas como aquele Eu que se tinha apercebido como Eu-Humano mundano e que agora suprime essa posição no modo da *epoché* agora em questão. É precisamente a *epoché* que faz isso para mim, que me torna pela primeira vez atento ao fato de que eu, o eu que em qualquer "instante" experiencia continuamente, "experiencial" significando o mundo para além das experiências particulares, posso me distinguir daquilo que eu experiencio como mundo e como sempre visando; além disso, que eu sou capaz de me posicionar em conjunto com este visar no qual, precisamente, eu viso o mundo, aquilo que conscientemente "tem" "o" mundo, mesmo que eu coloque o mundo em questão por alguma razão ou não queira continuar a posicioná-lo no modo natural. Também me atento para o fato de que eu, este eu em cuja vida de experiência e outra /**532**/ vida de validade o mundo é válido como existindo, não é uma invenção nova, mas justamente sempre existe enquanto o mundo existir para mim no contexto da minha vida de consciência, na qual "o mundo" com seu sentido e seu conteúdo intuitivo alternante se doou subjetivamente. A redução fenomenológica me ensina a ver essa esta subjetividade pura ou transcendental com sua vida, e agora posso converter minhas posições de experiência ativas exclusivamente a ela e exercer um novo tipo de experienciar – um "experienciar" transcendental, que não é receptividade – e constituir um novo tipo de campo de experiência em validade contínua, no qual o mundo permanece consequentemente fora de jogo e é sempre posicionado apenas pela subjetividade transcendental como aquela que tem um mundo como aparecendo, que nele atua naturalmente no modo da experiência, que pensa naturalmente com base nele, que se envolve em ciência positiva etc. Deve-se observar aqui que a novidade da *epoché* fenomenológica consiste no fato de que ela confere uma nova dignidade à reflexão natural, que leva do primeiro nível da experiência natural até a orientação reflexiva e ao modo do juízo: "eu experiencio isso e aquilo", e universalmente: eu experiencio este mundo", separando a crença reflexiva no Eu-experiencio da execução ingênua da crença naquilo que nela é experienciado. Ela se baseia no conhecimento de que esta última crença pode ser inibida, enquanto a primeira ainda permanece em validade fixa. E assim para cada Visar do Eu. O inibir, entretanto, nada mais diz, e isto o separa de qualquer inibir que é determinado em particular a partir de outros interesses, como este, que eu só faria juízos consequentes de tipo puramente subjetivo e que não quero fazer nenhum uso natural do conteúdo de minhas visadas como visadas mundanas. Isto é a ausência de pressupostos da fenomenologia, que não tem nenhum mundo como solo pré-doado de juízo, mas apenas a subjetividade que experiencia o mundo e sua respectiva experiência do mundo, sua visada sobre o mundo. O mundo, agora, não está pura e simplesmente aí, mas é pura e simplesmente a subjetividade pura, e "o mundo" enquanto seu fenômeno e, visto mais de perto, como o fenômeno destas e daquelas visadas subjetivas (experiências, presunções, juízos etc.) como o acreditado, o percebido eventualmente, o visto intelectivamente, o comprovado etc., deste e daquele sentido. Nós, os pesquisadores fenomenológicos, não permanecemos como humanos, mas como o resíduo dos puros sujeitos-Eu, vivendo em sua vida egoica pura, que também sempre acredita no mundo, experiencia o mundo, valora o mundo, lida de forma mundana - donde que não podemos jamais realizar a posição do mundo em todas essas formas diretamente e nos basearmos diretamente nela. A fenomenologia tem o mundo como mero conteúdo intencional das respectivas vivências constituintes correlativas, nas quais ele é o conteúdo posicional deste e daquele sentido e, deste modo, tomado meramente como fenômeno.

A redução pode ser levada a cabo de tal modo que eu, primeiramente exercendo a reflexão natural na orientação natural, penetrando **/533/** minha experiência de mundo universal nos horizontes temporais nos quais o mundo se abre a partir do agora como meu mundo de experiência, percorra meu passado e suas multiplicidades de experiência, leve em conta todas as coposições, todas as antecipações deste passado, bem como as antecipações do presente e do horizonte subjetivo de futuro. Se eu então executo a redução em tudo isso, conquisto minha subjetividade transcendental em seu curso temporal imanente de vida e nisso insiro o universo de minhas experiências efetivas e possíveis e as visadas dóxicas e outros atos a ela relacionados, com seus fenômenos mundanos e o próprio como fenômeno, que é nela sinteticamente constituído e cada vez mais de perto e ricamente determinado. Assim, pratico uma experiência fenomenológica universal e uma crença universal, sempre particularizante de modo novo, com respectivas percepções atuais, lembranças, presunções, que são completa e puramente transcendentais. Em vez de ter um universo-mundo, tenho um novo universo: o da subjetividade transcendental, mas que eu tenho na medida em que eu o coloco em validade na execução da nova orientação. Mas tudo isso antes de qualquer questão da crítica do conhecimento, que, se colocada, atingira radicalmente também o conhecimento subjetivo transcendental.

APÊNDICE XXXII (ÀS "PALESTRAS DE AMSTERDÃ") PSICOLOGIA INDIVIDUAL E PSICOLOGIA INTERSUBJETIVA[44]*

1) A psicologia como ciência do psíquico pretendeu, até agora, ser tão somente uma ciência do humano singular e do psíquico animal-singular; do psíquico tal como ele aparece nas realidades singulares. Isso é a assim chamada psicologia individual, que deve ser compreendida enquanto pertencente às correspondentes biologia e zoologia individuais.

2) Ela pretendeu ser, também, psicologia das socialidades em sentido amplo, mas isso incluía sempre tão somente as ocorrências psíquico-anímicas singulares, relativas às formas da vida comunitária humana e às realizações comunitárias. Mas uma psicologia rigorosa deve também ser a psicologia efetiva das comunidades, que tem por tema a vida da consciência comunitária e sua realização, <por exemplo> a da comunidade científica, e decerto no sentido pleno que inclui toda a psicologia do conhecimento - que, enquanto ciência, é formada socialmente -, comprovando-se a si própria em comprovações sociais, chegando a resultados (resultados sociais) em formações teoréticas socialmente comuns. A isso pertence, portanto, toda a teoria do conhecimento enquanto psicologia, que lida com <os> conhecimentos dos humanos que devem ser trazidos à validade (ou seja, compreendidos num sentido pregnante) - a psicologia da razão específica e da irracionalidade. Isso não é diferente para a estética e para a ética. Não nos referimos, portanto, ao "meramente" **/534/** psicológico (ao demasiado humano), mas justamente às atividades psíquicas etc. da razão.

44. Antes de 1926.

* Tradução de Daniel Guilhermino.

Se, agora, a psicologia deve ser tratada primeiramente como psicologia individual, surge a questão sobre o que ela poderia tratar como um campo próprio a ser concluído. O psíquico do humano singular é realmente fundado na corporeidade física, e esta fundação real, que pertence ao tipo de experiência possível de uma essência animal e especialmente humana (ao sentido geral da experiência em geral), justifica a necessidade de investigações psicofísicas. Mas uma psicofísica científica pressupõe uma experiência de um psíquico tal como ele é em si mesmo. Isso leva à questão de quão longe uma experiência puramente psíquica - cientificamente falando, uma experiência puramente psicológica - pode ir, e, de fato, com respeito ao psíquico-anímico singular.

Aqui surge a questão: a possibilidade de uma abstração puramente natural na qual se baseia a possibilidade de uma ciência natural pura (a puramente física, a ciência natural no sentido estrito mais comum). Em relação a isso, a questão de até que ponto uma experiência consequente puramente psíquica sob o título de "psique-singular" é capaz de fornecer um campo de experiência próprio e que tipo de pesquisa é agora possível com respeito a uma doação experiencial tão autocontida, a "psique singular", enquanto uma doação eventualmente puramente psicológica (em oposição a uma doação puramente fisiológica da corporeidade, a uma fisicamente somatológica). Seja como pesquisa de experiência ou mesmo como pesquisa de essência.

À alma humana nesse sentido pertence, como pode ser mostrado, um sistema encerrado de estruturas, uma estrutura total que pertence a uma alma e sobretudo a uma alma humana enquanto tal. À ideia de alma, à ideia de experiência, pertence, por assim dizer, uma gramática elementar, formas singulares elementares, tipos do psíquico-anímico singular (por exemplo de vivências de consciência como "percepção", recordação e similares, ou sentimento, vontade com suas especificidades típicas). Mas também a isso pertence uma sintática elementar, um certo sistema de regras para o típico modo de formação de formas sinteticamente unificadoras de ordem mais alta, através do qual a unidade de uma alma é unicamente possível. Se ser na forma de uma gênese pertence à essência universal de uma alma, então essa sintática também diz respeito a todo tipo de gênese e à gênese universal no próprio ser-em-devir psíquico-anímico segundo a generalidade típica. (A palavra tipo deve servir, aqui, apenas para caracterizar as generalidades aqui mencionadas como generalidades que se oferecem na experiência e que permanecem intuitivamente invariantes na modificação da experiência possível).

Em toda experiência do psíquico, portanto, esta sintaxe, toda esta tipicidade estrutural, teve que entrar de algum lado, e se agora um pensamento psicológico se constrói sobre a base de uma experiência psicológica - e, desta forma, em virtude da universalidade na qual a região da psicologia individual pretende abranger todo o psíquico possível, conceitos científicos devem ser fornecidos a fim de captar todo o /**535**/ psíquico-individual -, então é claro que os conceitos estruturais do psíquico em geral devem possuir o caráter de conceitos elementares que entram em toda teoria psicológica, a partir da qual toda teoria psicológica finalmente se constrói. Mas aqui deve-se considerar primeiramente o seguinte.

O físico, o qual a ciência natural investiga objetiva e teoricamente, é de fato dado "através" da experiência e primeiramente através da percepção, depois da recordação, mas o que é efetivamente experienciado em cada caso é, de acordo com suas determinações experienciais, a mera manifestação de uma "verdadeira natureza" que primeiramente tem que ser trabalhada teoricamente. Os conceitos imediatos da experiência não são conceitos teoricamente utilizáveis, justamente porque o que é diretamente experienciado é, de acordo com todas as determinações experienciais diretas, uma manifestação original da natureza, mas não a própria natureza experienciada. De outro modo se passa com relação ao psicológico. Com respeito ao Eu, à pessoa com suas propriedades pessoais (de caráter), pode-se discutir se e como ele se relaciona com a experiência psicológica, se aqui está em questão uma substrução "metafísica" - o que é incontestável, no entanto, é que a vida atual, aquilo que se tende a ter em mente exclusivamente como uma experiência psíquica, como um fenômeno psíquico, pertence, em si mesma, ao acervo da alma, exatamente tal como é experienciado na experiência concreta. À parte das propriedades pessoais que podem se mostrar no perceber, fantasiar etc., na maneira de seu aparecer particular, seu decurso e afins, toda percepção, toda fantasia etc. é considerada em si mesma, um acervo genuíno da alma diretamente experienciável, e, uma vez que a própria experiência a oferece, é o si mesmo psíquico-anímico, e, enquanto tal, pertence ao tema da psicologia. Para a ciência psicológica, esta "vida da alma" é o primeiro tema, e se a unidade pessoal e suas propriedades habituais devem ser tematizadas, então é óbvio que eles primeiramente nos refiram de volta às próprias vivências, em cujo tipo e decurso elas se atestam, mas que não são elas próprias meros momentos subjetivos passageiros, cuja consideração científica poderia estar fora da tematização. Uma consideração mais próxima mostra então que o Eu e sua personalidade são também a unidade de uma experiência puramente psíquica, apenas de uma experiência de ordem mais alta fundada em sínteses de outras experiências. Assim, os conceitos da vivência são extraídos diretamente da experiência, conceitos que se relacionam aos tipos de vivência e aos tipos de sua síntese e a tudo que pode ser extraído estruturalmente da experiência direta, sob todas as circunstâncias conceitos elementares para tudo o que é teórico, para todas as outras vivências e seus nexos na unidade da teoria. E o mesmo é válido, como pode ser visto, em um nível superior para os conceitos fundamentais que explicam o sentido essencial da personalidade singular. Mas estes já são, justamente, conceitos de ordem mais alta.

Assim, é de qualquer forma uma primeira tarefa de uma psicologia individual científica a de desenvolver os conceitos aqui em questão, e sobretudo os **/536/** conceitos de vivência como aqueles aos quais todos os conceitos psicológicos remontam, originariamente na forma de conceitos científicos extraídos da intuição experienciante: eu disse precisamente "todos os conceitos" - pois obviamente não só todos os conceitos da psicologia individual como também os da psicologia comunitário-social [*soziale koinologische Psychologie*] pressupõem estes conceitos. Nestas últimas, os conceitos de natureza podem se apresentar como seus conceitos fundamentais, conceitos que, como os da socialidade específica, resultam em algo efetivamente novo, mesmo que sejam fundados nos conceitos psicológico-individuais.

Assim nasce a ideia de uma teoria "egológica" das estruturas da experiência puramente efetiva e possível, cujo ganho deve ser a por assim dizer gramática da vida da alma, o universo de seus conceitos elementares enquanto fixação conceitual de suas estruturas elementares, e obviamente com ela a totalidade de suas legalidades estruturais, que, com os tipos de possibilidades elementares (gerais), também explora suas necessidades, sua lei, inclusive sua lei da gênese, à medida que são delineados – como também poderíamos dizer – como formas no interior do puramente psíquico. Trata-se do sistema geral de formas expresso no conceito e na lei que, em si mesmo, em sua generalidade formal, abrange todas as leis de fato, mas as deixa em aberto na sua facticidade.

A limitação de uma psicologia individual "pura" à psicologia estrutural ainda deixa em aberto algumas questões com respeito ao método, ao sentido das generalidades estruturais a serem buscadas aqui (se aqui se trataria de uma generalidade científico-factual ou eidética, e se a princípio poder-se-ia tratar de ambas, se uma das duas ou ambas são possíveis, ciência de fatos ou ciência de essências) etc.

Se voltarmos à experiência do puramente psíquico, então, a partir dela, a pura psicologia estrutural da alma individual é ainda caracterizada no sentido especial enquanto egologia; nomeadamente, no sujeito singular, suas vivências e, portanto, sua pessoa, são acessíveis no modo mais originário que se possa imaginar somente a ele, somente a partir dele, somente a partir de sua vida ele tem percepção como "autopercepção", ele tem a reprodução originária como recordação iterativa, expectativa originariamente antecipatória, também "experiência possível" originariamente como autofantasia, respectivamente a partir da fantasia mais originária extrai-se a presentificação como psicologicamente representável. A vida da alma do outro é indicada pela experiência da corporeidade do outro em uma certa motivação que cresceu em mim, e somente através de uma tal indicação[45], que é uma presen-

45. Indicação é uma palavra ruim. Trata-se de um modo de "presentificação", semelhante à recordação, cuja forma de preenchimento é a autodoação do outro como outro, como modificação do "próprio".

tificação especialmente motivada, eu tenho eventualmente uma intuição da vida psíquico-anímica do outro, uma intuição que *a priori* nunca pode se tornar percepção, nunca pode se tornar o si mesmo original. **/537/** (Todas as afirmações contrárias são, por princípio, mal-entendidos). A vida da alma do outro indicada é indicada como uma consciência original e como originalmente experienciável, mas ao mesmo tempo como não experienciável para mim, e isto por princípio - não como a minha, mas como a do outro, como vida de consciência do Eu coindicado, uma vez que vida sem Eu é inconcebível. Nenhuma presentificação que eu tenha (e por mais errada que seja como experiência, por mais enganosa que seja de acordo com o que supostamente existe presentificado) pode, se for intuitiva, oferecer algo que não se encontrasse também em mim como possibilidade originária; como análogo e ainda assim diferente.

O que eu experiencio, portanto, intuitivamente como o subjetivo-alheio é necessariamente, de acordo com todo seu conteúdo intuitivo (de acordo com toda a estrutura do sentido da intuição, à parte do modo de ser subjetivo-alheio), pertence ao domínio da minha autoexperiência puramente possível, como é designado pelo domínio da autofantasia possível[46].

Idealmente, portanto, uma doutrina de essências do psíquico-individual se move exclusivamente no universo das minhas possibilidades, no universo das modificações possíveis do meu Eu com sua vida anímica na livre-fantasia. Cada nova modificação na fantasiada minha vida efetiva (por exemplo, como se eu tivesse dito algo diferente do que eu disse, ou como se eu tivesse julgado diferente ao invés de ter julgado assim etc.) transforma meu Eu, mas não no de um Outro, mas em uma transformação justamente do meu Eu, precisamente eu mesmo, como se eu fosse outro. Neste sentido, então, toda formação conceitual estrutural ocorre no meu ego, mesmo onde aprendo exemplarmente com o poeta ou com as experiências de outros. O fictício da poesia, ou seja, que ela não é objetivamente verdadeira, a existência de Outros e que se trata em

46. A autofantasia dá o próprio, experiência do outro e a fantasia do outro dá o alheio.

geral de Outros (como no caso da poesia de Outros fictícios) não desempenha aqui nenhuma função; antes, apenas o **/538/** conteúdo intuitivo, que também poderia ser meu próprio.

O principal é que eu extraio da intuição e, à medida que a autopercepção possui o mérito de maior claridade em virtude de sua originalidade, escolherei, se possível, a autopercepção como ponto de partida exemplar, mas, caso contrário, tomarei exemplos onde achar mais conveniente, por exemplo a partir da poesia, dos mitos, da experiência de Outros.

O fato de que o que eu encontro não vale apenas para mim como entidade psíquico-anímico, mas para as almas humanas em geral, pressupõe, seguramente, que a experiência empática pode ter seu direito e deve o ter, por princípio, em formas determinadas. Como psicólogo, eu pressuponho isso, não sou direcionado por princípio à crítica do conhecimento, eu experiencio de maneira dogmática exatamente como o cientista natural, pelo menos enquanto eu me contentar em ser um pesquisador positivo em geral; pressupor o mundo e, em conjunto com isso, pressupor o direito natural da experiência e do conhecimento experiencial em sua comprovação natural.

Em minha autoexperiência como efetiva e possível, tenho uma unidade autônoma de uma alma a ser desenvolvida em experiências possíveis de maneira consequente, com todas as estruturas psíquico-anímicas a ela pertencentes, e tenho aqui, ao mesmo tempo, o universo de todas as modificações através de uma experiência sistematicamente autônoma e progressiva que realizaria minha alma em uma forma concreta, na forma de outros e novamente outros sistemas autônomos de experiência, de tal forma que teria que fornecer novas formas concretas possíveis da minha alma.

Cada outra alma é uma indicação de uma alma a ser motivada em minha alma como no modo de uma experiência consequente de empatia, que eu possa pensar como sendo revelada em uma experiência consequente, cujo conteúdo seria então uma das possibilidades que teriam de coincidir com uma possibilidade de mim mesmo. Cada uma de minhas possibilidades é, ao mesmo tempo, uma possibilidade de algum Eu.

Deste modo, pertence a mim (como a qualquer Outro concebível), como possibilidade "inata" a mim mesmo, que experiências empáticas possam ocorrer em mim, e de tal forma que elas podem se harmonizar consistentemente e me dar evidência para o Ser de um Outro. Cada evidência é em si mesma uma característica de uma vida possível, incluindo aquela que reside na comprovação experiencial consistente de Outros.

A formação conceitual da psicologia individual pura (egologia pura) tem a peculiaridade de que para o seu conteúdo científico eu não preciso de nenhuma utilidade da validade possível da empatia e de que isto só entra em questão quando eu reivindico objetivo = validade intersubjetiva para minha evidência psicológica no método de formação conceitual. Para este último, porém, não há necessidade de um método psicológico especial de justificação, uma vez que a validade da empatia é já pressuposta desde o início de forma indiscutível e injustificada.

/**539**/ O sentido e a necessidade de uma filosofia transcendental egológica como parte inicial de uma filosofia transcendental intersubjetiva (sociológica) é dirigida de forma diferente.

Adendo: é óbvio que é necessária mais elaboração para deixar claro que eu posso permanecer em pura e consistente autoexperiência, onde toda empatia é reservada como uma experiência, mas não utilizada como experiência da subjetividade alheia. Então fica claro que isso não significa "usar sua validade", se se apropria do conteúdo intuitivo do psíquico-anímico como uma possibilidade do próprio-psíquico-anímico.

Se eu usar a possibilidade da experiência empática (como valendo primariamente), então vejo que o que é possível para um Eu e uma Vida é possível para qualquer Eu e qualquer Vida, e que toda experiência possível do psíquico (seja falando a partir de mim, da minha autoexperiência, ou da experiência possível de Outros possíveis) resulta em possibilidades que valem para qualquer entidade psíquico-anímica, mas, por outro lado, que para ganhar a forma universal de uma alma possível, eu devo construir uma experiência consistente no interior de um Eu possível, seja como minha autoexperiência concebida como consistentemente continuada ou como uma experiência consistente imaginada de Outros.

E quanto ao fundamento de uma psicologia comunitária intencional, como uma teoria sociológica de essência da vida comunitária humanamente possível em geral e sua "realização" comunitária?

GLOSSÁRIO

Ablösung = desprendimento

Aufweisung = demonstração

Außerphysisch = extrafísico

Außerpsychisch = extrapsíquico

Allgemeinheiten = generalidades

Besinnung = apreciação. => Termo de difícil tradução, Besinnung teria, literalmente, o sentido de uma contemplação meditativa capaz de dar um sentido (Sinn) àquilo que se contempla. A correspondência mais direta, em português, talvez seja a palavra "meditação" - um meditar sobre algo ou sobre si mesmo. No entanto, a palavra "meditação" é, no contexto da fenomenologia husserliana, carregada de um sentido muito próprio (cf. *Meditações cartesianas*), e seu uso, nesse caso, poderia gerar confusões. Optamos pelo termo "apreciação" - e não "ponderação", que seria em princípio uma opção igualmente viável - por sua maior plasticidade semântica.

Betätigung = atuação

Bewährung = verificação => preserva o radical do "verdadeiro" - Wahre

echt = autêntico

Eigenwesentlich = o essencialmente próprio

Einfühlung = empatia

Einsicht = geralmente "intelecção". Mas como se trata de um termo impossível de ser traduzido por apenas uma palavra (como seria o caso do inglês *insight*), algumas vezes aparece traduzido por "entendimento".

Einstellung = orientação

einstimmig = concordante

Erfassung = assimilação

Erscheinung = aparição

Ganzheit = totalidade

Gebilde = construto

gegeben = dado

Gegebenheit = doação

gesamt = o todo

Herausstellung = exteriorização

Herstellung = produção

Ichsubjekt = eu egoico

Ineinander = interconexão

Kehre = virada

leibhaft = corpóreo, material / material e corpóreo

Leistung = operação ou realização => dependendo se a ênfase é colocada no processo [operação] ou no resultado [realização].

Mensch = humano / pessoa => dependendo se o uso é mais geral [humano] ou mais específico [pessoa]. Deliberadamente evitamos a forma generalizada no masculino – o "homem" –, como normalmente este termo é traduzido ao português.

Mitsetzung = com-posição

prinzipiell = principial

psychisch = psíquico => Esse termo, usado por Husserl como sinônimo de "anímico" ou referente à alma, não tem o sentido moderno-contemporâneo de mente, mas está referido ao princípio vital e às particularidades deste princípio anímico, no sentido que remete ao termo grego *psyché*. Cf. seelisch.

Raumwelt = mundo-espaço

real = real

reell = genuíno / genuinamente (adv.) => esse neologismo é empregado por Husserl para se referir àquilo que tem uma realidade não efetiva, objetal e objetiva, mas uma realidade imanente, enquanto conteúdo intencional. Alguns tradutores optam pela tradução "real-imanente". Optamos por "genuíno" como termo que dá a dimensão da realidade imanente enquanto a realidade genuína em termos da consideração fenomenológica, mas que permite igualmente seu uso adverbial (genuinamente), como tantas vezes empregado por Husserl.

rechtmäßig = razoável

Schein = aparência

Schlüsse = silogismo

Seele = alma

seelisch = psíquico-anímico (de ânima = referente à alma) => Pelo fato de que Husserl compreende "alma" não num sentido teológico-religioso, mas como um sinônimo de "psíquico", o que certamente remonta ao termo grego que originou ambos os termos (alma e psiquismo), a saber, *psychè*, optamos por traduzir *seelisch* pelo construto "psíquico-anímico" a fim de preservar a coesão de sentido do texto e evitar interpretações mais apressadas que pudessem compreender a alma em um sentido místico-religioso. Cf. *psychisch*.

Seinsboden = terreno ontológico

Selbstbesinnung = apreciação de si => Cf. Besinnung

überhaupt = em geral

Umwendung = transformação // reviravolta (Copernicana)

unbeteiligter Zuschauer = espectador não-participante

ungeheuer = colossal

Verdoppelung = duplicação

Verwirklichung = efetivação

vollziehen = executar

vorgegeben = pré-doado

Vorgegebenheit = pré-doação

Vorweisung = demarcação prévia

Welthabe = posse de mundo

Wendung = virada

wirklich = geralmente "efetivo". Às vezes também "real" ou "verdadeiro", dependendo do contexto.

A PSICOLOGIA NA CRISE DA CIÊNCIA EUROPEIA

AS CONFERÊNCIAS DE PRAGA (1935)*

Devo estar preparado para o fato de que mesmo o título desta conferência - "A psicologia na crise da ciência" - pode causar estranheza e suscitar controvérsias. Pode-se seriamente falar de uma crise da ciência, da ciência enquanto tal? A crise de uma ciência diz respeito ao fato de que sua genuína cientificidade, o modo como ela dispõe sua tarefa e desenvolve sua metodologia correspondente, tudo isso se tornou questionável. Isso de fato se aplica à filosofia, que atualmente ameaça sucumbir ao ceticismo, ao irracionalismo e aos misticismos. O mesmo inegavelmente se aplica também à psicologia. Mas como se poderia falar de uma crise das ciências em geral, incluindo as ciências positivas, a matemática, as ciências naturais exatas e as humanidades concretas, que justificadamente tanto admiramos como modelos de cientificidade rigorosa e que são tão bem-sucedidas? Quem poderia se isentar diante da crescente evidência de suas realizações, munidas de uma metodologia admirável, quem poderia se esquecer que é graças a elas que dispomos de um sem-número de invenções e descobertas que em apenas um século reestruturaram completamente o mundo real que nos rodeia? E no entanto, em um aspecto essencial, a avaliação das ciências positivas se alterou consideravelmente. O modo como o todo da visão de mundo [*Weltanschauung*] humana se deixou determinar pelas ciências positivas e /**104**/ se cegar pela *prosperity* que lhes era devida, na segunda metade do século XIX, significou um afastamento indiferente em relação às questões decisivas para <pensar> legitimamente uma humanidade. Meras ciências de fatos fazem meras pessoas de fatos. A transformação na avaliação pública foi inevitável, especialmente após a guerra. E, como sabemos, ela aos poucos gerou um clima de hosti-

* Tradução de Anna Luiza Coli e Giovanni Jan Giubilato.

lidade na geração mais jovem. Em nossa urgência vital - assim ouvimos -, esta ciência nada tem a nos dizer. Ela exclui por princípio precisamente aquelas perguntas mais prementes e referidas à vida humana, exposta às mais inexoráveis agitações nesses tempos infelizes: as perguntas pelo sentido ou pela ausência de sentido de toda esta existência humana. Poderia, afinal, haver algum sentido que, neste mundo, no qual todas as diretrizes que dão sustentação à vida estão se rompendo, os laços íntimos se dissolvendo, no qual a história, tornada clarividente, nada mais ensina senão que tudo sempre foi assim, <pode haver sentido que> a razão tenha se tornado um disparate e a benevolência uma praga? Poderíamos viver em um mundo em que os ideais supremos e tudo o que já foi sagrado para os humanos não pudesse ser mais que um fato historicamente provisório de valoração humana, e a história humana não pudesse ser mais que uma cadeia de impulsos ilusórios e amargas desilusões? Poderíamos viver sem que nos assegurássemos de um significado absoluto e eternamente válido tanto para nossa própria existência quanto para o mundo?

Mas todas essas questões da humanidade permanecem excluídas do campo das ciências positivas, mesmo daquelas que lidam com a existência humana em sua historicidade. Excluídos em virtude de sua limitação ao que elas entendem por "objetividade" e do que determina todo método de sua cientificidade.

Todavia, nem sempre foi esse o caso. As ciências nem sempre estiveram inteiramente isoladas dos autênticos problemas humanos, nem mesmo as ciências naturais. Isso se torna compreensível quando historicamente consideramos a inexorável mudança à qual sucumbiu a ideia original da filosofia enquanto ciência universal. A saber, que a metafísica e as demais disciplinas que em torno dela se agrupam, ocupadas com as últimas e supremas questões - as mesmas que agora consideramos sob o título "filosofia" -, perderam todo crédito diante da prosperidade das ciências dos fatos; e isso de tal modo que aquelas disciplinas não foram levadas a sério enquanto ciências, e mesmo a possibilidade de que elas se tornassem /**105**/ ciências foi contestada. Finalmente, chegamos a tal ponto que, para a consciência pública, o conceito de ciência coincide com o das ciências positivas. E, no entanto, a ciência positiva é um mero resquício daquela ciência abrangente acerca da totalidade do ente, que encheu os modernos de uma grande alegria e uma exaltada autoconfiança durante os primeiros séculos após o Renascimento, e que, seguindo a antiga tradição grega, denominou-se filosofia. Esta filosofia universal não pretendia nada menos que abranger todas as perguntas significativas na unidade de um sistema, de modo rigorosamente científico, com uma metodologia apodítica e dotada de clareza intelectiva, e com uma progressão ordenada e infinita de pesquisa. Uma construção única de verdades definitivas progredindo ao infinito, deveria, portanto, oferecer uma resposta a todos os problemas e, não menos importante, aos problemas referidos à vida humana. E, no entanto, tais problemas da existência humana, como se costuma dizer, estão inseparavelmente entrelaçados àqueles problemas metafísicos preestabelecidos pela religião: questões estas acerca da existência e da essência de Deus, de uma teologia que rege a existência humana e o próprio Deus, e de Deus enquanto sacrário absoluto de todas as normas da razão pura.

Desde o início, a filosofia moderna adotara tacitamente a convicção da antiga tradição grega segundo a qual este e todos os demais problemas ontológicos em geral formam uma unidade inseparável a ser tratada pela filosofia precisamente enquanto tal, enquanto unidade. Do mesmo modo, <adotara> a convicção de que haveria uma ordem interna e significativa a regular a ramificação segundo as especificidades científicas e, em conformidade com a metafísica como ciência das questões últimas e supremas, a atribuir-lhe a categoria de ciência régia cujo espírito [*Geist*] poderia, em última instância, conferir sentido a todas as demais ciências. E, no entanto, os grandes fundadores da era filosófica moderna, em reação contra o modo escolástico de filosofar, acreditavam ter descoberto um novo método, o verdadeiro método para colocar em funcionamento uma filosofia efetiva e definitiva, uma "*philosophia perennis*"; de fato, eles já tinham-na feito funcionar de maneira exitosa.

Foi isto, portanto, o que deu impulso a todos os empreendimentos científicos no curso triunfante das novas ciências e que, no século XVIII, abarrotou círculos cada vez mais amplos com aquele tocante entusiasmo pela filosofia e todas suas ciências, mobilizando, desta forma, aquele **/106/** ímpeto fervoroso de formação [*Bildung*] e aquele zelo por uma reforma filosófica do âmago da educação, de toda a vida social e política - ímpeto este que a era iluminista (que de muito bom grado considera a si mesma como "filosófica") tornou tão venerável. Um testemunho imortal deste espírito pode ser encontrado no magnífico hino Schiller-Beethoveniano "Ode à alegria".

A nova humanidade, inspirada e afortunada por este espírito filosófico, todavia não se preservou desta forma. Ela perdeu aquela crença impulsionante na filosofia universal, que pensava possuir ao modo de territórios à disposição de uma realização assegurada. As ciências naturais proporcionaram êxitos convincentes e que muito brevemente cresceram num ritmo alucinante, de modo que elas se destacaram por si mesmas. Seu constante progresso mediante um trabalho conjunto e consoante, seu método passível de ser aprendido, seus êxitos técnicos - tudo isso rapidamente a transformou no protótipo do método científico em geral. Mas as tentativas efetivas de imitar este método em outros âmbitos, como na metafísica, na ética etc., não foram bem-sucedidas. Em todo caso, isso desembocou em uma formação, a partir de uma metodologia própria, de disciplinas históricas e de ciências concretas do mundo sócio-histórico que, por sua semelhança à metodologia das ciências naturais descritivas, criou a impressão de que, tal como ali acontecia, também aqui se tratava tão somente de uma etapa preliminar às explicações exatas. Mas a metafísica, assim como as disciplinas filosóficas em sentido mais restrito, em nada prosperaram no sentido de uma ascensão metodologicamente sólida. Elas foram novamente compelidas a refletir criticamente sobre seu método e passaram, assim, à crítica do método tão exitosamente praticado pelos cientistas naturais, no intuito de tornar suas próprias realizações compreensíveis. Repentinamente, as disciplinas filosóficas e a metafísica adquiriram uma questionabilidade em termos de perspectiva subjetiva: a subjetividade cientificamente cognoscente enquanto tal, atuante na pesquisa, na observação, na experimentação, na formulação de conceitos e julgamentos exatos e na justificação das verdades, mas que por si só não era tratada como tema das ciências naturais, essa subjetividade se tornou, de um momento a outro, um problema perturbador. Uma vez tomada essa direção de apreciação, tudo se estremeceu. A esplêndida segurança de poder resolver os problemas supremos, os problemas relativos a Deus, relativos à teologia absoluta, à ética absoluta etc., em suma, os problemas metafísicos - e de já tê-los **/107/** resolvido e, assim, de poder construir racionalmente uma nova humanidade sobre o fundamento da razão autônoma - esta esplêndida segurança se revelou uma ingenuidade.

Ora, o caráter paradoxal do nosso tema exige que examinemos mais de perto a história desta mudança. Precisamos tornar mais compreensível o significado que a renovação da filosofia adquiriu, em termos concretos, para a nova humanidade que reagia à Idade Média, mas igualmente o modo como, após a suposta descoberta do verdadeiro método, essa humanidade possa ter seriamente pretendido realizar e efetivar seu ideal de humanidade autônoma, bem como a cultura da razão pura. Além disso, é preciso tornar igualmente compreensível o modo como o grande êxito de uma série de ciências e, assim, supostamente também de toda a filosofia, paradoxalmente culminou no maior dos fiascos à medida que uma incongruência incompreendida e até então oculta, como um câncer sorrateiro, corroeu a autoconfiança da filosofia. É preciso mostrar como o desdobramento que tem início com *Hume* conduz a uma falência da filosofia num sentido original, qual seja, no sentido de uma filosofia universal objetivista, e, em seguida, como é apenas com a reação *kantiana* que surge uma filosofia dotada de um sentido inteiramente invertido - uma vez mais como filosofia universal, a saber, como filosofia transcendental. O objetivismo universal absoluto se contrapõe ao subjetivismo universal absoluto. Mas esta filosofia do idealismo alemão também fracassa. De fato, ela não vai à falência, seus ativos preservam algum valor, mas ela opera uma economia de letras de câmbio com um ouro ainda encoberto, ou seja, sem que este ouro tenha sido genuinamente [*reell*] retirado das profundezas da terra pelo trabalho de mineração. As profundas suspeitas que vislumbraram a existência deste ouro foram vigorosas mas, sozinhas, elas não possibilitaram nenhum empreendimento científico sério. Isso, por sua vez, levou ao afastamento da filosofia transcendental e até mesmo ao seu desprezo por parte dos especialistas e estudiosos que embarcaram nos êxitos das ciências positivas. Em pequenos grupos, no entanto, podia-se ao menos sentir o rastro da profundidade que os satisfazia nos motes impetuosos e na necessidade da filosofia transcendental. A segunda metade do século XIX resultou, por assim dizer, em uma filosofia objetivista, cuja autoconfiança havia sido recuperada, mas que fora acometida por um estreitamento /**108**/ substancial em seu sentido universal, o que ao mesmo tempo significou a perda de sua alma <, de sua essência> [*Entseelung*]. Um positivismo antimetafísico e naturalista, determinado principalmente pelas tradições do empirismo inglês, ganhou amplitude. É característico deste positivismo não ter nenhuma sensibilidade para o contrassenso que *Hume*, o pai do positivismo, sentiu tão vívida e verdadeiramente como falência. Junto à metafísica, ruíram todos os problemas filosóficos supremos e universais que, sem que deles estejamos cientes, pertencem todavia ao pleno sentido da verdade, mesmo àquela do conhecimento das ciências naturais. Resultou daí um ceticismo universal e, com ele, em última instância, um abandono da ciência genuína. Mas este ceticismo não se compreendeu como tal.

Esse era o estado da filosofia predominante, e, de acordo com ela, dever-se-ia moldar a imagem da humanidade europeia tal qual ela fora determinada pelo espírito positivista a partir de um critério de expansão rápida.

Considerando toda a função da filosofia como órgão de uma humanidade moderna que pretendia criar um novo significado existencial e um fundamento a partir da razão pura, o colapso da filosofia universal através do abandono dos problemas que universalmente determinam o sentido de todo ser e de toda verdade – dos problemas metafísicos em sentido mais amplo – deve significar uma catástrofe existencial para a humanidade europeia. Assim como a ciência deixou de cumprir com seu propósito último enquanto ciência, agora também a humanidade europeia deixa de cumprir com seu propósito último enquanto humanidade europeia.

Em verdade, porém, podemos apenas falar de uma crise europeia em geral, que por ora só ameaça se transformar em um colapso. Pois à exceção da forma da religiosidade medieval-eclesiástica que ainda perdurava ali apesar de sua progressiva decomposição, a filosofia transcendental, ainda que em pequenos círculos, permaneceu viva diante do positivismo mesmo se mostrando incapaz de determinar o espírito [*Geist*] geral de modo efetivo, por sua fraqueza metodológica e sua abatida autoconfiança. Se havia ainda alguma esperança de preservar a humanidade europeia moderna e de justificar sua reação contra a Era Medieval, ela estava precisamente aí - caso fosse possível superar a insuficiência metodológica própria às formas do idealismo /**109**/ transcendental, isto é, caso fosse possível conferir-lhe uma forma inteiramente nova através de uma reforma radical do seu método, e substituir as profundezas obscuras por uma ciência elementar, analítica e sistematicamente construída desde os fundamentos até o topo, de modo a satisfazer os mais altos requisitos científicos. Essa reforma teria que se basear em um aprofundamento radical da transformação transcendental, em sentido genuíno e essencial, e <se basear> igualmente no entendimento [*Einsicht*] - que lhe confere um direito inalienável - de que nela reside a única possibilidade de fundamentar uma filosofia universal unitária sobre o trabalho radical de sua execução, de sua realização. Desta maneira, dever-se-ia evidenciar o fato de que, em sua autocompreensão radical, ela possa e deva defender a pretensão de abranger, na estrutura sistemática do seu trabalho, todos os problemas ontológicos concebíveis e sobretudo os problemas últimos e supremos de sentido, referidos ao mundo e à existência humana, mas igualmente o fato de que ela terá se tornado, afinal, capaz de conferir uma forma definitiva à implicação teleológica das duas fontes primárias de sentido nas quais a humanidade europeia foi engendrada na Antiguidade - a filosofia grega e o monoteísmo judaico-cristão. Ao conferir-lhes esta forma, a filosofia universal e unitária deve finalmente poder alcançar seu equilíbrio definitivo. Assim deve-se poder amadurecer uma nova humanidade na qual a religião e autonomia se tornem compreensíveis e necessariamente assentadas e apropriadas uma à outra.

Mas a possibilidade de uma filosofia transcendental renovada desde seus fundamentos é - como vocês podem compreender - a questão que indica o interesse final das minhas palestras. E então tornar-se-á evidente como o problema de uma reforma radical da psicologia está irremediavelmente entrelaçado ao problema da reforma radical da filosofia transcendental.

Passemos à exposição. Como se sabe, a humanidade europeia está passando por uma transformação revolucionária. Ela se volta contra seu modo de existência vigente até agora, um modo ainda medieval, e o desvaloriza – ela quer se reestruturar em liberdade e tem na humanidade antiga o modelo a ser admirado. Ela quer imitar em si mesma aquele modo de existência. Mas o que esta humanidade apreende como o elemento essencial da antiga humanidade? Nada além da conformação filosófica da existência, livre para dar a si mesma, em todo o conjunto de sua vida, sua própria regra a partir da razão pura, a partir da filosofia. A filosofia teórica é uma primeira apreciação reflexiva do mundo, livre das vinculações do mito e da tradição e, por isso, corresponde ao conhecimento universal referido ao mundo e ao humano absolutamente **/110/** livre de preconceitos e preconcepções[47], e que reconhece finalmente no próprio mundo tanto a teologia que lhe é inerente quanto seu princípio supremo: Deus. Como teoria, a filosofia não torna livre tão somente o pesquisador, mas igualmente todo aquele que se forma e se educa filosoficamente. A autonomia teórica é seguida por uma autonomia prática. Idealmente, o antigo humano é aquele que intelectivamente se forma e se educa na livre-razão. Nisso reside o fato de que todo seu mundo circundante, seu mundo cultural e sua vida social – tudo isso é conformado a partir da livre-razão. Uma nova filosofia teórica deve ser pensada segundo esse modelo, que inicialmente se impôs em pequenos círculos isolados. Esta filosofia não deve ser simplesmente assumida de forma tradicionalista, mas ela deve se renovar a partir de sua própria pesquisa e crítica – e, no entanto, no sentido antigo de uma ciência universal do ente em geral. Isto nos conduz aos esforços para encontrar o verdadeiro método. Retomemos imediatamente as considerações metodológicas básicas de *Galileu* e *Descartes*, que

---

47. O termo alemão é *Vorurteile*, que literalmente significa pré-juízos. Normalmente, *Vorurteil* é traduzido por "preconceito". Devido ao caráter epistemológico do contexto em que o termo é empregado, no entanto, optamos por traduzi-lo não apenas por "preconceito", mas pela combinação "preconceito e preconcepção", de modo a deixar o sentido do texto mais claro [N.T.].

inauguraram a história da filosofia nos tempos modernos. Deles, e especialmente das *Meditações* de Descartes, advém a transformação do estilo geral da filosofia tal como até então assumido a partir dos antigos e dos escolásticos. As disciplinas tradicionais da matemática e das ciências naturais passaram por transformações significativas em termos de encargos e tarefas. Mas a mudança é igualmente evidente no modo como todo o *globus intellectualis* foi sendo sistematicamente conquistado a partir daí. Na própria abordagem metodológica já reside a exemplaridade das ciências exatas, assim como em Descartes já reside a intenção de propor uma matemática universal. Logo de início, representado por *Hobbes,* surge um novo tipo de psicologia e uma nova ciência geral da sociedade humana, que é nova justamente por ser determinada pelo modelo da ciência natural: uma explicação causal naturalista, psicofísica e puramente orientada à psicologia - no que ela em muito se distanciou da Antiguidade. A nova metafísica (que reconhecidamente permaneceu fortemente dependente da Escolástica) foi praticada segundo este mesmo método: igualmente *ordine geometrico*. Assim, toda a filosofia, a *sapientia universalis,* parecia de fato obter êxito apenas a partir da razão de um único espírito. Um exemplo clássico daquilo que se pretendia e daquilo que de fato foi a força motriz de todo trabalho, pensado como tarefa universal, pode ser encontrado no esboço do sistema filosófico de Espinosa, a *Ethica more geometrico demonstrata.*

E, no entanto, havia uma ingenuidade oculta no ímpeto desse desenvolvimento que encobria a impossibilidade interior de todo o propósito de uma **/111/** ciência universal desse estilo. Essa ingenuidade se tornou gradativamente perceptível, embora ainda pouco clara. E com ela se tornou perceptível um fracasso, uma sensação de insuficiência teórica, apesar do fato de que, individualmente, várias ciências - dentre as quais se destaca a matemática - tenham claramente experimentado uma curva ascendente de realizações admiráveis. Nesse sentido, prestemos atenção à dupla linha do desenvolvimento filosófico cuja fonte se encontra nos escritos inaugurais de metodologia de *Descartes*. Lembro-lhes do radicalismo das *Meditationes,* de seu método de destituir a filosofia até então vigente e de seu novo começo sobre o solo da absoluta ausência de preconceitos e preconcepções. O conjunto das ciências então vigentes é mantido sob questionamento – e até mesmo a matemática dos antigos; do mesmo modo, questiona-se o mundo ingenuamente pressuposto da vida prática cotidiana, o mundo anterior à ciência, a partir do qual surgiram todas as ciências, embora elas nunca o tenham seriamente colocado em questão. Ora, este mundo é revelado como algo inteiramente subjetivo. A desvalorização do mundo sensível enquanto base científica sabidamente serve a *Descartes* para voltar à subjetividade da consciência, ao *ego* das *cogitationes* com suas *cogitata*, com suas *ideae* puramente subjetivas, através das quais esta ou aquela coisa – e, assim, o mundo, para dizer de modo universal – aparece a cada vez de modo sensível. Este ego é apontado na primeira das *Meditationes* como o pressuposto de todos os pressupostos, dotado de um grau absoluto de evidência. Deste modo, mesmo o intento da mais universal das dúvidas já o pressupõe.

Uma *dupla* linha de desenvolvimento parte precisamente dessa observação e logo volta a se cruzar. Por um lado, a filosofia transcendental, que vai da *Monadologia* de *Leibniz* à *Crítica da Razão Pura* de *Kant* e se consome no idealismo alemão. O outro ramo daquela dupla linha toma o caminho que passa pela crítica de *Locke* ao entendimento <humano>. Sem poder antever a dimensão profunda que se anunciara à pesquisa filosófica na consideração *cartesiana* fundamental, a saber, com o ego das *cogitationes*, *Locke* ingenuamente apreendeu este ego objetiva e naturalisticamente como a alma humana, como um aspecto da realidade psicofísica a ser considerado puramente para si mesmo, em uma evidência psicológica da experiência interna. Ao fazer isso sob o encanto do modo de pensar das ciências naturais, *Locke* ingenuamente pensa a alma como uma segunda natureza. Assim como a natureza física seria um universo espaçotemporal de corpos reais, também a psique seria um universo de dados psíquicos reais. O análogo do /**112**/ espaço é a *tabula rasa*. Uma psicologia sensualista e naturalista é, portanto, o fundamento para uma teoria do conhecimento, isto é, uma consideração de como o sujeito do conhecimento pode tornar possível uma filosofia enquanto conhecimento do mundo existente em si mesmo, assim como <pode tornar possível> uma matemática, uma física, uma metafísica.

O desenvolvimento posterior conduziu rapidamente ao fracasso desta epistemologia sensualista e psicofísica: a genialidade de *Berkeley* logo a transformou em uma teoria do conhecimento imanente que, como seu correlato, obteve uma espécie de idealismo monadológico. O não menos engenhoso *Hume*, ao levar a concepção sensualista de *Locke* consistentemente a seu termo, mesmo no que se refere aos atos do ego e a tudo que diz respeito ao egoico, construiu uma doutrina do conhecimento puramente imanente, embora sem ego, que faz do ego *cartesiano* uma natureza absolutamente encerrada em si mesma. Esta natureza é, para ele, o único terreno da doação efetiva sobre o qual nada mais pode ser fundado como existente, nem mesmo indiretamente, senão os aglomerados de impressões e ideias, enquanto que a natureza e o mundo em geral, que aí se fazem passar por real, não são de fato nada mais do que uma ficção a ser explicada psicologicamente. Basicamente aí se deu a falência de toda a visão de mundo naturalista.

Foi justamente isso que *Kant* viu com horror, e assim *Hume* o despertou de seu "sono dogmático". Mas o que aconteceu, afinal? O radicalismo da ausência absoluta de preconceitos e preconcepções, com o objetivo de fundamentar a verdade absoluta para todo o existente e, assim, uma filosofia universal, passou a exigir, desde *Descartes*, que considerações subjetivamente direcionadas atuassem como os fundamentos de um método filosófico universal. Por mais que não queiramos concordar com *Descartes* nos detalhes - como na fundamentação da objetividade da evidência subjetiva por meio da prova da existência de Deus e do *veracitas dei* -, o entendimento [*Einsicht*] de que uma fundamentação absoluta da verdade só poderia ser alcançada por reflexões subjetivamente direcionadas permaneceu inabalável para as épocas seguintes. O eu cognoscente, em sua imanência egoica encerrada em si mesma, fundamenta o sentido e a possibilidade do conhecimento de todo ser [*Sein*] objetivo enquanto ser [*Sein*] em verdade objetiva. Em primeiro lugar, veio a fundamentação do conhecimento da natureza objetiva - o que parecia ter sido perfeitamente bem-sucedido. Aqui se acreditava compreender o que era exigido pelo conhecimento da natureza objetiva: uma eliminação consistente de tudo o que era da ordem do sensível, do mero subjetivo. Mas como isso seria possível? Caso se ultrapassasse a natureza? Ora, o mundo é igualmente o mundo humano e animal, tanto quanto o mundo histórico da cultura. /**113**/ Como o conhecimento objetivo deve ser possível em relação à alma, ao ser espiritual? O que pode querer dizer aqui a eliminação de todo mero subjetivo, visto que todo subjetivo necessariamente pertence ao tema de uma psicologia como ciência do subjetivo em geral? Sem pensar duas vezes, prontamente se elaborou uma psicologia objetiva e ingenuamente naturalista. Assim, os sujeitos individuais foram transformados em almas reais, em componentes reais, psicofísicos, de essências complexas. E cada alma, de acordo com o manejo de *Locke*, foi transformada em um *white paper* no qual os dados anímicos e as experiências internas e evidentes, reguladas em termos de causalidade real, surgiam e desvaneciam. E esses dados também incluíam as atividades e as operações de conhecimento através das quais todo esse conhecimento da natureza objetivo, bem como o conhecimento psicológico, foram originados. Mas *Locke* não se preocupou nem um pouco com isso, e assim ampliou sua teoria do conhecimento naturalista, que explodiu no pensamento de *Hume*, o qual, por sua vez, a levou implacavelmente a seu termo. Isso fez explodir também o objetivismo supostamente fundamentado por ela. Assim, o ficcionalismo paradoxal de Hume torna embaraçosamente palpável o fato de que todo conhecimento objetivo, mesmo o supostamente límpido conhecimento da natureza, é completamente incompreensível, e que a ciência da natureza é basicamente desprovida de uma fundamentação radical e, portanto, de uma verdadeira cientificidade. (Substancialmente, tudo o que foi dito vale também para o tão paradoxal – como é percebido – idealismo de Berkeley). A revelação da incompreensibilidade surgiu obviamente do fato de que o agir subjetivo (as operações da consciência) foi questionado à medida que sujeitos, pesquisadores da natureza, alcançaram a natureza no sentido da física como resultado do seu trabalho e, naturalmente, como sentido objetivo do conhecimento. É evidente que a incompreensibilidade já diz respeito ao mundo sensível e intuitivo ou à vida subjetiva na qual o mundo se constitui com o sentido e a validade de algo efetivamente existente. Sem esta operação, o conhecimento científico não poderia dispor de nenhum tema. E tampouco se considera que este mundo sensível cotidiano seja já pressuposto e mobilizado, em sua validade, em toda observação e toda experimentação do cientista. Tanto o conhecimento científico quanto o conhecimento cotidiano acerca do mundo deveriam, a partir de então e segundo sua possibilidade, tornar-se um problema, assim como a subjetividade, em cujo mundo de imanência a ciência objetiva e o conhecimento científico do mundo se originam enquanto realizações subjetivas - a subjetividade simplesmente enquanto essa **/114/** subjetividade realizadora -, deveria ser tema de uma ciência. Mas poderia ser esta a ciência objetiva? (E, por outro lado, não é verdade que toda ciência, e mesmo esta, quer ser conhecimento daquilo que é em si?) A derrubada que *Kant* propõe da metafísica do seu tempo, uma metafísica concebida como objetivista, é uma derrubada de toda a ideia objetivista de uma filosofia em geral (entendida sempre como uma ciência universal). Independente do quanto ela tente reconhecer a subjetividade como objetiva, e do quanto ela a persiga como alma humana e alma animal, como componente real de realidades psicofísicas, ela jamais poderá alcançar aquela subjetividade em cuja vida de consciência o mundo em todos os seus modos de representação, o mundo da *praxis* cotidiana e social, e igualmente o mundo das ciências objetivas, obtêm seu sentido e sua validade enquanto verdadeiros. A subjetividade transcendental de *Kant,* subjetividade dos atos e das faculdades que institui todo o tema da filosofia *kantiana,* de modo algum corresponde à alma humana e animal que se supõe real, e tampouco àquela alma que, desde *Locke,* a psicologia busca reconhecer no espírito objetivo da ciência natural. Quem se refere à filosofia de *Kant* como subjetivista ou imanente, ou pensa a alma humana em termos psicofísicos, não entendeu uma palavra de *Kant.* O esforço de *Kant* é o de definitivamente arrancar este psicologismo pela raiz. Do mesmo modo, compreende-se mal o *Treatise* de *Hume* quem a ele atribua esse mesmíssimo psicologismo, uma vez que ele pretende dissolvê-lo ceticamente em seu ficcionalismo, assim como pretende também com o naturalismo em geral. Seu psicologismo, tanto quanto seu naturalismo, já se movem inteiramente sobre um terreno "transcendental", qual seja, aquele de uma imanência transcendente. Seu psicologismo consiste exclusivamente na adoção da concepção *tabula rasa* para as doações imediatamente advindas da experiência egológica, de modo a libertá-las da ingenuidade psicofísica de *Locke*. Pode-se dizer: todos os grandes idealistas, mesmo sem alcançar uma compreensão efetiva de si, lidam sempre com aquele ego que é formulado primeiramente nas *Meditationen* de *Descartes*, embora ainda imperfeitamente, como a subjetividade derradeira que se constitui na experiência e no conhecimento da "representação do mundo". Mesmo a monadologia de *Leibniz* e, em outra direção, toda a filosofia transcendental até *Hegel*, pertencem a este grupo.

Podemos agora designar dessa forma o sentido profundo de toda essa filosofia idealista ou "transcendental", que tem **/115/** sua fonte em Descartes, qual seja, expressando sua verdadeira posição de modo abrupto e consistente: toda ciência objetiva, por mais que ela se considere (como ciência exata) como o único método verdadeiro em virtude de seus êxitos enquanto ciência, ela, todavia, ainda não corresponde a uma ciência séria, visto que não é ciência daquilo que advém da fundamentação definitiva, isto é, da responsabilidade própria [*Selbstverantwortung*] e definitiva daquele que conhece. Isso pode ser realizado tão somente pela ciência universal transcendental à medida que ela se volta à derradeira subjetividade absoluta, a subjetividade da consciência, na qual o mundo, o mundo pré-científico e então o mundo científico do estilo objetivo, <todos eles> obtêm seu conteúdo e sua validade; este mundo, com todas as suas categorias ontológicas, fornece antes de tudo à ciência objetiva sua fundamentação transcendental e seu sentido real e filosófico. A filosofia transcendental não significa uma explicação subsequente da objetividade, mas sua verdadeira fundamentação, isto é, aquilo que é segundo o sentido e a validade.

Ora, devemos agora perguntar: e o êxito de todos esses sistemas filosófico-transcendentais desde *Kant*? Pouco preocupada com eles, a ciência objetiva seguiu seu caminho. Nas ciências naturais e, mais tarde, nas ciências humanas, as ciências objetivas puderam, por seus êxitos palpáveis, basear-se orgulhosamente em si mesmas, sem dispensar qualquer preocupação a todos aqueles sistemas. Ou então, se elas se preocuparam, elas os trataram objetivisticamente. Mas não teria o próprio curso do desenvolvimento filosófico-transcendental levado à unidade de um progresso em termos das realizações do conhecimento? A uma edificação do conhecimento que, ao menos na unidade de uma cooperação sustentada pelo consenso, poderia oferecer aos próprios filósofos uma segurança interior?

Nesses casos, o que também e indiscutivelmente teria acontecido é que os cientistas positivos teriam se convencido da necessidade de avaliar seus resultados de maneira diversa. Eles certamente teriam aprendido a ver que seus êxitos não teriam o mesmo significado que eles lhes conferiam, a saber, o de um derradeiro conhecimento científico, baseado de fato em si mesmo, do verdadeiro ser da natureza e do espírito. E isso, todavia, não aconteceu porque o desenvolvimento da filosofia transcendental ofereceu apenas a imagem de uma ciência em progresso uniforme. Essencialmente, a história de **/116/** toda a filosofia transcendental (incluindo aí aquela que subjaz de modo latente em *Hume* e *Berkeley*) é uma história das renovadas tentativas de realizar a filosofia transcendental. Mas nunca houve um começo de fato, nunca ela foi capaz de alcançar o terreno absoluto sobre o qual ela pudesse dar início ao trabalho legítimo com questões legítimas que já demarcassem os caminhos igualmente legítimos do trabalho.

As tentativas de <realizar os> sistemas transcendentais falharam, embora elas continuassem a encontrar admiradores e a exercer certo poder epistêmico do qual não se poderia escapar completamente caso se se deixasse nele de fato aprofundar. No compreender subsequente [*Nachverstehen*] vivencia-se a evidência, tão ressaltada por seus criadores, de que suas construções especulativas de fato despertaram grande admiração - mas de que não se podia nelas permanecer e tampouco pretender continuar trabalhando nesse mesmo espírito. Era uma evidência presente nas antevisões, mas que se mostrou totalmente incapaz de se aproximar imediatamente daquilo que ela antevia e, assim, de se tornar uma análise sensata, uma formação de conceitos, uma generalização de essências, em suma, de se tornar um trabalho verdadeiramente científico. Mas como isso deve ser entendido? Os grandes filósofos transcendentais de modo algum eram como que poetas dos conceitos. A eles faltava nada menos que um senso para as fundamentações científico-teóricas. A necessidade de uma responsabilidade própria definitiva e mais profunda do elemento conflituoso na fundamentação de sua formação de conhecimento correspondia à força motriz de todo o movimento filosófico transcendental. A metodologia objetiva e sua realização, o mundo pré-científico e o mundo científico, só poderiam ser fundamentados e tornados compreensíveis por meio de uma subjetividade atuante e operante que foi, em última instância, reflexivamente tematizada. Mas, então, por que não começar simplesmente pela experiência interior e pela descrição de suas doações? Afinal de contas, na filosofia transcendental se está a todo momento lidando com o subjetivo. As faculdades transcendentais em *Kant* - por exemplo a imaginação, o entendimento, a razão, a síntese de apreensão etc. - são, afinal, faculdades dos atos e das operações que se realizam nesses atos e que decorrem segundo uma legalidade absolutamente fixa e invariável e constituem, assim, a forma *a priori* da objetividade e da natureza. Mas esses atos, variações de ato e operações, o filósofo só realiza de fato em si mesmo, onde quer que ele faça uma experiência, que ele identifique ou reconheça algo da natureza etc. Ele deve, portanto, apreender a natureza de modo correspondente em uma reflexão pura e concretamente realizada daquilo que lhe é dado enquanto **/117/** natureza nessa vida de consciência que opera metodicamente, de modo a poder torná-la compreensível enquanto natureza operativa e, assim, também em sua forma essencial de operação, <ou seja> sua legalidade. Por que foram erguidas faculdades transcendentais que se mantiveram mais ou menos míticas, uma vez que deveria ser possível tornar visível, na reflexão, a vida que decorre e opera continuamente e, assim, tornar compreensíveis os modos como ela constitui, segundo as necessidades, aquilo que está por assim dizer diante do nosso nariz, na direção linear e natural do nosso olhar: o objeto natural, a natureza em geral no "como" de seus modos de aparição?

Isso não é tematizado por *Kant* e menos ainda por seus sucessores. Não faltam alusões, em Kant, de que ele de fato enxergou aí as tarefas, mas o modo como ele as coloca de lado como tarefas dispensáveis revela que ele não reconheceu o verdadeiro e pleno sentido do problema transcendental (aquele de *Hume*), e que ele tampouco se sentiu seguro na compreensão da diferença entre as tarefas objetivo-psicológicas e as transcendentais. De fato, uma implementação consistente da reflexão transcendental envolve imediatamente dificuldades extraordinárias e paradoxais, sobretudo no que diz respeito à relação entre psicologia e filosofia transcendental, entre a subjetividade psicológica e a subjetividade transcendental. Aquilo que o eu das funções transcendentais de fato é, e como ele efetivamente se posiciona diante do eu empírico - o eu do humano real, o qual a psicologia toma por tema ao considerá-lo como alma [*Seele*] - permanece totalmente incompreensível em Kant e em seus sucessores. Por que os atos e as faculdades transcendentais devem ser distintos daqueles que eu, na condição de humano cotidiano, executo em minha vida mundana? Afinal de contas, sou apenas um único eu. Mas qual monstruosidade a de dizer que meu entendimento prescreve a lei à natureza e que a objetividade mundana se constitui em minha alma! Então é preciso que o eu transcendental, com suas faculdades transcendentais, seja distinto do eu enquanto pessoa humana. Mas isso não nos levaria a uma metafísica mística e abstrusa?

Ademais, eu não posso pensar a mim mesmo sem os outros, sem a coletivização que com eles estabeleço. Nascido em comunidade, devo o conteúdo da minha representação do mundo à constante comunicação com outros sujeitos. Por isso é que o mundo tem o significado de "mundo para todos", para mim e para toda e qualquer pessoa. Mas, por outro lado, não é justamente a partir da minha consciência, ou seja, /**118**/ transcendentalmente, que, em última instância, os outros têm para mim sentido e validade ontológica? Onde está o caminho transcendental em mim em direção aos outros e à comunicação com eles? Como é possível que um caminho assim possa ser concebível? Kant evidentemente nunca levantou o problema paradoxal da intersubjetividade transcendental. Kant não faz qualquer menção às funções transcendentais através das quais os outros se constituem como outros, a humanidade como humanidade e, assim, em primeiro lugar, a natureza objetiva <se constitui> como natureza comunitária. Mesmo o Idealismo alemão evitou esse problema.

Em tudo isso estamos metidos em paradoxos que são apenas as diversas modificações de um único paradoxo fundamental: a identidade necessária e, ao mesmo tempo, a necessária diferença entre a subjetividade psicológica e a transcendental, entre funções e faculdades psicológicas e funções e faculdades transcendentais.

Não teria ainda havido saída possível para a ameaça representada por esses paradoxos? Ora, por mais paradoxal que esta tese possa parecer agora, acredito e espero poder convencê-los de que precisamente o encanto naturalista que caiu sobre a psicologia, e que ela até os dias de hoje não foi ainda capaz de superar seriamente, é o principal responsável pelo fato de que a filosofia transcendental até agora não tenha encontrado uma saída para sua constrangedora situação e que, por isso, tenha permanecido presa às suas reluzentes construções. Se a psicologia não tivesse falhado, ela teria desempenhado um trabalho de mediação necessário a uma filosofia transcendental concreta, a ser manejada de maneira analítica e sintética, e principalmente livre de todo paradoxo. A psicologia falhou, no entanto, porque desde o início da era moderna ela reiteradamente se equivocou quanto ao seu próprio sentido, sentido que lhe foi legitimamente atribuído, embora lhe fosse, naturalmente, de difícil acesso. É por isso que toda sua história é uma história de crises. Precisamente por essa razão, a psicologia poderia auxiliar o desenvolvimento de uma verdadeira filosofia transcendental apenas se submetida a uma reforma radicalizada, na qual sua tarefa e seu método inerentes pudessem ser esclarecidos a partir da mais profunda apreciação [*Besinnung*].

Para tornar compreensível o que foi dito até aqui, adentremos aqui uma reflexão: contrastemos novamente a psicologia e a filosofia transcendental.

Evidentemente, a psicologia não pode realizar aquilo que a filosofia transcendental realizaria se ela de fato cumprisse sua tarefa enquanto ciência. A própria tarefa da psicologia sempre foi a de ser uma ciência de seres humanos e animais reais, segundo seu ser psíquico-anímico [*seelisch*]. /**119**/ Todo pensamento aqui se move sobre o terreno da obviedade do mundo que existe para nós a partir da nossa experiência. Com efeito, este é de antemão um mundo só imperfeitamente conhecido e reconhecido. Do mesmo modo, é evidente que ele possui um ser em si mesmo que se apresenta nas opiniões subjetivas cambiantes e nas aparições, e que é o substrato das verdades em si. É aqui o caso - e este é o objetivo de toda ciência objetiva - de ir além da relatividade das opiniões e das aparições subjetivas e reconhecer a objetividade tal como ela é em si mesma, pelo menos no que diz respeito a uma aproximação sistemática.

O filósofo transcendental vê com espanto que toda aquela objetividade e todas as suas ciências constituem um tremendo problema. O problema radical aqui é precisamente a obviedade na qual o mundo reiteradamente está e que lhe corresponde. À medida que reflito filosoficamente sobre mim mesmo como o eu existente que possui o mundo na mutação fluente de experiências e que tem consciência delas, vejo que minha vida de consciência é o lugar no qual o mundo, com todo seu conteúdo de representações, adquiriu e continua a adquirir seu sentido e sua validade. Isso se aplica a toda objetividade real, incluindo aí as pessoas, os animais, as almas, as comunidades de pessoas etc. Nesse sentido, o ser psíquico-anímico [*seelisches Sein*], o caráter de espírito objetivo de todo tipo e, portanto, a própria psicologia, pertencem ao campo dos problemas transcendentais. Querer tratar os problemas transcendentais sobre bases objetivas e empregando o método da ciência objetiva conduz indiscutivelmente a uma circularidade absurda. Nenhum ajuizamento objetivo, assim como nenhuma declaração sobre o mundo em sentido semântico natural, jamais poderiam servir de premissa a qualquer ajuizamento transcendental. E, no entanto, a pergunta retorna: enquanto ao mesmo tempo tema da psicologia e eu do ego transcendental, não seria eu um único e mesmo eu? O mesmo, e que, todavia, executa duas orientações teóricas distintas e que estabelece tarefas distintas em relação a si mesmo a aos outros. Toda opinião que tenho de mim mesmo se origina por meio de apercepções de mim mesmo, de experiência e de ajuizamentos que reflexivamente direcionei a mim mesmo e que assumi a partir de apercepções empáticas em conexão com os outros. Assim, realizo uma objetificação de mim mesmo, e posso realizá-la ainda em vários novos níveis. Tal como o que é da ordem coisal e, portanto, perfaz o campo do não-egoico, quando reflito sobre mim mesmo sou igualmente dotado de um sentido aperceptivo objetivo que já possui desde sempre sua história constitutiva. A orientação transcendental nada mais é que um perguntar por detrás de toda /**120**/ apercepção do mundo e de si mesmo e, assim, o assumir de uma posição que tem precedência sobre todas as validades já adquiridas. Investigar metodicamente, nessa orientação, a estrutura de validade na qual nosso mundo aparente e a cada vez objetivo é válido e adquirido antes de toda e qualquer reflexão - este é o problema transcendental corretamente compreendido. Na compreensão mais radical e profunda de si mesmo do eu, daquele que é possuidor do mundo e que realiza em si mesmo essa posse de mundo, é necessário que se torne compreensível o verdadeiro ser do mundo, seu sentido ontológico enquanto aquisição subjetiva. Evidentemente que, se interpretamos a subjetividade transcendental como o ego isolado e, segundo a tradição kantiana, negligenciamos toda a tarefa de fundamentação da comunidade transcendental de sujeitos, então todas as perspectivas de um conhecimento transcendental de si mesmo e do mundo estarão perdidas.

Ora, se é inegável que sou o mesmo eu, então sou o mesmo que, na filosofia transcendental, executa a última apreciação de si [*Selbstbesinnung*] e, por outro lado, <o mesmo que,> na psicologia, sobre a base do mundo que me é dado já como válido e acabado, tomo a mim mesmo por aquilo que precisamente sou enquanto eu mundano e objetivado: um humano em meio a humanos. Isso decerto indica uma conexão indissolúvel entre a psicologia e a filosofia transcendental. Assim, seria preciso igualmente antever que o caminho para uma filosofia transcendental deveria ser conduzido através de uma psicologia concretamente elaborada. De antemão pode-se dizer, afinal: se eu mesmo executo a orientação transcendental de maneira a me elevar sobre todo o mundo e sobre as apercepções de mim mesmo, no intuito de estudar a operação pela qual o mundo me é dado, então devo poder encontrar tal operação também em uma análise interior psicológica, muito embora, aí, apenas ao adentrar novamente uma apercepção objetiva, como algo de anímico que pertence a um corpo real. E inversamente: um desdobramento psicológico radical da minha vida aperceptiva no mundo, ou seja, daquilo que minha consciência humana do mundo e do mundo tal qual ele aparece à consciência no "como" da respectiva aparição, enquanto imagem do mundo - como se diz -, este desdobramento psicológico deveria, todavia, adquirir imediatamente seu significado transcendental na transição para a orientação transcendental, assim como eu, num nível superior, levarei igualmente em consideração a apercepção objetiva a partir da qual a representação do mundo detém o sentido do existente real, do anímico humano. É, portanto, surpreendente que a filosofia transcendental desde *Kant* tenha feito tão pouco uso da psicologia, /**121**/ que desde a época de *Locke* almejou ser uma psicologia baseada na experiência interna. Ao contrário, a filosofia transcendental considerou todo mínimo acréscimo de psicologia como uma traição ao seu verdadeiro propósito, além de estar em constante guerra contra o psicologismo, cujo efeito desejado e de fato alcançado foi o de não permitir que o filósofo pudesse se ocupar com a psicologia objetiva. O anseio de tratar psicologicamente determinados problemas epistemológicos se conservou, mesmo depois de *Hume* e *Kant*, como uma grande tentação para todos aqueles que se sentiam bastante confortáveis em seu sono dogmático e se deixavam enganar filosoficamente pelas ciências objetivas. Apesar de *Kant*, *Hume* permaneceu incompreendido. O empirismo inglês, isto é, aquela ingênua epistemologia psicológica ao estilo de *Locke*, continuou a se alastrar e vem até mesmo tomando a forma de uma vegetação exuberante. E assim, porém, a filosofia transcendental, com seus questionamentos inteiramente novos, teve também que constantemente lutar contra este psicologismo. E é precisamente por isso que nossa questão aqui não é mais sobre os naturalistas filosóficos, mas sobre os filósofos transcendentais de fato e, deste modo, sobre os próprios criadores dos grandes sistemas. Por que eles não se ocuparam em absoluto da psicologia analítica das experiências internas? A resposta já indicada, que exigiria, todavia, mais explicações e justificativas, diz que a psicologia desde *Locke*, em todas as formas em que ela se pretendeu psicologia analítica da experiência interior, falhou naquela que seria sua tarefa específica.

Segundo nossa exposição, toda a filosofia moderna é, em seu sentido original como ciência última e universal, e pelo menos desde *Kant* e *Hume*, uma única disputa entre duas ideias de ciência: por um lado a ideia de uma filosofia objetiva sobre a base do mundo pré-doado e, por outro, aquela de uma filosofia baseada na subjetividade absoluta, transcendental. Esta última foi historicamente considerada uma ideia inteiramente insólita e estranha.

A psicologia está constantemente envolvida neste grande processo de desenvolvimento e, como podemos ver, nas mais diversas funções, uma vez que ela é o verdadeiro campo de decisões. Isso porque, embora em uma orientação distinta e, assim, diante de uma tarefa distinta, ela tem por tema a plena subjetividade concreta, que é apenas uma. E no entanto, como foi dito, a psicologia não chega a ter clareza radical sobre o que ela de fato pode e deve almejar. É por isso que lhe falta um movimento progressivo que seja sereno **/122/** como aquele das ciências naturais exatas, que reiteradamente lhe serviram de modelo. Assim, vivemos novamente uma crise da psicologia, que há apenas alguns séculos estava plena e munida da convicção de finalmente poder se equiparar às ciências naturais. Não que seu trabalho seja totalmente infrutífero. Foi descoberta uma multiplicidade de fatos notáveis, relacionados à vida anímica humana. Mas precisamente por isso podemos nos perguntar se esta já era seriamente uma psicologia com a qual se podia aprender algo sobre a própria essência do espírito – não sobre uma essência místico-metafísica, mas sobre o próprio ser em-si e para-si, acessível ao eu que investiga e reflete por meio da assim chamada autopercepção [*Selbstwahrnehmung*]. Nessa tendência, que afinal não poderia ser negligenciada, os motivos de insatisfação eram constantes. Havia delicadas tensões entre a tarefa historicamente herdada de tratar as almas inteiramente como corpos e como conectadas a corpos e, portanto como realidades espaçotemporais e, por outro lado, a tarefa de investigar as almas em seu ser em-si e para-si, tomando por base o caminho da experiência interna (ou, ainda, segundo a "empatia" dirigida ao interior). Ambas as tarefas pareciam estar metódica e faticamente conectadas de modo evidente, e todavia insistiam em não concordar entre si. Desde seu início, a Modernidade estabelecera o método *mos geometricus*; pode-se dizer, igualmente: o ideal metodológico do fisicalismo. O mundo era sobretudo visto como mundo de fatos reais, regulado por leis causais. E, do mesmo modo, as almas eram vistas como anexos reais de seus corpos viventes [*Leib*], embora dotadas de uma estrutura formal distinta daquela dos corpos - não *res extensae*, mas real no mesmo sentido dos corpos. A partir dessa conexão, as almas deveriam ser investigadas segundo leis causais e, portanto, por teorias em princípio do mesmo tipo que as teorias da física, que lhe servia de modelo. Mas e se toda essa paridade de princípios entre corpo e alma trouxesse consigo um contrassenso secreto? De fato, a causalidade assume um sentido por princípio inteiramente distinto caso estejamos falando da causalidade natural ou da causalidade que tem lugar entre os domínios do físico e do anímico ou espiritual. Um corpo é, enquanto este corpo determinado em sua própria essência, o substrato de propriedades causais. Se retirarmos daí a causalidade, o corpo perde seu sentido ontológico próprio enquanto corpo, enquanto individualidade física. O eu, no entanto, é este mesmo eu e tem individualidade em si e a partir de si mesmo - ele não tem individualidade por causalidade. É certo que, pela corporeidade, a individualidade do eu pode /**123**/ se tornar distinguível para toda e qualquer pessoa pela posição no espaço que lhe é devida. Mas essa possibilidade de se diferenciar e de se identificar na espaçotemporalidade, com todas as condições psicofísicas que entram em jogo nesse processo, nada disso pode prestar o mínimo auxílio ao seu ser enquanto *ens per se*. Somente a assim chamada experiência de si interna ou psíquico-anímica, mas também a empatia, que é meramente uma modalidade de modificação da experiência de si, podem fazer com que o ser da alma alcance sua autodoação. Por outro lado, a experiência corpórea não é de modo algum, desde o início, algo como a mera experiência de dados sensíveis, de imagens sensíveis, mas a experiência de propriedades físicas que correspondem a propriedades causais.

A absurdidade fundamental foi a de querer investigar naturalmente seres humanos e animais sob o título de realidades psicofísicas; todas essas tentativas ingênuas por parte dos grandes homens de realizar a psicofísica *more geometrico*, ou seja, como uma espécie de legalidade matemática, fracassaram. Esse fato, no entanto, permaneceu malcompreendido uma vez que nunca se havia refletido seriamente sobre o caráter metodológico das ciências naturais que se pretendia imitar. Surgiu daí o falso paralelismo entre a experiência interna e externa.

Ambos os conceitos permaneceram confusos e se mostraram inúteis para uma base científica. A natureza deve ser dada através da experiência externa. Interrogo a natureza enquanto campo da ciência natural, <a natureza> sobre a qual ela faz seus enunciados. Aqui temos que voltar às considerações metodológicas de *Galileu* e *Descartes*, a partir das quais o tema da nova ciência natural pela primeira vez adquiriu seu sentido: <voltar> aos discursos, todavia muito primitivos sobre as qualidades primárias e secundárias, à mera subjetividade das qualidades sensíveis específicas, e assim por diante.

É evidente que a mera exclusão do subjetivo e a concepção de algo objetivo que aí se apresenta como um em si não relativo, munido da convicção de que este deveria poder ser determinado em enunciados objetivos, em verdades em si, configura um método de pensamento através do qual o campo da ciência natural primeiramente adquire seu sentido, qual seja, o de um campo de trabalho futuro. Não existe uma experiência externa que olhe para esse campo de modo imediato. Por outro lado, o que se passa com a psicologia? Dentre as reações contra a psicologia fisicalista e fisiológica que buscava suprimir tanto quanto possível a experiência interna, e todavia pretendia ser psicologia, e até mesmo psicologia exata, /**124**/ foi de particular importância a engenhosa e enérgica tentativa de *Brentano* de reformar a psicologia ao propor uma psicologia seriamente baseada no fundamento da experiência interna, inicialmente na percepção interna, isto é, baseada no fundamento de uma análise puramente descritiva da interioridade da alma. Efetivamente, a introdução do conceito escolástico de intencionalidade como a característica essencial do psíquico marcou toda uma época. Em todo caso, era evidente que todas as afirmações psicofísicas que vêm de fora adquirem sentido psicológico apenas em virtude de uma descrição obtida, por sua vez, a partir da autoindagação da alma. Em particular, a indicação da intencionalidade e da necessidade de uma investigação intencional estarão para sempre vinculadas ao seu nome. Mas a reforma psicológica de *Brentano*, todavia, não pôde se impor e tampouco foi suficiente para pôr em marcha uma psicologia de fato intencional. Quando se trata de ciência, não há nada de sigiloso. E por essa razão devo expressar aqui a razão pela qual, apesar da grande reverência pessoal que tenho pelo meu professor, o que tanto me dificultou o processo de separar meus caminhos dos dele, não pude dar continuidade à sua psicologia de forma objetiva e metódica. O que disse anteriormente sobre a física e sua experiência encontra seu paralelo na psicologia e sua experiência interna. Desde a época de *Locke* não se logrou esclarecer que tanto o campo da psicologia quanto o da física não são, por assim dizer, dados de maneira gratuita mas, antes, adquirem seu sentido apenas a partir de um método. E aqui a questão se mostra muito mais difícil. As primitivas reflexões sobre a mera subjetividade da percepção sensível foram suficientes para pôr exitosamente em marcha os primórdios de uma física causal que se valeu da matemática tradicional, a qual não foi mais questionada em termos do sentido de seu conhecimento. No que se seguiu, essa reflexão se tornou desnecessária. A teorização <da física causal> e seu método continuaram a se expandir como uma espécie de técnica engenhosa que trazia consigo algo de uma evidência técnica que se preservou, enquanto técnica, em suas próprias consequências. Uma técnica da invenção e do cálculo. Algo semelhante jamais poderia ter acontecido à psicologia, por razões internas. A vida espiritual não é natureza, não tem um em si causal no sentido da natureza, e portanto não tem leis naturais que atuem como regras de um cálculo possível e, deste modo, falta-lhe o suporte para o êxito progressivo em uma previsão sistematicamente calculada, bem como uma técnica que rapidamente se coloque em marcha e que **/125/** possa, então, continuamente se desenvolver. Tratava-se aqui, com esforço, de chegar a um começo científico sério, isto é, ao campo de um trabalho que é da ordem do trabalho concreto e não de apreciações metodológicas tão efêmeras, como na física. Havia aí dificuldades e paradoxos incômodos que se preferiu evitar. Tampouco havia uma geometria por trás da psicologia que tivesse feito parte do trabalho na Antiguidade e, sobretudo, que tivesse desenvolvido e praticado as formas metodológicas de pensamento que eventualmente teriam possibilitado seu sucesso.

Tanto a ciência natural quanto a psicologia têm seu ponto de partida necessário no mundo intuído sensivelmente, além de um começo através da abstração. Se a ciência natural, neste mundo, consistentemente abstrai do espiritual, então a psicologia abstrai do corpóreo - e, naturalmente, permanece de início apenas no quadro da experiência. A ciência natural é, de ambos os lados, uma interpretação que desmembra o conteúdo da experiência na forma de uma direção geral sobre o que normalmente caracteriza a corporeidade, a coerência corpórea, as relações etc., até à unidade universal de toda a natureza. Isso se repete, paralelamente, na abstração que o psicólogo realiza em paralelo, em virtude de uma visão geral sobre o espiritual real tal como ele se comporta em detalhes e em conexões universais no mundo da experiência; novamente, por assim dizer, em generalidade formal. A ciência natural é, portanto, uma descrição de exemplos enquanto exemplos que se realizam com a intenção de <alcançar> descrições gerais. Isso, por um lado, faz aparecer a coisa corpórea como coisa individual e, por outro, o humano como humano espiritual, como um sujeito egoico e tudo aquilo em que um eu enquanto tal (à exceção do corpo) concretamente é. As pessoas, enquanto dotadas de propriedades pessoais, hábitos, faculdades adquiridas - tudo o que novamente remete ao fluir da vida de consciência dessas pessoas - têm seus múltiplos atos, afecções, humores, tudo isso, centrado no eu: com essas "intencionalidades" ainda não alcançamos o campo da psicologia, mas o que encontramos é nada menos que uma *tabula rasa* com dados de sensação e reflexão, dados estes que tampouco configuram "vivências intencionais", como se fossem paralelos aos corpos no espaço que são o tema teórico da doutrina corporal. Para a ciência natural, da mesma forma que o objeto do seu conhecimento não são os momentos que dependem do corpo, tais como as cores e as formas, mas, antes, o <próprio> corpo (de início, de modo mais intuitivamente descritivo), **/126/** também os objetos a serem tematizados psicologicamente não são as intencionalidades, mas as pessoas que se afetam por elas ou que realizam atos <intencionais> (e, de modo análogo, os sujeitos animais), assim como seu verdadeiro campo universal é o universo do sujeito espiritual. Uma psicologia descritiva não assumiria a tarefa de classificar intencionalidades, o que de alguma maneira seria o análogo das classificações tipológicas das ciências naturais.

Mas há algo ainda mais importante. Ainda não estamos prontos nem mesmo para dar início a uma psicologia descritiva que se detenha apenas no mundo concreto e intuitivo, uma psicologia cujo tema exigiria que nos mantivéssemos na abstração da natureza corpórea a fim de, apenas após seu trabalho, colocar as perguntas psicofísicas sobre a real vinculação de corpo e alma. Na experiência de mundo encontramos pessoas e animais intencionalmente dirigidos às coisas, às pessoas ao seu entorno e a animais e, portanto, conscientemente afetados por eles, olhando-os ativamente, percebendo-os em geral, lembrando-se ativamente deles, pensando sobre eles, planejando, agindo. Se abstrairmos um humano de seu corpo, isso nada altera nesse referimento ao real mundano. Mas aquele que realiza esta abstração está certo de sua realidade [*Wirklichkeit*], e do mesmo modo o psicólogo, que tem por tema a cada vez uma pessoa e compreende subsequentemente o que ela percebe, pensa etc., também ele tem suas certezas sobre a realidade do que está em questão. As intencionalidades simples e naturais de uma pessoa (já sob abstração de sua corporalidade) que chegam a se manifestar têm, portanto, o sentido de relações reais entre a pessoa e outras realidades [*Realitäten*]. Evidentemente, estas realidades não são partes integrantes da própria essência psíquica da pessoa, e, todavia, devemos atribuir seu perceber, pensar, valorar etc., à sua própria essência. A fim de obter o tema legítimo e puro da psicologia, portanto, é necessário um método praticado de modo inteiramente consciente, o qual chamo de redução fenomenológico-psicológica. (Ela é o prelúdio da assim chamada redução transcendental.) Enquanto psicólogo, estou ingenuamente sobre o terreno do mundo intuitivamente pré-doado, no qual estão distribuídas as coisas, as pessoas e os animais com suas almas. Quero, agora, interpretar a título de exemplo e, em seguida, como generalidade formal, a essência concreta e mais própria ao humano. Assim como o investigador da natureza interpreta primeiro aquilo que é essencialmente um corpo (*res extensa*), /**127**/ também a alma deve ser interpretada naquilo que lhe é mais essencial. Isso inclui todas as suas intencionalidades, por exemplo cada um dos atos de percepção precisamente enquanto tais e tal como realizados pela pessoa que nos serve de exemplo. E para além disso: o modo de lidar com o ser ou o não ser daquilo que foi percebido, se é o caso que a pessoa se engana sobre isso e, ainda, se é o caso que eu, o psicólogo, me engano ou se pura e simplesmente acredito no que foi percebido, em minha compreensão subsequente - isso deve permanecer fora de questão. Nada disso altera o fato de que o sujeito em questão realiza efetivamente uma percepção, que ele tenha de fato consciência "daquela árvore ali", que ele tenha, em relação a isso, aquela simples certeza que pertence à essência de toda percepção.

Todo ato é, em si mesmo e para a pessoa que o realiza, uma modalidade de ser na certeza (ser na suspeita, ser na suposição, ser nulo)[48] a respeito de um conteúdo. Ao mesmo tempo, esse ser na certeza ou, como também dizemos, esse tomar-como-válido, possui distinções essenciais; por exemplo, a certeza de ser [*Seingewissheit*] é distinta da certeza de valor [*Wertgewissheit*], e ambas são distintas ainda da certeza prática (como no caso de uma antecipação), e cada uma tem suas próprias modalidades. Temos, além disso, distinções na validade dos atos, o que se deve à implicação de outros atos, e em sua própria validade implícita. Isso que acabamos de esclarecer através do exemplo da percepção deve ser igualmente levado em consideração para todas essas validades. Com vistas a uma descrição pura e efetivamente psicológica, o psicólogo nunca deve se comprometer com as certezas ingênuas da pessoa a ser tematizada e que as almas conservam em validade compartilhada, caso contrário ele poderá exagerar na descrição do que lhes é mais essencialmente próprio. Instantaneamente também a intencionalidade, que é exclusivamente própria à alma em questão, <i.e.> a relação intencional que nela reside (uma relação de validade com aquilo que lhe é valido), tornar-se-ia uma relação real entre a pessoa e quaisquer objetos, por exemplo as coisas fora dela. Não se pode pronta e arbitrariamente modular uma validade, transformar certeza em dúvida, em negação e assim por diante. Mas é possível prontamente abster-se de cada um deles, isto é, colocá-los, por qualquer que seja o motivo, fora do processo. Para o psicólogo que queira alcançar o universo psíquico-anímico como seu campo

---

48. Uma tradução talvez mais fluida desta passagem seria: "... uma modalidade do estar convicto (ter suspeitas, ter suposições, estar em nulidade)...". No entanto, optamos por ressaltar, na tradução, a presença do verbo *Sein* (ser ou estar) em cada uma dessas construções (*Gewisssein, Zweifelhaftsein, Vermutlichsein, Nichtigsein*), por julgar que há uma ênfase sobre o verbo "ser/*sein*" no texto de Husserl [N.T.].

de trabalho a primeira coisa é realizar uma determinada *epoché* universal - um universal tirar-fora-do-processo que atinge todas as validades -, isto é, uma *epoché* fenomenológico-psicológica. Ao invés de, como faz não apenas o psicólogo, mas todos aqueles <imersos> na vida mundana tal como ela decorre **/128/** naturalmente em suas comunidades, comprometer-se normalmente e de imediato com as validades alheias e com as próprias validades na contemplação de si, abstendo-se apenas excepcionalmente de pormenores, o psicólogo deve realizar uma *epoché* universal. Onde quer que ele execute essa transformação do processo de maneira exemplar e concreta, ele visualiza sem dificuldade aquilo que é o mais essencialmente próprio à alma da pessoa tematizada, da pessoa em questão - a vida intencional que ela vive, suas execuções de ato [*Aktvollzuge*], suas opiniões, seu fazer perceptivo e, senão, todo fazer que é da ordem da experiência, sua experimentada validade, considerada como aquilo que lhe é dado de maneira material e corpórea, seu pensamento e, nele, aquilo que é pensado sob a forma do verdadeiro e do falso. No quadro de uma descrição e de uma *epoché* psicológica pura, sem as quais uma psicologia não teria seu campo temático, não existem objetos pura e simplesmente, mas os objetos aí são exclusivamente aqueles percebidos, pensados enquanto tais, ou seja, enquanto objetos válidos para os sujeitos que percebem e que pensam, e isso nas respectivas formas de "existência corpórea", "pensamento", e igualmente aquilo que é apoditicamente evidente, <ou> o que é válido como tal para a pessoa em questão. Não há nisso nenhuma desvalorização, e tampouco uma avaliação, mas simplesmente uma redução ao que é próprio à alma. Por conseguinte, a frase de minhas *Ideias* que, uma vez arrancada do contexto da apresentação que ali se fazia da *epoché* fenomenológica, causou grande alvoroço, está inteiramente correta. De uma árvore pura e simples pode-se dizer que ela está pegando fogo; uma árvore percebida enquanto tal pode não estar pegando fogo; e, nesse caso, se a primeira afirmação é dita desta árvore <percebida>, ela é um contrassenso[49]. Enquanto

49. Cf. *Ideias para uma fenomenologia pura e para uma filosofia fenomenológica*. [Ideen zu einer reinen Phänomenologie und phänomenologischen Philosophie]. Livro Primeiro: Introdução geral à fenomenologia pura. Primeiro tomo:

se mantiver na pura descrição, o psicólogo tem como seus únicos objetos os sujeitos egoicos e aquilo que pode ser experimentado neles próprios, mas agora apenas através daquela *epoché*, enquanto o que de próprio e imanente lhes pode ser experimentado, no intuito de torná-los o tema do trabalho científico subsequente. Nesse sentido, eu costumava chamar o psicólogo que procede fenomenologicamente igualmente de "espectador não-participante" do puro ser psíquico-anímico. Agora se compreende também a discussão sobre a redução fenomenológica (aqui fenomenológico-psicológica). Na psicologia genuinamente descritiva, a psicologia fenomenológica, a *epoché* que descrevemos é o meio /**129**/ para reduzir os sujeitos egoicos que se encontram na vida mundana natural a relações reais com objetos mundanos reais, ou seja, para reduzir qualquer indivíduo à pureza que lhe é essencialmente própria. Assim, o próprio psicólogo faz parte do seu tema e o compõe, e <por isso> ele deve praticar a redução também em relação a si mesmo. Do mesmo modo que todos os demais objetos mundanos para os quais as pessoas estão intencionalmente dirigidas devem ser reduzidos a meros fenômenos - no sentido da fenomenologia -, assim também o psicólogo, ao refletir sobre si mesmo, deve se colocar no fenômeno.

E, todavia, aqui é preciso chamar atenção ainda para alguns pontos fundamentais. É apenas através da redução fenomenológica que se adquire uma clara visão do puro sujeito egoico em sua plena concreção, daquilo que sua vida egoica é concretamente: que ele, enquanto ego afetado por seus objetos intencionais, pratica os respectivos atos (as *cogitationes* em sentido forte), dirigindo-se a eles (os objetos intencionais imanentes), deles se ocupando de modo puramente imanente, experimentando-os, pensando sobre eles, ou o que quer que seja.

Uma vez que a *epoché* corresponde a uma orientação inteiramente estranha e artificial a toda a vida natural, mas também ao psicólogo do passado, então falta essa experiência e a típica familiaridade que advém de sua repetição àquilo que é essencialmente

---

texto das 1ª-3ª edição, nova edição de Karl Schuhmann, Husserliana III/1, Haia, 1976, p. 205. [Nota do editor alemão.]

próprio ao sujeito egoico e ao que diz respeito à sua alma. A percepção "interna" e a experiência em geral, entendidas como aquelas próprias à alma em seu puro e próprio ser, de modo algum correspondem a algo imediato e cotidiano, uma vez que elas não seriam possíveis antes da introdução do método fenomenológico da *epoché*. De acordo com isso, aquele que se orienta fenomenologicamente deve antes de tudo aprender a ver, ganhar prática e adquirir, na própria prática, uma interpretação de início ainda tosca e vacilante, mas depois sempre mais determinada daquilo que é essencialmente próprio tanto a si mesmo quanto aos demais. Uma verdadeira infinidade de fenômenos descritivos só gradualmente se torna visível na mais forte e incondicional das evidências, <qual seja,> a evidência da experiência fenomenológica, da única "experiência interna" autêntica. Se se toma a direção da descrição das *cogitationes*, então se pode perceber, depois de adquirida a prática, que nelas surgem novamente direções de descrição distintas, embora não separadas umas das outras, que devem ser então seguidas. Uma delas é ôntica no sentido fenomenológico: a descrição do "objeto intencional enquanto tal" do objeto enquanto fenômeno em ato. Assim, por exemplo, uma percepção não pode ser descrita sem que por assim dizer **/130/** se pergunte a ela por aquilo que nela própria (ou seja, no eu que percebe nesse mesmo perceber) vale enquanto objeto, pelo mais próximo de como ele é nela obtido, mas também pelo modo da determinação e indeterminação com o qual o horizonte da realidade e da possibilidade etc., <são obtidos>, bem como qualquer outra *cogitatio* em relação ao seu ôntico enquanto *cogitatum*. A esse respeito, falei nas *Investigações lógicas*[50] do sentido e do sentido da percepção; em *Ideias*[51], falei do objeto noemático. Outra direção da

---

50. Cf. *Investigações lógicas* [Logische Untersuchungen]. Segundo tomo. Primeira parte e segundo volume, segunda parte: Investigações para a fenomenologia e a teoria do conhecimento. Texto da 1ª e 2ª edições. Edição complementada por anotações e acréscimos da cópia pessoa. Edição de Ursula Panzer, Husserliana XIX/1 e 2, The Hague/Boston/Lancaster, 1984, p. 419 et seq. e p. 550 et seq. [Nota do editor alemão.]

51. Cf. *Ideias para uma fenomenologia pura e para uma filosofia fenomenológica*. [Ideen zu einer reinen Phänomenologie und phänomenologischen Philosophie]. Livro Primeiro: Introdução geral à fenomenologia pura. Primeiro tomo:

descrição é ainda a demonstração das transformações imanentes destes fenômenos enquanto eles, todavia, estão sinteticamente juntos na consciência <que se tem> daquele objeto único, e que no entanto se mostra por diferentes lados. Mais uma vez, <trata-se do> direcionamento ao "como" dos modos de doação subjetivos de todos os momentos do objeto percebido de maneira determinada e autêntica (como por exemplo a cor da superfície e a forma, à medida que se <o objeto> coloca em perspectiva). Ainda uma questão da mais alta importância: não o *cogitatum*, mas o ego em questão é que conduz à demonstração da polarização egoica de todo ato enquanto ato de um eu. Por outro lado, fala-se por contraste de polos do objeto: os polos de identidade percebidos como objetos dos seus múltiplos modos de doação. Não posso passar aqui de uma descrição a outra, mas gostaria apenas de enfatizar que se trata, antes de tudo, de uma demonstração direta e exemplar, trata-se das experiências fenomenológicas e de um tomar conhecimento puro e intuitivo daquela tipologia que tem valência nesse domínio de experiência sob a expressão puramente descritiva enquanto aquilo "que se vê". A experiência psicológica do ser da alma de outrem não tem a imediaticidade originária que tem o ser da própria alma, mas ela deve ser, todavia, executada aí como experiência, exatamente como uma recordação não possui a imediaticidade de uma percepção e, todavia, atua e pode atuar como experiência. No entanto, é importante enfatizar aqui que esta descrição, /**131**/ embora tenha lá suas grandes dificuldades, é apenas um trabalho preliminar. A ciência natural que parte da natureza sensível e intuitiva basicamente dispensa tais descrições, uma vez que a experiência corporal sensível é, para toda e qualquer pessoa, aquilo que se tem praticado desde a primeira infância. Mas consideremos primeiramente o modo como a ciência natural se move do mundo circundante sensível e familiar para o método científico, e nos atenhamos à física por uma questão de simplicidade, claramente desconsiderando a ciência natural descritiva concreta e seus próprios problemas. Afinal, ela sempre serviu de modelo para a psicologia. A ciência natural não começa

---

texto das 1ª-3ª edição, nova edição de Karl Schuhmann, Husserliana III/1, Haia, 1976, p. 295 et seq. [Nota do editor alemão.]

imediatamente pela tentativa de constatações científicas de fatos; seu caminho característico consiste no fato de que ela busca compreender toda a estrutura da natureza de início intuitiva sobretudo a partir de uma visão geral sobre ela e, com isso, constrói cientificamente as idealizações, toda elevação do finito ao infinito, a estrutura universal concreta da natureza infinita e seu *a priori* total, sem se preocupar com uma subsequente interpretação filosófica deste *a priori*. Para a ciência natural, o quadro de leis é fixado de antemão como incondicionalmente válido para todas as explicações a serem prestadas relativas aos fatos que não apenas antecedem estas explicações, mas que as tornam antes de tudo possíveis. Dos antigos, a ciência natural assumiu a geometria como relativa às formas do espaço, elevou-a a uma geometria universal e, finalmente, a uma matemática formal universal, e acrescentou-lhe ainda continuamente novas peças, sempre mais abrangentes, de uma matemática da realidade específica, a começar pela mecânica de *Galileu*, e tentou completá-la na ideia de uma ontologia formal da natureza na qual a natureza, abrangendo todo o sistema de leis matemático, apresentar-se-ia como uma multiplicidade bem definida [*definite*][52]. Ora, se a psicologia fora guiada pela ideia de que era convocada a desempenhar algo semelhante para a esfera do espiritual, então ela deveria perguntar-se por um *a priori* para seu universo. Nesta direção vão os esforços da escola de *Leibniz* em estabelecer uma ontologia da alma em contraposição a uma ontologia da natureza e igualmente os esforços em torno a uma psicologia matemática, cujos fracassos já foram aqui mencionados. O contexto atual oferece novas e mais profundas razões para isso. Não se dispunha, antes, do autêntico campo de uma experiência psicológica a partir do qual se pudesse investigar as estruturas das formas gerais e necessárias que pudessem, por sua vez, ser empregadas em métodos da idealização enquanto forma de leis exatas e /**132**/ universais para todas as explicações a

52. Husserl aqui se refere ao termo técnico da matemática - *definite*, que em português se traduz como "bem definido". Ou seja, trata-se de uma função, propriedade ou operação que se define de forma lógica ou matemática por empregar um conjunto de axiomas básicos de modo a não contradizer nenhum destes axiomas [N.T.].

serem prestadas. Mas mesmo que "explicação" aqui não signifique uma explicação causal segundo o entendimento da ciência natural (como já mostramos), não é possível estabelecer a mesma tarefa após a consecução da intuição fenomenológica - nomeadamente, a tarefa de buscar a forma essencial, universal e concreta que possa abranger o mundo do espírito. Aqui podemos notar o curioso fato de que uma psicologia universal e puramente descritiva (fenomenológica) que se conectasse ao essencialmente próprio do psíquico-anímico não seria de modo algum possível enquanto uma empiria dos fatos puramente internos à alma do mesmo modo como, paralelamente, é prontamente possível constatar os fatos da natureza no interior do mundo intuitivo ante toda a física exata. Toda e qualquer constatação de fatos reais individuais inclui a determinação de tempo e de lugar. Como poderíamos encontrar essas determinações em uma psicologia pura, visto que elas exigem, afinal, arranjos de ordem natural? Como seria concebível a ideia de fixar objetivamente uma vivência psíquica determinada como uma vivência que pode ser como tal identificada e distinguida por todo e qualquer psicólogo? Por outro lado, não há nada que nos impeça, a partir da experiência psíquica interna, de percorrer as possibilidades a serem evidenciadas de modo intuitivo em livre-variação e apreender, através de todas as variações percorridas, a forma invariante, a forma essencial do psíquico-anímico, e de construir a estrutura necessária sem a qual a unidade de uma alma e da comunidade de almas não poderia ser concretamente pensada, e que a construíssemos em declarações objetivamente válidas a serem mantidas para toda e qualquer pessoa.

De fato, com isso está indicada de início a tarefa de uma psicologia puramente fenomenológica (uma psicologia puramente descritiva). Claro está então que toda constatação de fatos a ser realizada após a suspensão das barreiras dessa psicologia adquire sua exata cientificidade através da subsunção [*Subsumtion*] sob essa forma essencial e sob o acréscimo daquilo que deve ser extraído a partir de outras fontes (como as psicofísicas). A psicologia puramente fenomenológica é, portanto, desde o início já eidética: ela é a ciência geral e não poderia pretender ser nada distinto disto. Esperar que ela assuma as formas de uma *mathesis uni-*

versalis seria, evidentemente, um contrassenso, como sua efetiva implementação logo revelaria.

Mas agora é hora de expor de uma vez por todas o contrassenso de todo o posicionamento em paralelo de psicologia e **/133/** ciência natural que predomina em todo pensamento tradicional. Olhando o mundo no qual desde a escola aprendemos a observar os corpos na natureza universal como um mundo de realidades coletivas, nos prontificamos, sem que precisemos refletir mais sobre isso, e tomamos mesmo por evidente que, por trás de tudo, também as almas, os sujeitos egoicos e as realidades complementares devam ser consideradas como fundadas no corpo. Consideramos, então, o notório estar condicionado dos sujeitos aos seus corpos viventes em sua vida psíquico-anímica e vice-versa como algo evidente enquanto causalidade psicofísica e, assim, nós e a Modernidade em geral temos, desde Descartes, um mundo pensado dualisticamente e por assim dizer concebido como uma natureza estendida. Contra isso já tivemos anteriormente o que dizer. Mas pretendemos ainda nos agarrar à ideia de que tratar-se-ia de um mundo real dotado de dois lados cuja forma deveria ser obtida por uma ciência mundana universal: a pura ciência natural, a psicologia ou a psicofísica. Entre corpo e alma se estabeleceria obviamente uma relação caracterizada por uma contínua coexistência de realidades separadas, algo semelhante ao que se passa com uma estrela binária[53]. O que está contido de modo genuíno [*reell*] em um não pode estar ao mesmo tempo contido no outro. Por conseguinte, as ciências gerais – a psicologia e a ciência natural – estariam teoricamente separadas uma da outra, mas atreladas uma à outra por meio de uma psicofísica. O mesmo aconteceria com as ontologias universais, a doutrina das essências, a matemática da natureza e a doutrina da essência do espírito: a fenomenologia pura.

É paradoxal, e, todavia, pode-se tornar evidente – como mostraremos a seguir – que de modo algum existe aquela relação de

53. O termo *Doppelstern*, ou "estrela binária", em português, refere-se ao sistema estelar constituído por duas estrelas que orbitam um mesmo centro de massas (ou baricentro) [N.T.].

estar separado um do outro e que, antes, toda a ontologia da natureza e toda ontologia em geral estão já implicadas em uma fenomenologia universal da subjetividade. Reflitamos: o psicólogo tem por tema a alma no mundo a partir da experiência psicológica que se caracteriza pela metodologia da *epoché* realizada de modo consistente. Se ele realiza a redução fenomenológica começando por si mesmo, único meio em que ele detém a experiência de si em originalidade primordial, então ele deve reduzir fenomenologicamente todos os atos objetivamente direcionados às coisas, aos animais e aos demais humanos, e deve reduzir até mesmo as percepções de seu próprio corpo vivente. Dessa forma, todo o mundo se transforma em seu fenômeno, e ele não deve atribuir nem a si mesmo o sentido objetivo presente no conceito de real [*Real*], e ele tampouco deve preservar a validade de si mesmo enquanto ente que é um ente para **/134/** toda e qualquer pessoa. O mundo real é o mundo para todos. Disso resulta, como parece, um curioso solipsismo, pois embora não se trate de um ente objetivo, ele é, todavia, apodítico: o eu que, no entanto, não pode mais ser posto como um eu humano real. Ora, não podemos ignorar que todas as minhas experiências, todas as maneiras pelas quais elas concordam entre si em formas de confirmação, bem como a experiência alheia e os modos como elas confirmam para mim a existência de outros e constroem, assim, um mundo para mim, e do mesmo modo a comunicação e o mundo comum que através dela continuamente se cria enquanto construto de validades em relação ao qual toda a vida mundana concreta acontece com todos os construtos culturais que nela surgem. E aí também as ciências naturais, como por exemplo no pensamento tornado coletivo dos cientistas naturais em todas as suas formas de validade, isto é, de confirmação etc. Tudo o que resta, todos os consensos de experiência e todas as confirmações científicas de pensamentos teóricos até onde eles possam alcançar, e precisamente no modo em que se aplicam em cada caso, às vezes mais claramente, outras vezes menos: nada do que configurava a realidade efetiva para os sujeitos, a natureza cotidiana, a efetividade cultural, a ciência e a natureza científica, o direito, o Estado, os costumes, a religião, nada disso se perdeu. Se eu ascender à doutrina fenomenológica das essências e repensar livremente todas as validades e heranças de validades, o que obtenho a partir da totalidade de validades da "natureza" é uma natureza a cada vez possível e uma natureza possível em geral na generalidade eidética e, do mesmo modo, a partir do meu mundo (o mundo que para mim sempre foi válido enquanto "mundo para todos"), <obtenho> um mundo em geral possível. Tudo isso no interior da redução fenomenológica. A fenomenologia, que em si mesma não pretendia ser nada além de uma psicologia descritiva, conduz, se a levarmos às últimas consequências, a todas as ciências *a priori* em geral. Em vez de uma matemática da natureza que estaria fora dela e que fosse estranha à sua essência, encontramos tal matemática na própria natureza e de modo inteiramente afeito a tudo aquilo que a compõe e, no entanto, justamente com a marca distintiva do "fenômeno".

O que a *epoché* teria então alterado? Nada além do fato de que nos recusamos a realizar a experiência do mundo e toda atividade direcionada ao mundo de forma simplesmente natural, de modo que, ao invés da orientação objetivista originária, realizamos a orientação subjetivista correlativa, isto é, direcionada à vida de consciência correlativa na qual toda e qualquer objetividade adquire sua validade através da **/135/** sua mais ou menos completa confirmação. Com a *epoché* não perdemos nada do mundo que nos é a cada vez efetivo. Antes, alcancei muitas coisas por meio dela e por consequência da reflexividade fenomenológica. Aprendi a ver e a compreender a vida de validade que estava oculta sob minha ingenuidade; aprendi como aquilo que permaneceu anonimamente como um funcionamento ingênuo, sob o título de "experiência concordante", pode ser tornado legítimo por um pensamento que o confirme; aprendi que o evidente mundo circundante está aí presente simplesmente enquanto sua realização, enquanto natureza conformada de maneira inteiramente cultural, enquanto cultura, ciência com teorias, verdades objetivas sobre o mundo etc. Mais especificamente, <aprendi> como o mundo circundante prático e cotidiano no qual minha vida privada transcorre e no qual toda nossa vida social se transforma, na fenomenologia sistemática, em fenômeno ôntico e, assim, em um tema da maior importância. Este mundo, portanto, não foi perdido. A tarefa aqui é de investigá-lo de modo confiável e tão somente segundo suas estruturas essenciais. A natureza sensível imediatamente se destaca como seu cerne. É inicialmente a partir dela e de sua tipologia essencial que se deve perguntar pelas multiplicidades dos modos de aparição (perspectivas) e pelas formas de sínteses coincidentes cuja unidade de confirmação é esta mesma natureza, ou seja, sua tipologia. Além disso, deve-se perguntar pelas realizações egoicas específicas, pelos atos que irradiam dos polos egoicos e seus modos de unificação sintética etc. O mesmo vale para as estruturas superiores do mundo circundante enquanto mundo histórico social e mundo de cultura. Nele, todas as ciências objetivas surgem como fenômenos ônticos e, assim, tornam-se elas próprias o tema, todavia apenas em uma orientação de interesses distinta daquela dos pesquisadores objetivos, a saber, na orientação subjetivo-reflexiva direcionada ao realizar e à realização. Este é o lugar de todas as teorias do conhecimento em seu único sentido autêntico. A metodologia e a teoria das ciências naturais, por exemplo, são em si mesmas o resultado de um método interior constantemente ocultado: elas são puramente realizações psíquicas dos cientistas naturais que pesquisam em íntima solidariedade. Somente através da elucidação do "quê" e do "como" deste realizar interno pode-se elucidar realmente; isto é, a partir do seu interior, o resultado de sua realização, o sentido dos conceitos fundamentais e toda a lógica da teorização da ciência natural. Isso não configura um mero apêndice à ciência natural mas, antes, pertence a ela própria como seu lado correlativo e subjetivo. Somente através desse trabalho fenomenológico-científico é que ela se torna uma ciência plenamente justificável. O mesmo **/136/** vale para todas as ciências objetivas, e também para aquelas que dizem respeito à regulamentação ética e religiosa da vida humana no mundo histórico e objetivo e, portanto, para todas as ciências normativas em geral.

Se passo da orientação fenomenológica de volta à orientação natural, então encontro o mesmo mundo, o mesmo mundo cotidiano, aquele mesmo da ciência, apenas visto de forma diferente; trata-se do mesmo mundo, mas agora liberado da ingenuidade, esclarecido por meio do trabalho fenomenológico concreto e libertador, compreendido segundo o sentido e, com isso, segundo os limites de sua capacidade de sentido. E mesmo eu, agora novamente o humano e, no entanto, na mais profunda compreensão de mim mesmo e no entendimento do meu mundo interno e do ser junto aos demais no qual vivo em íntima conexão com os outros, justamente por isso sou o mesmo tanto quanto me tornei um outro - um outro na medida em que a partir deste eu igual a mim mesmo me tornei necessariamente um humano verdadeiramente autônomo sobre a base absolutamente última do entendimento que se dirige retroativamente àquele: um humano de pura razão. Pensado, é claro, em um ideal infinitamente distante. Essa racionalidade, o ideal desta autonomia, nada tem a ver com o ideal ilusório da previsibilidade segundo a ideia de *Laplace* que, em última análise, tornou-se compreensível justamente através da fenomenologia. A autocompreensão fenomenológica completamente realizada conclui a compreensão do mundo, de Deus e a compreensão de todo sentido humano na historicidade. Pois não é por acaso que a análise interior fenomenológica pode acontecer apenas em mim mesmo, no eu que investiga de maneira psicológica, na fonte originária da experiência original de si. Sou, essencialmente, o início e o fundamento epistemológico de tudo aquilo que é para mim: primeiramente para os outros e, em seguida, para tudo o que é objetivo e que já pressupõe, como tal, a comunidade intersubjetiva. Deste ponto de vista, pode-se ver de antemão que uma psicologia descritiva genuína, pensada como psicologia individual, é um absurdo.

No curso de todas as nossas considerações, é muito importante notar que todo aquele sentido que o psicólogo de início exigiu de uma psicologia puramente descritiva foi de fato cumprida na forma da fenomenologia, mas que então aquela psicologia foi também totalmente transformada de uma maneira muito peculiar. O objetivo era uma doutrina eidética das almas dispersas no mundo como realidades. E no entanto, na conformação consistente e pura da fenomenologia, o psicólogo aprende a compreender que ele mesmo, nesta orientação pura, já não está mais no mundo de modo ingênuo, e que, antes, ele é o eu absoluto no qual **/137/** as apercepções do mundo e de si mesmo acontecem enquanto processo absoluto a partir do qual o mundo adquire seu sentido de ser em uma comunhão íntima, puramente interna com os outros. A partir daí, a psicologia puramente fenomenológica perde seu sentido inicial, qual seja, aquele de uma ciência objetiva especial.

Ela se transforma numa filosofia transcendental absoluta. Trata-se, todavia, de uma filosofia transcendental com um estilo histórico inteiramente novo à medida que, em um trabalho sistemático e analítico-sintético, alcança um entendimento do mundo, de si mesmo, e de todo ente em todos seus sentidos concebíveis a partir das fontes últimas de sentido. A separação entre a orientação puramente interior e psicológica (fenomenológica) e a orientação transcendental, tão necessária no início, é novamente amortizada no fenomenólogo que se eleva até uma compreensão superior de si mesmo. Bem entendida, a redução fenomenológico-psicológica é tão somente a redução transcendental que ainda não alcançou a compreensão de si final. Esse esclarecimento não exclui a possibilidade de que alternadamente, ao encontrar o eu egoico no mundo mediante a alternância das orientações, o psicólogo transforme as intelecções da fenomenologia transcendental em recuso para fazer enunciados objetivamente científicos sobre humanos enquanto sujeitos espaçotemporalmente localizados em corpos, de modo a servir aos fins da psicofísica. Evidentemente, a explicação desta localização dos sujeitos, bem como do aparecer de uma realidade desses mesmos sujeitos de modo análogo ao aparecer da natureza, configura uma das grandes tarefas da fenomenologia pura. Após tudo isso, parece-me que a habilitação da fenomenologia transcendental, o cerco secular em torno do método verdadeiro e em torno do verdadeiro propósito de uma psicologia, chegou a um estágio decisivo. A ideia de que a psicologia seja uma ciência complementar à ciência natural se tornou insustentável nos dias atuais.

[54]Ao fim das nossas reflexões, o fio condutor do pensamento exposto nessas palestras será brevemente resumido. A crise das ciências e, com ela, a crise de toda a cultura moderna baseada na autonomia da razão científica é, no fundo, uma crise que diz

54. O texto que se segue corresponde ao "esboço para a conclusão das conferências de Praga" que Eugen Fink escreveu no mês de agosto de 1935 para Husserl, e que este efetivamente utilizou como conclusão da sua fala em Praga. O original alemão é conservado no Arquivo-Fink da Universidade de Freiburg e será publicado proximamente, junto a todos os demais materiais relativos à colaboração de Fink com Husserl, e em especial à escrita da obra *Crise das ciências europeias e a fenomenologia transcendental*, no volume 3.3 (OH-V, 29-36) das *Obras Completas de Eugen Fink* [N.T.].

respeito à filosofia. Chegou a hora de marcar **/138/** o destino da nossa época diante da intrépida e ousada tentativa do humano moderno de permitir que a ciência se tornasse a força vital decisiva de sua existência. No decorrer de toda uma era humana deverá ser demonstrado se os fundamentos da vida dos europeus se deslocaram definitivamente, se ele revelou aí sua própria essência ou se a mudança de direção geral que se volta aos poderes irracionais são apenas sintomas de um esgotamento profundo – o que <ao menos> traria consigo a esperança de que a refundação de uma cultura verdadeiramente autônoma, isto é, de uma cultura filosófica mediante uma radicalização da apreciação de si mesmo [*Selbstbesinnung*], possa ainda ser possível.

A crise das ciências tem suas raízes em uma crise do entendimento humano de si mesmo. A superação desta crise será possível apenas através de um aprofundamento da compreensão humana de si. A visão histórica que tentamos oferecer em nossas palestras não diz respeito senão à história dos dois caminhos pelos quais, desde *Descartes*, os pensadores representativos têm batalhado por aquela compreensão de si humana. Era preciso mostrar como, na especulação transcendental, um saber obscuro e pleno de pressentimentos em torno da profundidade vital do sujeito, que nunca poderia ser descoberto na orientação objetiva, insistia e premia por se manifestar; e como essa manifestação, justamente na falta de um método analítico, deveria necessariamente fracassar. Além disso, era preciso mostrar como, por outro lado, a psicologia não poderia de modo algum chegar ao seu tema enquanto ela permanecesse sob o feitiço da orientação objetivista e no aprisionamento metodológico do modelo da ciência natural. Acima de tudo, era uma questão de demonstrar o estranho elo entre o derradeiro fracasso da filosofia transcendental e o fracasso da psicologia – não porque elas estavam conectadas e teriam tido a mesma sorte, mas justamente porque elas estavam separadas. Com esta visão, colocava-se *eo ipso* a tarefa de libertar a psicologia do encanto do objetivismo naturalista e colocar em movimento a filosofia transcendental tanto por meio de um método analítico de questionamento concreto quanto pela interpretação da subjetividade tal como ela deve ser de início formada por uma reformada psicologia.

No contexto da batalha pela compreensão de si humana, travada por toda a modernidade na forma da filosofia transcendental e da psicologia, delineou-se a **/139/** ideia da fenomenologia. À medida que torna a profundidade vital da subjetividade o tema da interpretação analítico-intencional na qual toda objetividade existente se constitui como sentido de ser, a filosofia fenomenológica traz consigo uma compreensão de como o ser objetivo do sujeito no mundo, seu ser enquanto alma humana, surge transcendentalmente. Desta forma, ela compreende a natureza ambivalente do humano: ser, por um, a vida que se realiza subjetivamente para todos os objetos e, por outro lado, ser apenas um objeto dentre outros.

Do saber sobre a dupla face da natureza humana, surge, porém, não apenas uma nova consciência de si, uma consciência fundamentalmente nova em termos teóricos, mas surge, acima de tudo, um novo sentimento em relação à vida. Na imensa vastidão do seu espaço, o universo, com seus milhões de estrelas sob as quais um minúsculo ser insignificante carrega todo esse colossal universo em cuja infinitude o humano corre o risco de se perder, nada mais é que uma produção de sentido, um construto de validades humanas que atuam na vida humana, i. e., em sua profundidade vital transcendental. E, assim, a fenomenologia pode agora expressar o novo saber transcendental sobre o humano no velho e orgulhoso dizer: ἄνθρωπος μέτρον πάντων – o humano é a medida de todas as coisas.

GLOSSÁRIO

Abwandlung = modificação

Aufweisung = demonstração

Aussage = enunciado

Begründen = fundamentar

Betrachtung = contemplação

Besinnung = apreciação. => Termo de difícil tradução, Besinnung teria, literalmente, o sentido de uma contemplação meditativa capaz de dar um sentido (Sinn) àquilo que se contempla. A correspondência mais direta, em português, talvez seja a palavra "meditação" - um meditar sobre algo ou sobre si mesmo. No entanto, a palavra "meditação" é, no contexto da fenomenologia husserliana, carregada de um sentido muito próprio (cf. *Meditações cartesianas*), e seu uso, nesse caso, poderia gerar confusões. Optamos pelo termo "apreciação" - e não "ponderação", que seria em princípio uma opção igualmente viável - por sua maior plasticidade semântica.

Bewährung = confirmação

Bewertung = avaliação

Bezogenheit = referimento

Durchführug = implementação

echt = autêntico

Eigenschaft = propriedade

Eigenwesentilich = essencialmente próprio

Einsicht = geralmente "intelecção" => Mas como se trata de um termo impossível de ser traduzido por apenas uma palavra (como seria o caso do inglês "insight"), algumas vezes aparece traduzido por "entendimento".

Eigenwesentlich = o essencialmente próprio

Einstellung = orientação

Erscheinung = aparição

Erschließung = consecução

Erklärung = explicação

Feststellung = constatação

Geltung = validade

Gestalt = forma

Gewissheit = certeza

Grundlage = fundamento

herrlich = esplêndido

Ichsubjekt = eu egoico

Leib = corpo vivente // Körper - corpo

Leistung = operação ou realização => dependendo se a ênfase é colocada no processo [operação] ou no resultado [realização].

Mensch = humano / pessoa => dependendo se o uso é mais geral [humano] ou mais específico [pessoa]. Deliberadamente evitamos a forma generalizada no masculino - o "homem" -, como normalmente este termo é traduzido ao português.

Nachverstehen = o compreender subsequente

psychisch = psíquico => Esse termo, usado por Husserl como sinônimo de "anímico" ou referente à alma, não tem o sentido moderno-contemporâneo de mente, mas está referido ao princípio vital e às particularidades deste princípio anímico, no sentido que remete ao termo grego psyché. Cf. seelisch.

real = real

reell = genuíno / genuinamente (adv.) => esse neologismo é empregado por Husserl para se referir àquilo que tem uma realidade não efetiva, objetal e objetiva, mas uma realidade imanente, enquanto conteúdo intencional. Alguns tradutores optam pela tradução "real-imanente". Optamos por "genuíno" como termo que dá a dimensão da realidade imanente enquanto a realidade genuína em termos da consideração fenomenológica, mas que permite igualmente seu uso adverbial ("genuinamente"), como tantas vezes empregado por Husserl.

Ringen = disputa

Seele = alma

seelisch = psíquico-anímico (de ânima = referente à alma). => Pelo fato de que Husserl compreende "alma" não num sentido teológico-religioso, mas como um sinônimo de "psíquico", o que certamente remonta ao termo grego que originou ambos os termos (alma e psiquismo), a saber, psychè, optamos por traduzir seelisch pelo construto "psíquico-anímico" a fim de preservar a coesão de sentido do texto e evitar interpretações mais apressadas que pudessem compreender a alma em um sentido místico-religioso. Cf. psychisch.

Selbstbefragung = autoindagação

Selbstbetrachtung = contemplação de si

Selbstverantwortung = responsabilidade própria

Selbstwahrnehmung = autopercepção

schicksalsvoll = inexorável

Sinnwidrigkeit = incongruência

Tipik = tipologia

unbeteiligter Zuschauer = espectador não-participante

Urteil = ajuizamento

Verbindung = vinculação

Verkehrtheit = absurdidade

Vorahnung / vorahnen = antevisão / antever

Wertung = valoração

Wirklichkeit = em geral "efetividade". Mas às vezes "realidade", quando o contexto assim o exigir.

zusammenstimmend = concordante. Tem o mesmo sentido de "einstimmend", sendo um neologismo de Husserl que, todavia, preserva a ideia de uma concordância compartilhada, uma concordância em comunhão, como expressa o prefixo "zusammen".

TRADUÇÕES CONSULTADAS

- *Psychological and Transcendental Phenomenology and the confrontation with Heidegger (1927-1931): The Encyclopaedia Britannica Article, The Amsterdam Lectures, "Phenomenology and Anthropology" and Husserl's Marginal Notes in Being and Time and Kant and the Problem of Metaphysics.* Tradução e edição de Thomas Sheehan e Richard E. Palmer. Collected Works of Edmund Husserl, Volume VI. Springer, 1997.

- *El Artículo de la Encyclopædia Britannica: seguido de la versíon de Ch. Salmon publicada por la Enciclopedia y del ensayo "El Artículo de la Encyclopædia Britannica de Husserl y las Anotaciones de Heidegger al mismo" de Walter Biemel.* Tradução e edição de Antonio Zirión. Universidad Nacional Autónoma de México, 1990.

- *A crise das ciências europeias e a fenomenologia transcendental: uma introdução à filosofia fenomenológica.* Tradução de Diogo Ferrer. Rio de Janeiro: Forense Universitária, 2012.

- *Investigações lógicas: segundo volume, parte I: investigações para a fenomenologia e a teoria do conhecimento.* Tradução de Pedro M.S. Alves, Carlos Aurélio Morujão. Rio de Janeiro: Forense, 2012.

- *Meditações cartesianas e Conferências de Paris: de acordo com o texto de Husserliana I.* Tradução de Pedro M.S. Alves. Rio de Janeiro: Forense, 2013.

- *Investigações lógicas: prolegômenos à lógica pura: volume 1.* Tradução de Diogo Ferrer. Rio de Janeiro: Forense, 2014.

- *A ideia da fenomenologia – Cinco lições.* Tradução de Marloren Lopes Miranda. Petrópolis: Vozes, 2020.

pensamento humano

Confira outros títulos da coleção em

livrariavozes.com.br/colecoes/pensamento-humano

ou pelo Qr Code

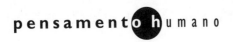

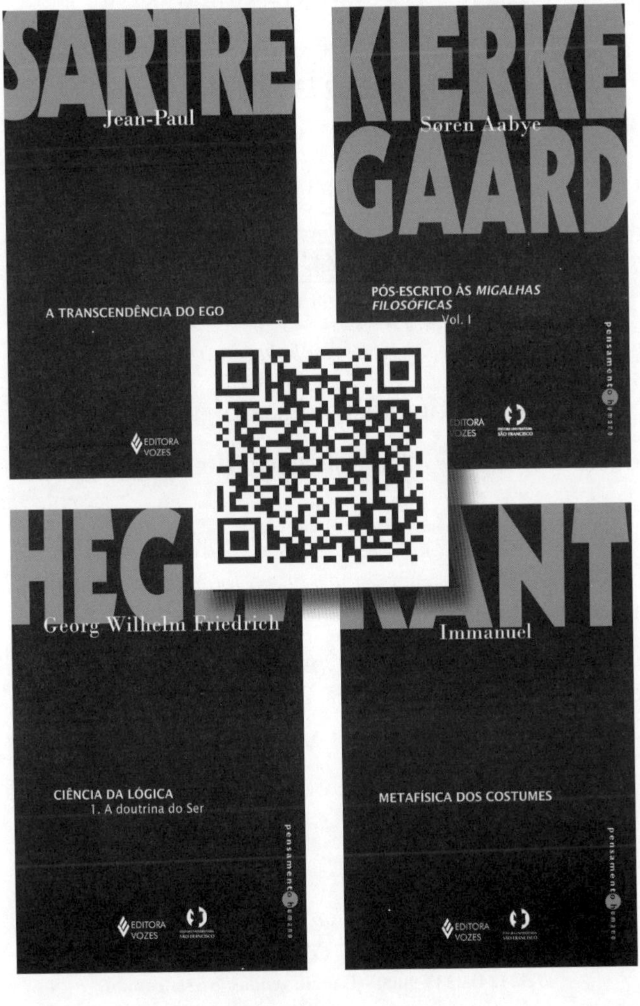

EDITORA VOZES LTDA.
Rua Frei Luís, 100 – Centro – Cep 25689-900 – Petrópolis, RJ
Tel.: (24) 2233-9000 – E-mail: vendas@vozes.com.br